我们一起解决问题

HUAWEI WISDOM

华为智慧

转型与关键时刻的
战略抉择

兰涛◎著

人民邮电出版社
北　京

图书在版编目（ＣＩＰ）数据

华为智慧：转型与关键时刻的战略抉择 / 兰涛著
. -- 北京：人民邮电出版社，2020.3
ISBN 978-7-115-53188-9

Ⅰ．①华… Ⅱ．①兰… Ⅲ．①通信企业－企业管理－
经验－深圳 Ⅳ．①F632.765.3

中国版本图书馆CIP数据核字(2019)第291784号

内容提要

本书作者总结了自己17年的华为战略部门工作经验，以华为的三次重大转型为主线，深入介绍了华为的产品策略如何从"以研发为中心"转变为"以客户为中心"，华为的市场策略如何从开发国内市场转变为开发全球市场，华为的商业模式如何从B2B转变为面向终端消费者和中小企业。作者以自己在华为的亲身实践和提供咨询服务的近百家公司案例为基础，提炼总结出了一套企业在关键时期制定转型战略并落地执行的系统方法，为处于不同发展阶段但面临类似成长困境的企业提供了有效的指导。

本书适合国内面临产品转型、市场转型以及商业模式转型的各类企业的管理者参考阅读。

◆ 著　　兰　涛
责任编辑　王飞龙
责任印制　彭志环

◆ 人民邮电出版社出版发行　　北京市丰台区成寿寺路 11 号
邮编 100164　　电子邮件 315@ptpress.com.cn
网址 https://www.ptpress.com.cn
涿州市般润文化传播有限公司印刷

◆ 开本：720×960　1/16
印张：17.75
字数：240 千字

2020 年 3 月第 1 版
2025 年 2 月河北第13次印刷

定　价：65.00 元

读者服务热线：（010）81055656　印装质量热线：（010）81055316
反盗版热线：（010）81055315

本书赞誉

企业没有成功，只有成长。每一次变革与转型都是企业成长的关键时刻。兰涛在本书中回顾了华为成长过程中的三次重大转型，从中我们可以看到华为在关键时刻所体现出的商业智慧。这本书对其他中国企业有很好的借鉴价值，值得推荐。

——彭剑锋，中国人民大学教授，《华为基本法》起草组组长，

华夏基石管理咨询集团董事长

面临关键变革时作出何种战略选择，决定了企业的生死。本书记录了华为经历三次重大变革的动因和转型过程中需要解决的种种问题，彰显了企业运营和发展的两个关键：确保战略制定与战略执行的统一，确保战略选择与组织建设的匹配。

——张志学，北京大学光华管理学院教授

改变产品开发模式、改变市场策略、改变核心商业模式，这些转型都事关企业生死。本书回顾了华为三次重大转型的背景和曲折历程，总结了一套行之有效的战略变革方法，力求将理论的系统性与实践的操作性相结合，值得企业管理者仔细研读。

——李东红，清华大学经济管理学院创新创业与战略系副主任，

全球产业研究院副院长

无论大企业还是小企业，都会面临生存与死亡、崛起与沉沦的命运挑战。兰涛博士总结自己在华为经历三次变革的经验，为不同成长阶段的企业提炼出了一系列变革的模式、方法，值得一读。

——吴霁虹，AI Business Lab 创始人，

原美国伯克利加州大学哈斯商学院讲席教授，现北京大学访问教授

如饥似渴地汲取人类最先进的管理理论和最优秀的实践经验，通过行之有效的变革管理，内化成能引领未来发展的公司治理架构，并通过战略、流程与规则，落地到每个作战单元和人，这就是兰涛博士揭秘的"华为智慧"。

——朱兴明，汇川技术股份有限公司董事长兼总经理

我们从 2013 年开始学习华为的企业管理方法，迄今六年多，我们取得了年均超过 50% 的增长。华为的管理，首先从战略的制定开始。华为在 IBM 的 BLM 模型的基础上摸索总结出了自己的战略方法论。从战略的洞察、战略的愿景描述，到流程、组织的设定，再到人才、氛围、激励的举措；从总部平台到前线作战单元的贯穿一体，都有着一整套的方法。

兰老师历经华为三次重大变革，对华为的战略演进，不仅知其然，更知其所以然。此书正是兰老师对过去二十年华为战略演进的复盘总结和升华，是发展中的企业对标学习的宝贵指南。

——严华，法本信息技术有限公司董事长兼总裁

兰涛博士以华为首任战略部部长的实战经验和视角，以 17 年在华为跨部门工作的多重洗礼，以几十家企业的战略管理咨询和辅导的丰富经历，经过 3 年多潜心提炼，将企业转型和关键时刻的战略抉择的实操经验凝聚于此书。本企业由兰涛博士辅导的战略管理变革进行一年来，真实体现了本书内容的实战应用效果。

——何伟校，杭州锅炉集团股份有限公司总经理

作者以亲身经历的华为三次生死转型为主线，为读者深度剖析了这个世界级公司 20 年来在战略、商业模式与创新路径方面的演变过程及背后原因。读之，让人深刻感知全球 ICT 行业日益激烈的竞争环境与华为向内而生、不断寻求变革力量的巨大对比。因此，本书为今日企业的可持续发展提供了重要借鉴！

——李圆，数字产业创新研究院秘书长、锦囊专家创始人

转型的关键时刻，可能是一家企业发展的至暗时刻，但也是彰显企业智慧的高光时刻。兰涛博士在这本书中，让我们看到了华为在战略决策与执行中的大智慧。

——柯洲，笔记侠 CEO

本书的作者在华为工作了 17 年，亲身经历了华为三次事关生死的转型变革，他在书中为我们呈现了华为在关键战略决策和执行过程中的大量细节，这对于当下正面临类似挑战的国内企业，具有非常宝贵的借鉴价值。

——倪其孔，MBA 智库创始人 &CEO

序

　　自 1978 年以来，伴随着国家持续的改革和开放，在国家政策、自然资源、人力资源等红利的刺激下，在产品从无到有的巨大需求推动下，在 GDP 从人均 700 美元增长到人均近 10 000 美元的巨额财富效应驱动下，我国各个行业都涌现出无数优秀的企业和企业家群体，造就了众多的英雄人物。但这些企业中，只有少部分成长为全球化的企业，因为在这场企业全球化的世纪赛跑中，参与者必须围绕技术进步和管理改进构筑核心竞争力。我们有部分企业显得"大而不强"，很难应对全球政治和经济的不确定性，更难以独自面对国际竞争对手的正面打击和市场竞争。

　　如今，世界正处在百年难遇的大变革时期，中国企业必将担负起时代赋予的重要责任和历史使命，我们的企业必须做大做强，敢于走出国门，用我们先进的技术和产品服务世界客户，让全世界的人都能够享受到来自中国企业的高科技产品和优质的服务。企业要实现全球化扩张，就要根据内外部环境的变化持续变革，持续提升核心竞争力。变革，是企业自我救赎、提升科学管理和推动企业进化的重要管理方法，不但能让企业完成从"人治"到法治的建设，还能让企业家完成从个人英雄到睿智领导者的转变，最终从成功的商人转变为受人尊敬的企业家，蜕变成产业领袖或商业思想家。华为就是这样一个中国企业的代表，它充分把握住了变革的前提，即以客户为中心，实现客户价值的创造，这也为华为构建了立于不败之地的核心竞争力。

华为公司于 1987 年成立，作为一家民营企业，在此后的 32 年中，华为实现了收入从零到 1000 亿美元的增长。今天我们看华为，不仅要看到其在业务收入上翻天覆地的增长，更应该看到这家企业从单一交换技术到无线等多技术研究，从单一产品到多产品线开发，从 B2B 到 B2C、B2b^①的全业务运营，在管理的跨度、难度和深度上都进行了重要的成功实践。华为这些年从创业、国内成长、国际化到全球领先的四个重要时期和阶段所面临的危机、问题和不确定性，是很多中国企业都极有可能再次遇到的管理挑战，特别是在当前全球产业链重构的紧要关头，华为自上而下表现出的坚强意志、集体的组织力量和富有前瞻性的抗打击能力，更让人钦佩。

是什么铸就了华为的核心能力？本书从战略的角度，深刻剖析了华为在经历了创业期之后，在三次关键时刻的变革动因、战略选择和核心竞争力的构建，不但有理论，还有大量的案例分析。本书通过分析华为的变革和成长过程发现，1998—2018 年，华为的管理投资（科学知识、规则制定、人才赋能、管理体系优化等）占营收的比例年平均达 1.38%，二十年如一日，这使管理改进的不确定性通过管理投入规则的确定而得到了解决。华为公司通过变革，将全球顶尖人才的经验和智慧注入华为，同时推动公司内部管理者和人才的成长与能力提升，让变革成为干部和人才的检验场。华为公司评判谁是价值观过硬的干部和人才，就看他对变革是否带头、是否拥抱并真正践行变革战略；同时，华为公司也认为变革又是产生干部和人才的摇篮，通过考察员工对变革的理解、感受以及在变革中取得的进步，可以筛选出有潜力的干部和人才。企业能够放下自我，实现学习、成长和超越，这就是对人才、知识和智慧的尊重，也是对达成智慧转化、方案共

---

① B2b 中的 "b"，此处指中小企业。

创和训战结合的掌控。

事实也证明，大部分的经济强国，其一半以上的企业都大力通过确定的、持续的管理投资，引进和使用咨询公司的力量来提高自己的管理视野、水平和能力，其中英国企业寻求咨询公司帮助的比例达到了80%，美国企业的这个比例也有75%，中国企业只有8%。

兰涛博士作为一名有着28年实战工作经验的作者，在国有企业工作过五年，特别是1997—2013年，他在华为工作了17年，负责过华为的创新管理、战略制定和营销变革等；从2014年开始，他一直潜心进行管理研究和企业变革实践，为几十家公司提供了优质的变革与咨询服务，具有丰富的管理智慧和企业实战工作成果。秉持着"以客户为中心，把管理智慧传递给中国的企业，帮助中国企业不但做大而且做强"的共同理念，我们走到了一起。

"千里之行，始于足下""为之于未有，治之于未乱"。兰涛博士在融合华为实践案例的基础上，结合自己超过百家企业的培训经验和几十家企业的咨询实践，历时三年完成了本书的写作。本书看似讲华为，实际上是阐释中国企业如何应对成长中的坎坷、危机和问题，无论是开拓国内市场还是实施全球化，无论是B2B还是B2C，您都可以从本书中找到与时俱进的管理实践和变革实操方法。

华为当前正面临第四个关键时刻，作者通过这本书，总结了其三十多年来最重要的三大关键时刻与管理经验，希望能够给中国企业、企业家群体、管理者带来身临其境的感受和管理借鉴。更希望我们中国的企业，共同努力创造一个更加美好的社会！雄关漫道真如铁，而今迈步从头越！

范厚华

前华为海外市场副总裁

目　录

CHAPTER

第一章

华为的成功转型和变革之路

在全球政治经济形势的剧烈冲击下，在互联网技术发展的推动下，改革开放四十余年的中国经济正处于转型的关键时期。很多企业，如实体商场，受到互联网经济的巨大冲击，不得不考虑转型；很多国企在国内遇到了增长的瓶颈，开始市场转型并走向海外；有的企业在完成了第一个"小目标"后，想向更高的目标冲刺时，却感觉力不从心了；还有一些"独角兽公司"，管理能力发展的滞后被高速增长所掩盖，当内外部环境发生重大变化、业绩增长放缓时，问题往往集中暴露，因此它们更是在积极寻找转型之路。所以，转型是企业发展的永恒主题。

企业都想转型发展，但"不转是等死，转不好是找死"，这就是企业管理的一个悖论。下面来看一个企业转型的典型案例。

最初，诺基亚经过第一次转型，从做木材生意转到做功能手机，转型非常成功，曾经连续 17 年雄踞全球手机市场占有率第一的位置，到目前为止，仍然没有任何手机厂商能够打破该纪录。苹果公司 2004 年推出了第一代智能手机产品，那一年诺基亚达到了历史上最高的全球市场占有率——40%。而在这之后的功能机向智能机转型的过程中，诺基亚是非常失败的，原因就是它的功能机太成功了。诺基亚前 CEO 出过一本书，在书中他说，虽然当时诺基亚已经有人意识到智能手机可能是方向，但是企业内部从上到下没有一个人认为智能手机时代会那么快到来，更不相信会那么早撼动诺基亚的霸主地位。因此，没有人真正愿意面对，企业也没有制定应对策略。因此，如果公司高管层没有真正从思想上重视并制定相应的转型战略，转型一定是失败的。

从苏宁电器到苏宁易购的转型，也是一个典型的转型案例。为了迎接互联网的挑战，苏宁积极构建 O2O 的商业模式。美国的前十大零售企业，有九家是从传统零售模式通过 O2O 转型成功发展而来的。因此，苏宁的转型战略非常坚决，方向也非常清晰，高管层对转型战略也非常支持。为此，苏宁引进了一套非常先进的系统来建立苏宁易购平台。但是，苏宁在转型过程中仍然遇到了很多问题，这是为什么？

首先，引进的线上系统非常先进，但也很复杂，需要"空降兵"管理线上业务，而"空降兵"对线下业务并不了解，这使线上流程和线下流程长期难以融合。在转型初期，客户往往先在网上比价，然后到苏宁电器实体店去体验，体验完再回到网上下单，由于这样的购买与实体店业务员的业绩没有关系，因此业务员很排斥这样的顾客。其次，销售结算系统在初期也是相对独立的两套，网上是一套，实体店则沿用原来的 POS 系统，二者不管是价格更新还是结算都没有相互融合。业务流程不支持、组织不支持、考核不支持等原因，造成了苏宁转型初期的很多问题。在转型期的 3~4 年的时间里，苏宁一直处于亏损状态。但是，由于有坚定的转型战略作为指导，随着转型的深入，苏宁线上线下业务融合得越来越好。2017 年，苏宁的线上业务实现盈利，线下业务也首次超过了其国内最大的竞争对手国美。

因此，转型要成功，转型战略必须正确，思维模式、流程、组织，以及人的能力培养和考核，都要跟随战略进行转型变革，否则转型战略就会落空。

华为 2019 年对外公布年报，其 2018 年的收入达到了 7212 亿元！华为是从 2 万元起家的，在经历了创业期之后，其在发展过程中经历了三次生死攸关的转型关键时刻。当前，在风云变幻的全球贸易环境下，华为是否能够再次转型成功？华为做了哪些未雨绸缪的准备？其成长经历值得其他中国企业去系统学习和借鉴。

现在很多企业到华为去参观学习，接触到了大量先进的管理理念。其实，华为今天的管理方法对一些企业可能是不适用的，企业一定要根据自己的发展阶段，根据自己的实际情况去学习和借鉴。笔者有幸在华为工作了 17 年，亲身经历了华为发展中的三次重大转型，如图 1-1 所示。

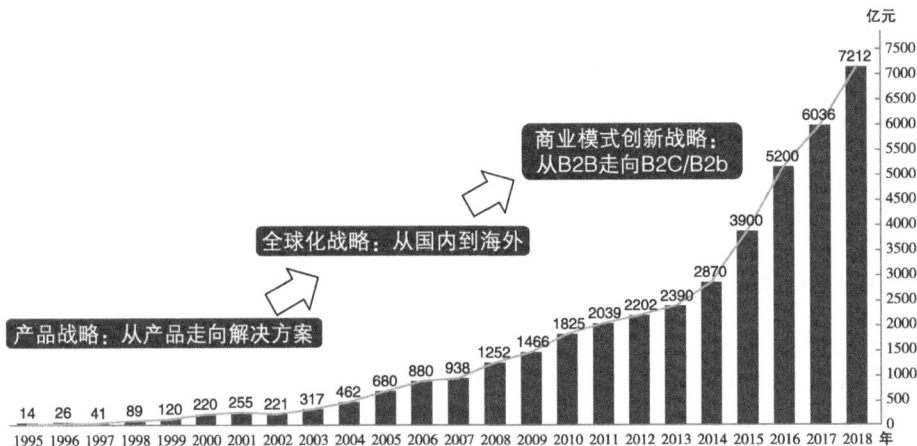

图 1-1　华为发展历程中的三次重大转型与历年销售额

在度过了企业的生存期后，1998 年，华为在公司发展势头很好的情况下，进行了一次主动变革，其标志就是以客户为中心的集成产品开发流程的变革。华为在 2002 年出现了历史上第一次、也是到目前为止唯一一次的负增长，在当时面临内忧外患的关键时刻，华为进行了第二次变革，从国内市场走向全球市场，构建了适应全球化发展的治理架构。华为的第三次变革持续时间比较长，是从运营商市场向消费者市场和企业市场的扩展，真正的标志是华为于 2011 年正式宣布消费者 BG 和企业网 BG 成立，从而实现了从 B2B 向 B2b 和 B2C 的商业模式的转型。

通过对三次转型的时间点和收入曲线进行对比可以发现，华为在转型变革的关键时刻，出现了增长的缓慢期或平台期，甚至是负增长。因此，转型是有成本的，变革是有代价的，企业对此要有心理预期。在变革的过程中，老流程和新流程之间需要切换，转型期组织需要磨合，人的能力有待提升，思维需要转变，人们做事的方法也存在不适应期，这些因素会暂时影响业绩。但一旦度过了转型的阵痛期，企业的增长将是指数级的，未来发展的潜力将是巨大的！

本书在第一章总结了华为三次关键时刻的转型过程（产品战略转型、全球化转型、商业模式转型），以及转型中普遍存在的重大问题和管理精髓。在第二章到第七章中，本书分别对产品创新战略和决策管理、全球化战略制定与路径选择、商业模式创新战略、企业战略制定和战略落地执行体系进行了详细描述和案例分享。作者希望提炼出来的这些实用管理理论和方法论，对中国企业的发展能够有所帮助。

第一节 华为的第一次转型——从"以技术为中心"到"以客户为中心"的产品战略转型

一、企业高速成长，掩盖了什么问题

1998 年以前的几年，华为年增长率都在 100% 左右。在这么好的发展背景下，为什么要转型变革？很多人不理解。

就像现在大量涌现的独角兽企业，它们往往通过抓住价值链上的某个切入点，形成独特打法，在短时间内大获成功，形成爆发式增长，一战成名。据相关咨询公司报告分析显示，2018 年中国新增独角兽企业 36 家，约占全球总量的 1/3，数量仅次于美国。前有小米，后有蚂蚁金服、滴滴出行等。然而，一技之长掩盖了公司整体组织能力的短板，企业若没有预见性并主动转型变革，在遭遇拐点时往往会受到致命打击。以小米为例，其产品以性价比高为卖点，早期通过发力线上渠道和巧借互联网营销，迅速塑造品牌，创造了高速增长的奇迹。然而，随着出货量的快速增长，小米公司的供应链暴露出管理问题，导致 2015—2016 年关键元器件供货不足，主打产品和新品的上市受限，业绩因此遭遇拐点。此时的小米公司已经意识到了提升企业组织力的重要性，并开始在产品研发、专利申请、供应链管理、线下渠道建设等方面加大投入。2017 年，在销售额短暂回升后，小米

加快了其在香港的上市步伐。然而，内功不是一蹴而就的。在大的国际政治经济背景下，随着华为的被迫回归，国内市场竞争将更加激烈，小米未来的发展将面临很大的压力。

1998 年，华为在高速发展期主动正视自己存在的问题，在发展的关键时刻进行转型变革，这体现了它的预见性和战略眼光。当时，在比较了研发和市场这两大业务体系后，华为发现研发更不适应未来企业的发展。早期华为只有交换机一款产品，后来通过学习行业标杆，华为开发的产品种类不断增多。向行业标杆学习产品研发，甚至在模仿的基础上增加一些微创新，是多数企业早期产品开发策略的现实选择。标杆之所以被称为标杆，就是因为标杆企业对客户需求和发展趋势把握准确，并获得了市场的认可。但如果只"知其然而不知其所以然"，不能真正地理解客户需求，那么模仿标杆企业的结果不仅是研发效率低下、永远难以超越对手，还会造成大量的开发浪费。

为了引起研发干部和开发人员对研发问题的重视，华为有一年在年度总结的万人大会上，专门给研发部门和产品线颁发了"金酸莓奖"，将很多研发设计出来但市场不认可、直接变成库房呆死料的产品，以"奖状"的形式发给研发部门领导和产品线总监。当时很多"创新产品"从源头上看就是盲目创新，产品开发过程就是低水平地不断重复做一件事情，但又不能一次把事情做好。开发的产品无论是功能、性能、产品质量还是产品上市周期都不能满足客户的要求。这给公司造成了大量的投资浪费，而且失败的产品也大大地打击了研发士气。在看似一片繁荣的背后，华为公司内部危机四伏。

这个"奖"虽然给研发部门在思维方式上带来了极大的冲击，但公司上下仍然不知道该怎么做才对。为此，华为引进了 IBM 的集成产品开发流程即 IPD^① 流程，对华为产品研发模式进行了彻底变革。这个以客户为中心、以市场为驱动的集成产品开发流程变革，启动了华为的第一次变革，实现了以"以技术为中心"向"以客户为中心"的研发模式的转变，并进一步实现了从产品向解决方案的转型。

IPD 流程框架如图 1-2 所示，它包含了两个关键概念。一是产品开发要基于客户需求，形成市场需求的产品概念，即做正确的事；二是通过结构化的产品开发流程，一次性把产品做好，即正确地做事。

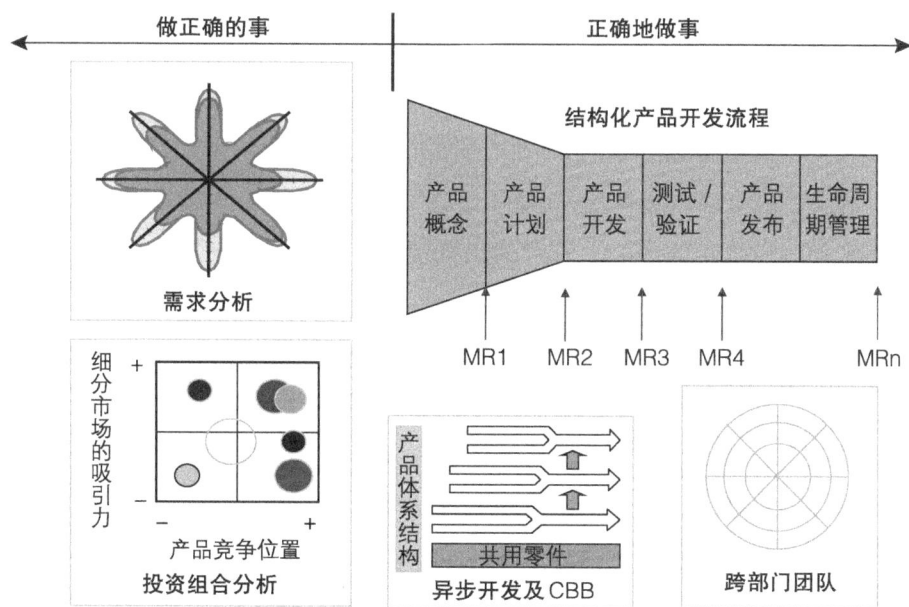

图 1-2　产品集成开发 IPD 流程框架

通过对市场和客户需求的把握，可以为产品赋予魔力、化解客户的麻烦，创造出与客户无法割舍的情感共鸣。通过进一步发现兴奋点、挖掘客户的潜在需求，可以使需求成为驱动公司发展的根本力量。华为建立了全

---

① IPD：Integrated Product Development，是一套产品开发的模式、理念与方法。

员收集需求、需求统一规范录入、流程 IT 平台支撑、专门需求管理团队集中管理的需求管理（OR）体系。

首先要解决需求来源的问题。需求来源分为外部来源和内部来源。外部来源主要包括客户交流、项目投标、标准、专家顾问、友商、行业分析、技术支持中心和热线、用户大会、各种营销活动等；内部来源主要包括产品线、总体办、用服、预研、市场、研发，甚至生产供应链。企业应制定统一的规范，保证提交的需求质量，并通过统一的需求库进行集中管理。

其次要解决需求管理的问题，即对需求"去伪存真，去粗取精"。不能把客户提出的需求都当成真实需求，还需要通过投资组合分析等一套方法，将这个需求对客户的价值、对公司的价值、客户的重要程度、开发难度、投资回报以及对形成竞争优势的作用等进行综合分析和优先排序，再由市场、研发、供应链、财务等关键部门成立集成管理团队来进行决策和判断。从原来的"以技术为中心"的产品决策模式，向"以客户为中心、实现企业和客户双赢"的产品决策模式转变。

形成了符合市场需要的产品概念之后，企业就可以开始进行产品开发了。当然，IPD 流程本身也在不断优化之中，其中需求的实现和验证方式，在实践中不断得到强化。当华为开始进入发达国家市场时，欧洲的第一个桥头堡——英国电信集团公司（BT），对华为进行了一次非常严格、完整的战略供应商认证。英国电信要求其技术专家加入英国电信产品研发关键评审点的决策过程中。华为当时不理解，认为研发过程应该是保密的。其实，为保证双方对需求理解的一致性和应对必要的需求变更，需要战略客户的意见领袖、技术专家或能够代表客户声音的市场代表加入产品研发的关键评审点的决策过程中。信息和通信技术（Information and Communication Technology，ICT）行业的变化比较快，需要根据市场需求的变化，适时做出必要的调整。因此，华为在后来的 IPD 流程里，增加了 MR 即市场评审点。而对于消费市场，用户既是消费者又是内容／产品生成者，更应强调用户参与到产品的创意和设计过程中的必要性。企业一般是通过社交媒体和用户社区，在用户和潜在用户群中寻找意见领袖和专业用户的，通过让他们发表创意意见，使他们参与到产品设计过程中去，并作为友好用户对早期产品进行试用，这就让用户的参与贯穿了需求收集、分析、实现和验证的整个管理过程。

由此可见，IPD 集成产品研发流程的核心是"以客户为中心"，从初期客户需求的收集和分析，到中期客户需求的实现和变更管理，再到后期产品上市，在产品的整个生命周期中，研发工作紧紧围绕市场和客户的闭环管理过程。

确立了"以客户为中心"的产品战略，建立了 IPD 集成产品开发流程后，根据以业务为驱动的流程型组织设计原则，企业必然会对旧有的组织结构进行相应的调整，给原有的利益群体、管理思维和对员工能力的要求带来极大的冲击。

很多企业都会有一个技术权威部门，对技术或产品立项进行评审和决策，如总师办或总工办等。华为在产品变革前也有这样一个组织，叫总体办。当华为的产品只有交换机及其衍生产品时，总体办的技术权威具有深厚的技术背景，决策及时、准确，且能抓到问题的关键点。随着华为的产品越来越多，技术权威们需要不断学习新的知识和技术，虽然凭借着自己的学习能力、经验和长期积累，决策仍然能够做到相对正确，但决策效率开始降低。当华为的产品领域从有线技术发展到无线技术之后，由于技术跨度大，决策难度也不断加大，技术权威们的知识更新相对滞后，决策准确性明显降低，甚至出现了重大决策错误。从决策延迟到决策错误，总体办遇到了技术瓶颈。最关键的是，IPD 开发流程是横向贯穿的，产品线把市场、研发、供应链、财务等集成在一起，公司将决策权赋予了跨部门的产品集成管理团队。流程变革带来的结果是组织的调整，总体办被撤销了。当时华为的销售额约为 100 亿元人民币，销售额的 10% 即 10 亿元人民币作为产品研发费用，而研发费用的 10% 即 1 亿元人民币用于产品预研 / 创新，即便在今天，这也是一笔不小的创新研发经费。虽然也是集体决策，但总体办和预研部在其中起着关键的主导作用。部门的裁撤，意味着权力的丧失。变革对组织和组织里个人的影响是巨大的，其中的很多人对这次变革是不理解的，甚至是反对的。笔者时任预研技术总经理，当时就是消极对待变革的。"华为发展得这么好，说明我们的模式具有独创优势，适合我们所处行业的发展，IBM 不了解我们的行业，凭什么教我们怎么做？"类似的话，笔者从事顾问咨询工作后，在很多企业经常听到。

从某种意义上来讲，变革其实就是利益的重新分配。为保证变革的成功，战略上一定要坚定。特别是第一次变革，遇到的阻力会更多，因为此时变革文化还未形成，变革管理体系不完善，特别是变革管理能力还不足。为此，任正非提出要"削足适履"，先以开放的心态虚心学习 IBM 上百年总结的经验，先僵化、后优化、再固化。对于阻碍改革的干部，要么"换脑袋"，要么换人。同时，坚持改进、改良和改善的变革指导思想，反对大刀阔斧、反对急躁冒进。正所谓"牵一发而动全身"，随意的改进所付出的代价就是高成本。华为的做法是让大家认识到变革的重要性，在操作中做到"静水潜流"，在变革中发现和提拔适应变革的干部，使绝大多数人，特别是中高层干部拥抱变革。

二、从"挂羊头卖狗肉"到客户价值导向的解决方案转型升级

经过这次转型变革以后，华为的产品研发越来越契合客户需求，这大大推动了公司业务的发展，公司的业务发展和管理变革形成了相互促进的良性循环。随着产品种类的不断增加，客户对华为的要求也越来越高，产品开发模式进一步向变革的深水区前进，即从产品开发向解决方案开发转型。这次转型跨越的时间更长，对华为的影响更加深远。

IPD 的全面施行，使华为的产品研发能力得到了实质性的提升，产品

的差异化优势也越来越明显。客户向华为提出的要求，已经不是一个具体的产品特性，而是如何建设一个最适合客户发展的网络来解决一个运营问题或痛点。而这时华为的销售团队尚不能理解这一点，销售人员只会讲自己的产品功能多、性能强、质量高、价格便宜……

香港有个专业矫正扁平足的鞋子品牌叫江博士（Dr. Kong）。客户第一次去门店买鞋时，销售员不会像其他鞋店的销售员那样，不厌其烦地直接推销鞋子，而是先测试客户扁平足的情况，然后根据测量的结果，向顾客推荐最合适的鞋子。遇到女顾客，鞋子外形若不能满足顾客要求，销售人员会推荐顾客在其他鞋店购买鞋子，再配合使用 Dr. Kong 的鞋垫。如果顾客再次来店购买，销售人员还可以在电脑上跟踪扁平足的改进情况，这不仅解决了客户的问题，还大大地增加了用户的黏性。卖鞋都可以从客户的痛点出发，为客户提供解决方案，而华为作为一个研发高技术产品的企业，却长期争论什么是"解决方案"，可见，早期华为的解决方案只是一种营销的手段。

"马电事件"是推动华为解决方案转型的重要事件之一，这是一个典型的跨多个产品线的解决方案项目。由于马来西亚电信公司（TM）高层直接给华为董事长发邮件，投诉华为长期不能按要求交付 IPTV 业务，华为遂要求相关部门从上到下进行发自灵魂深处的反思，而结论基本上都是"责任心不强"。究其根源，是没有按解决方案交付的方式建立流程和组织体系；缺乏业务咨询、网络规划和流量管理、按场景设计和交付等核心能力。而当时的领导对解决方案开发部设有一条"不允许开发一行代码"的紧箍咒，这必然导致解决方案开发部长期处于"挂羊头卖狗肉"的窘境。2008 年，在冲击欧洲的最后一个壁垒——德国电信时，德国电信的标书涉及整网设备和多个设备厂商的集成和互联互通。中标的前提是供应商要承诺做集成，否则自动出局。在当时的华为，做集成是不被肯定的，但为了中标，华为不得不妥协。由此可见，华为解决方案的转型，在初期完全是被客户"牵着鼻子走"的。

在客户和业务的驱动下，随着对客户问题的理解逐步深入，IBM 告诉华为，要用 30% 的产品满足客户百分之百的需求，且必须具有集成解决方案的能力。为了便于管理，华为将解决方案进行分解，将以产品线为主的产品与解决方案，统一归属于该产品线。因此，华为的"××产品线"正式更名为"××产品与解决方案部"；而跨产品线的解决方案，特别是系统级的整网解决方案，则专门成立了公司级的解决方案体系。随着客户业务咨询部、网络设计研究院等组织的建立，按站点解决方案交付的方式和场景师职责的设置，使华为的解决方案体系越来越贴近客户和市场的要求。

2017 年在华为平安园区解决方案汇报会上，任正非做了总结。他认为，要想加速积累解决方案的能力，就要开发出易于被集成、可被规模复制的产品和解决方案，以终为始，从面向未来市场销售的角度出发，规划系统架构、思考定价模式、找到战略控制点，探索建设之后的运营管理模式。他还提出要从研发预算机制的改变入手，以平安园区项目作为典型案例，优化解决方案的管理机制，IRB 要在其中发挥作用，真正实现 IPD 从机会到变现、提升公司产品和解决方案的竞争力。在"以客户为中心"理念的推动下，华为逐渐走过了从以技术为中心，到关注客户需求，再到解决客户问题、为客户创造价值的转型过程，使"以客户为中心"的企业战略，不断升华和发扬光大。

IPD 研发变革不但深刻地影响了华为的研发体系，而且大大提升了华为的营销能力。从原来的主要依赖关系营销，到能够进行突出产品亮点、满足客户需求的技术营销，再到解决客户问题和痛点的解决方案营销，而最高层次的营销则是能够为客户发现和提前预防风险并且创造价值的价值营销。华为曾经问过中国移动的总经理，为什么在中国市场华为 30 年都竞争不过爱立信？得到的回答是，每当中国移动发标的时候，华为总是利用人海战术，全方位地做中国移动的工作。而爱立信则是提前和中国移动一起研讨发展战略，一起做业务规划、撰写标准。在这种情况下，华为怎么与之竞争？这是最高层次的客户价值导向，是针对客户的战略、业务发展和运营改善进行的顾问式营销和价值营销。

三、转型变革成功的基本要素：战略、流程、组织和人

在转型变革的过程中，除了要制定清晰的转型战略，相应的流程和组织也要随着战略而改变，而人往往是决定因素。首先是干部的问题。浙江一位企业家曾经抱怨，企业变革好像只有老板着急，底下的高管都不着急。变革首先要进行变革文化的塑造，转型战略和驱动力要在高管层达成共识，老板和高管要在思维和行动上带动全体员工。其次是变革的组织管理要强势有力。变革是"一把手"工程，不能只是依靠临时搭建的"草台班子"或完全依赖顾问。变革管理的第一级是核心领导团队，如公司级的变革指导委员会；第二级是常设的变革管理和 IT 部门，变革的方法和经验需要积累和传承；第三级就是由业务部门牵头负责的不同变革项目组。干部和组织的保证，是转型变革成败的关键因素。

除了干部的问题，专业人才的引进和培养也至关重要。华为第一次 IPD 转型试点就是失败的，当时产品经理的概念还没有在公司内部建立起来，只有硬件经理和软件经理，没有一个人对产品的整个生命周期负责。而很多好的企业，CEO 就是大产品经理。例如，史蒂夫·乔布斯（Steve Jobs）和马化腾都是很好的产品经理，从产品的创新设计到上市的创意发布都是由他们亲自主导完成的。进行集成产品的开发转型，如果没有合适的产品经理组织跨部门的团队进行高效有序的运作，变革项目注定会失败。而产品向解决方案的转型，如果没有配备解决方案专家、不了解客户的痛点、不知道怎么把客户痛点变成方案再交付给客户，解决方案转型也只能是一句空话。

总之，转型要成功，在企业内部，转型的战略意图和驱动力要清晰并

达成共识，变革管理组织要配套，执行要坚定；要建立完整的变革流程并在实践中逐步将其优化，要建立业务驱动的流程型组织，并提前准备和培养关键的转型人才。只有这样，才能保证转型战略的真正落地。

第二节　华为的第二次转型——从国内市场到海外市场的全球化战略转型

华为的第二次变革是从国内市场走向全球市场，这次变革是一次被动的转型变革，就像很多公司出现问题后不得不转型一样。当时的华为处于内外交困的危险境地，只有一条路可走，那就是从国内市场走向海外市场。虽然当时任正非写了一篇慷慨激昂的文章——《雄赳赳气昂昂，跨过太平洋》，但是在华为内部，中高层管理人员集体降薪，所以这是一次破釜沉舟式的悲壮的被动转型变革。然而，这次转型变革却为华为未来的发展和管理蜕变，奠定了坚实的基础。

一、内外交困下的奋力突围

时针回拨到 2002 年，互联网泡沫破灭后不久，全球电信市场一片凋零。华为主流产品的国内市场份额均已超过 40%，对于一个客户来讲，在选择供应商时不会让一家独大，因为一家独大对于供应链的风险防范以及商务谈判而言都是非常不利的，会被供应商绑架。所以，华为在国内传统市场增长乏力。而华为急于突破的 2G 无线通信市场则被爱立信、诺基亚等强大的国际巨头牢牢把持，华为遭遇了增长的"天花板"。虽然华为在国内厂商中率先开发出了 3G 产品，但由于投资萎缩、产业链不成熟和 3G 标准不明确等多种原因，国内 3G 牌照迟迟没有发放。苦等 3 年之后，等来的却是"小灵通"的上市。这种落后的 PHS 无线技术，以年平均 200 亿元左右的设备市场规模，持续建设了四年，再加上配套的手机终端市场（每年约

200 亿元），壮大了当年华为最大的国内竞争对手 UT 斯达康和中兴，它们将获取的利润用于 3G 攻关和推进海外市场，与华为的差距逐渐缩小。与此同时，华为内部重要高管"出走"，而且带走了 600 多名研发骨干，由他们组建的港湾网络有限公司也步入华为竞争者的行列。

2002 年，华为的 IPD 管理变革进入深水期，当时要求到年底所有产品线必须完全按照 PDT2.0 流程进行运作。变革阵痛加剧的同时，财务上的成效却没有显现。雪上加霜的是，这时，华为在海外市场刚刚占领"亚非拉"的滩头阵地，国际对手思科就开始控告华为侵犯其知识产权，企图阻止华为海外前进的步伐。正如任正非所言，2001—2002 年华为处在内外交困、濒于崩溃的边缘。从财务数据上看，2002 年华为历史上首次出现了负增长。内忧外患之下，任正非苦心思考着如何才能走出困境。

从市场格局上分析，只剩一条路可走，那就是大力拓展海外市场。任正非曾坦言，华为如果不尽快使产品覆盖全球，就是投资的浪费、机会的丧失。他认为，不能等到没有问题才去进攻，而是要在海外市场的搏击中熟悉市场、赢得市场、培养和造就干部队伍，如果三至五年内建立不起国际化的队伍，那么中国市场一旦饱和，华为将坐以待毙。

二、成功，偶然之中的必然

（一）华为人的"眼高"

早在 1994 年，任正非就喊出了"十年之后，世界通信制造业三分天下，必有华为一席"的"狂言"。这意味着华为将不可避免地走上全球化的不归之路。但华为"出海"的底气究竟在哪里？

中国是世界上最大的新兴市场，因此，世界巨头云集中国，华为在公司创立之初，就在自己家门口碰到了全球最激烈的竞争。华为在国内的竞争中，以开放、进取的姿态，像海绵一样虚心吸取世界先进的研发机制、营销方法、管理手段和竞争规则。华为在人力资源管理方面戴上"美国帽"，在产品开发管理和供应链管理方面穿上"美国鞋（IPD、ISC①）"，在生产和品质管理方面装上"德国芯"，通过不断的管理变革，公司逐步构建起了以客户为中心、以市场为驱动的"端到端"流程型组织。这些全球一致的商业逻辑和管理精髓，为华为"逐鹿天下"夯实了基础。华为从来没有被政策扶持所左右，也不像互联网新贵们那样专注于只接中国的"地气"。因为任正非心里清楚，与国际一流对手在全球市场上拼杀，是中国企业迈向世界级水平的必由之路。

（二）华为人的"手低"

尽管在国内竞争中学到了国际对手的一招半式，持续的管理变革也强壮了自己的体魄，但华为"扬帆出海"依然诸事不顺、历尽艰险。

1997年是华为国际化的起步阶段。听闻中国的"国际倒爷"在俄罗斯大发其财，华为凭着感觉也进军俄罗斯市场。但是，当时的华为既没有进行市场分析，也没有制定策略，因为语言不通，员工到那里以后连基本的生活都成问题。经过一年的努力，通过代理商，华为才实现了价值仅几十美元的国际贸易。为了建立与地方政府的关系，华为还在当地建厂。但"政热经冷"的俄罗斯市场一直起色不大。一招不行，华为又将主力转移到南非，继续寻找机会。而"放眼一望，所有良田沃土，早已被西方公司抢占一空"，直到2012年，华为仍然在为进入南非核心城市、与主流运营商合作而努力。

至今，很多中国公司都在重复华为当年"摸着石头过河"的故事，偏爱金砖国家，想当然地认为这些国家的发展状态及商业环境和中国类似，可以得心应手。殊不知，巴西市场的高关税，使华为直到2014年才实现

---

① IPD即集成产品开发，ISC即集成化供应链。

盈利；印度市场看似很大，但超低成本的要求、政府的低效率和政治因素，使大多数公司一直在"赔本赚吆喝"。因此，如何选择最适合自身情况的国际化路径以及区域市场，是中国公司国际化首先要过的一个坎。屡战屡败之后，华为重新思考战略方向，回归到"农村包围城市"的策略。

非洲、中东、东南亚等地区成了华为的主要"产粮区"。经过四年多的闯荡，华为在海外市场的分析能力、营销方式和一线"铁三角"组织逐渐成形，完成了第一阶段"抢占滩头阵地"的任务，基本实现了营销体系的国际化。

如果说2001—2002年的"雄赳赳、气昂昂，跨过太平洋"，多少有点被动出走的悲壮色彩的话，那么从2005年开始，华为则进入了国际化的第二阶段——主动在全球布局，特别是针对发达市场和战略客户吹响了冲锋号。此时，市场驱动的集成产品开发管理变革进入收获期，产品国际化已经成为伪命题，满足国内市场的产品，只是在全球基线版本的基础上，增加了国内必要的特性而已，中国只是一个大的全球区域市场。另一方面，收购港湾公司①，以及UT斯达康的退出，让华为有了踏实的中国大本营。2005年，华为海外销售额第一次超过国内，开始向全球化运营挺进。

成功来之不易，代价有时甚至是生命。如果说发展中国家和地区员工经历的是物质上的艰苦奋斗，那么发达地区员工经历的则是精神上的艰苦奋斗，"战士们"不断在黑暗中摸索着希望的微光，在此，我要分享自己亲历的"三大战役"。

1. 快速响应——冲击发达市场战略客户的桥头堡"英国电信（BT）"

一开始华为连标书都拿不到，在锲而不舍的努力之下，2003年英国电信给了华为两个试探性项目。其中一个是很有创新含义但不确定性很高的

---

① 港湾网络有限公司于2006年被华为收购。

"Blue Phone"项目，是涉及有线和无线的双模综合解决方案，世界巨头中只有阿尔卡特敢于尝试此类项目，但英国电信把这个项目抛给了华为。华为组织了跨四个产品线的团队进行研发，不到半年，在英国电信的CTO第一次到访华为深圳总部时，华为就将成果演示给英国电信的高层看，让英国电信见识了华为以市场为驱动的流程组织，如何通过一线和总部的"狼狈"协同，快速形成满足客户需求的解决方案的创新能力。尽管这个项目成了"先烈"，但却拉开了日后华为全面参与英国电信21世纪网络建设的序幕。多年之后，该CTO加入了华为。

2. 超期望承诺（Overpromise）的"傻"公司——攻克欧洲最后一个堡垒"德国电信"（DT）

德国电信在2008年发布了下一代网络NGF项目，了解德国电信情况的合作顾问多次告诫华为，项目的所有特性并不需要都满足，特别是一些老特性。然而，华为本来就是后来者，又不清楚德国电信的内部矛盾，再"挑肥拣瘦"，凭什么赢得项目？后来的事实证明，完全满足特性需求这招，拖垮了竞争对手，并全面验证了NGF的可行性，实现了华为和德国电信的双赢。华为就是靠这种"笨"办法，凭借人力资源的相对优势，以多干"脏"活、"累"活，取得了客户的信任、赢得了战役。某著名咨询公司统计，世界巨头的平均需求满足率在80%左右，而华为超过95%。此后，需求的去伪存真和优先排序，成为"一线呼唤炮火"转型过程中，需要不断优化和解决的关键问题之一。华为正在不断优化一线"铁三角"的运作模式，逐步实行以项目为单位的财务结算和激励制度，让一线意识到"呼唤炮火是要有成本的"，进而使企业能够长期平衡发展。

3. 迎着地震辐射云，前进！——日本市场的突破异常艰辛

日本既有欧美市场的高标准和精益求精，又有东方人的人文情怀。2006年日本电信NTT在没有合同的前提下，要求华为提供一款新产品，但他们对技术的要求之细、对质量的要求之高前所未有。为了按时完成任务，研发部门连续工作了 60 天。2011 年"3·11"福岛核事故期间，已回到国内的我不无担心地询问仍在日本的同事，"代表处情况怎么样？""东京的空气还好吗？"得到前线的回复是："爱立信撤下来了，我们的机会到了，后天就要到灾区，等着我们的好消息吧。"日本人真被感动了，2013 年，华为在日本的销售从 2011 年的不到 5 亿美元，增长 4 倍，接近 20 亿美元。这就是钢铁般意志铸就的华为人。

（三）国际化管理的主要难点之一是"人"的管理

要实现真正的国际化，本地化落地是必经之路。特别对于发达市场，处于欠发达商业文化氛围中的中国企业，对外籍员工除了要敢于管理还要善于管理，避免重蹈上汽收购韩国双龙、TCL 收购法国汤姆逊的覆辙。

1. 核心价值观就是人心

以"开放、进取、包容"的态度传递和优化核心价值观，是扎根全球的定海神针。任正非亲自为一线主管示范如何向外籍员工诠释华为的核心价值观：以客户为中心首先是推行按客户需求制定的解决方案，解决方案就是要以客户为中心，做好了这个才能拿到合同。为什么他会多拿钱呢？是因为他多干活了。外籍员工也知道多劳多得，多劳多得不就是以奋斗者为本吗？任正非认为，华为文化就是一种开放的、兼容并蓄的文化，因此对待外籍员工，不能用中国式的思维去要求他们，而要以开放的心态去吸收他们的文化精华，充实华为的文化。由于华为各级领导的身体力行、言传身教，华为"以客户为中心，以奋斗者为本，长期艰苦奋斗"的核心价值观成为分布于世界各地的华为员工整齐划一的行动准则。2019 年年初，任正非在达沃斯接受 BBC 访谈时，生动地讲述了智利 9 级地震灾害发生之后，当地华为员工奋力抢险的故事。

那么，值得我们思考的是，是什么激励着外籍员工冒着生命危险投入工作呢？

2. 谁当"一把手"

不同公司做法不同，而华为的区域总裁、代表处代表等一把手，基本都是华人，其中多数为国内外派人员，这一点常常被外界诟病，认为华为不像一个国际化的公司。联想是个典型的通过兼并来实现国际化的公司，联想的外籍员工应该有更大可能成为一把手，然而柳传志却认为，所谓的中国人来管理，就是在于一把手，一把手是企业的一个方向。中心思想主要是融合，而不是平衡，一开始就要让国际员工觉得你是一家国际公司，到后来他自己会慢慢融进去，把双方共同认可的价值观建立起来，这才是好的。华为就是这么做的，作为一家自我成长的公司，除了对核心价值观的认同，其一把手对公司战略的理解、对流程的遵从，甚至与上级和同级的沟通都至关重要。

3. 激励问题

作为一家员工持股的非上市企业，由于各国法律不同等多种原因，华为对外籍员工的长效激励一直是个老大难问题。笔者手下曾经有40%是外籍员工，他们在华为任职都超过四年，对华为的价值观是比较认同的，但缺少长效激励却让他们耿耿于怀。2013年，华为针对外籍骨干员工开始实行新的 TUP（Time Unit Plan，时间单位计划）持股计划，解决了这一长期遗留下来的关键问题，对加速华为全球化起到了重要的推动作用。这样一个不断进行自我批判、不断改进管理的公司，还有什么能够阻挡其前进的步伐？

三、全球化视野与格局

任正非不喜欢"国际化"这个说法，因为"国际化"始终是站在中国向外"窥视"。他认为，在这个时代，一个企业需要有全球性的战略眼光才能发愤图强；一个民族需要汲取全球性的精髓才能繁荣昌盛；一个公司需要建立全球性的商业生态系统才能生生不息。企业在走向全球化以后才能有效地提高资源利用率。

苹果、IBM、鸿海、谷歌等著名企业，都是通过全球化运营，使企业实现利益最大化和全球资源利用最大化的。这些企业一般都采用"三明治商业模式"，如图 1-3 所示。其主要目的如下。

图 1-3 典型的全球化三明治商业模式

- 将硬件制造转移到劳动力成本低的国家；
- 将海外销售公司设在低税率国家，合理避税；
- 通过软能力（软件、设计和知识产权）实现高利润。

苹果公司的系统设计和开发在美国（工业设计以英国人为主），软件激活和销售在爱尔兰（避税天堂之一），而生产制造在中国。2012 年其海外收入约为 350 亿美元，仅上缴 6% 左右的税，实现了企业利润最大化。IBM 不断强化其软能力（软件产品、专业服务等），压低硬件价格以打击低价厂商，或出售硬件系统（如出售低端服务器），以提高整体盈利水平。富士康的硬件产品仅有 2% 的利润，而将高利润的设计和模具技术核心事业部保留在公司总部且永不上市，以保持鸿海整体的利润要求、实现全球资源的有效利用。

（一）国际化推动华为实现第二次管理质变

1. 大平台支撑的精兵作战模式

"什么是华为的核心竞争力？"这是很多人心中的疑惑。有人说是华为的企业文化，有人说是研发能力，还有人说是人力资源政策。任正非给出了标准答案，那就是"大平台支撑的前线精兵作战"治理结构。这种管理模式源自华为的管理基因，是其他企业难以模仿的核心竞争力。而这种模式正是经过国际化的历程，通过不断锤炼而形成的，与美军的现代作战模式高度吻合。

所谓前线精兵作战模式，就是一线"铁三角"组织作战模式。铁三角由客户经理 AR、解决方案经理 SR 和交付经理 FR 组成。"铁三角模式"最早由环境艰苦的华为北非苏丹代表处提出，进而在全公司推广并完善。其精髓就是为了夺取市场机会（为客户创造价值），打破功能壁垒，形成以项目为中心的团队运作模式，使 70% 的问题能在一线得到解决，而剩下的 30% 则通过"一线呼唤炮火"，由后方支撑平台快速响应并解决。伴随着全球经营以及业务增加，为加快后方的响应速度，华为不但在领导思维、行动和考核上不断强化"以客户为中心"的最高宗旨，而且从一线往回梳理和优化流程与组织，将不增值的部门坚决砍掉，聚焦一线，简化管理，并将干部培养与选拔、决策授权、战略规划等向一线前移，在机制上保证了"大平台支撑的前线精兵作战模式"的高效运作。

2. 发达市场的"成人礼"

在冲击发达国家市场的过程中，英国电信等战略级客户启动了对华为的战略供应商认证，促使华为的管理实现了第二次质变。英国电信的认证项目，大到生产运营、小到员工住宿，共 12 个大项，100 多个小项，如图 1-4 所示。

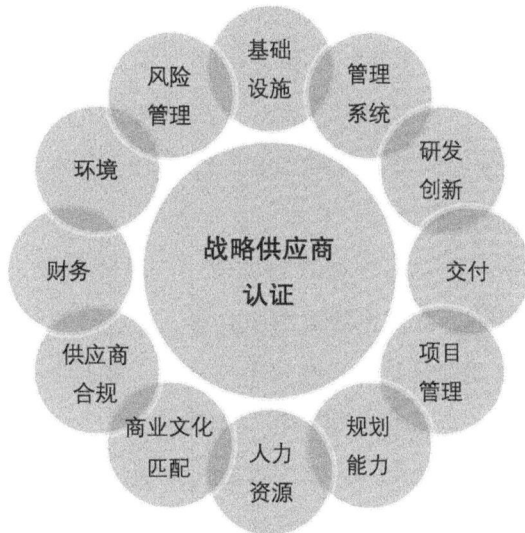

图 1-4 英国电信战略供应商认证维度

认证项目的总负责人华为董事长孙亚芳对此深有感触,她说:"英国电信对华为持续三年的认证,让华为人掉了一层皮。"她认为,通过持续改进,华为将实现国际化的蜕变。在这个过程中,华为人更加深刻地理解到客户在公司业务流程中的价值和作用,不但在初期需要客户输入需求,中间控制和后期交付都需要客户的参与,相关系统还需要和客户的系统进行对接。经过不断迭代,华为的流程体系得到了全面改进,为全球化运营奠定了基础。

(二)华为的全球布局

为了有效利用全球资源,经过 18 年的筹划布局,华为形成了全球的多个运营中心和资源中心。

1. 行政中心:在美国、法国和英国等商业领袖聚集区成立本地董事会和咨询委员会,加强与高端商界的互动。在英国建立行政中心,在德国成立跨洲业务中心,提高全球运营效率。

2. 财务中心:在新加坡、中国香港地区、罗马尼亚建立财务中心,在英国建立全球财务风险控制中心，降低财务成本，防范财务风险。

3. **研发中心**：建立俄罗斯天线研发中心、瑞典及芬兰无线系统研发中心、英国安全认证中心和 5G 创新中心、美国新技术创新中心和芯片研发中心、印度软件研发中心、韩国终端工业设计中心、日本工业工程研究中心等，有效利用全球智力资源。

4. **供应链中心**：建立匈牙利欧洲物流中心（辐射欧洲、中亚、中东、非洲）、巴西制造基地、波兰网络运营中心等，提高全球交付和服务水平。

华为轮值 CEO 胡厚昆认为，在资本、人才、物资和知识全球流动，信息高度发达的今天，"全球化公司"和"本地化公司"这两个过去常被分离的概念逐渐变得统一，华为的商业实践要将二者结合在一起，整合全球最优资源，打造全球价值链，并帮助本地创造发挥出全球价值。这种全球化运营布局还在技术获取、供应链、财务和市场等方面摆脱了对单一区域的依赖，降低了公司运营风险。在如今的艰难环境下，能够做到"东方不亮西方亮"，华为的全球布局起到了至关重要的作用。

第三节　华为的第三次转型——从 B2B 到 B2C、B2b 的商业模式转型

2012 年华为宣布成立消费者业务群（CBG）和企业网业务群（EBG），这意味着华为的商业模式正式从 B2B（电信运营商、大商业用户）向 B2C（个人消费者）和 B2b（中小企业）转型。华为第三次转型为什么从运营商市场扩展到个人消费者和中小企业市场呢？除了保持持续增长的需要，其背后还有什么深刻的商业逻辑呢？

其实，华为很早就开始涉足属于个人消费市场产品的手机终端，但一开始却是不得已而为之的。

前面提到，由于 3G 牌照的迟发，2001 年通信行业最大的投资是中国

电信的 PHS 小灵通系统。其系统设备和配套手机的投资总额每年高达 400 亿元。该市场主要由 UT 斯达康和中兴两家瓜分。当时中兴销售额超过华为销售额的 3/4，历史上第一次最接近华为。最关键的是中兴和 UT 斯达康用获取的利润，加快了 3G 领域的研发步伐，开始威胁到华为的主航道。华为被迫通过贴牌加入小灵通手机的竞争，目的是"烧竞争对手的粮仓"。虽然在"杀敌一千，自损八百"的策略指导下，手机部门的长期发展目标在华为内部一直存在争论，但通过市场的洗礼，华为开始对消费者市场有了一定的认识。2008 年年底，3G 时代终于到来，此时产业链还不成熟，可供用户选择的手机种类严重不足，这成为阻碍 3G 技术发展的重要原因之一。运营商要求设备商在提供设备时，必须配套提供相应种类和数量的手机，并鼓励其他终端厂家参与 3G 手机的竞争。此时的运营商非常强势，企图控制整个产业链。手机必须通过运营商渠道包销，且只能出现运营商的品牌，只能在电池或某个角落出现厂家的标志。虽然"中华酷联"在 3G 时代占据着手机市场的主导地位，但一般消费者在很长一段时间里都不知道华为生产手机。此时的商业模式还是 B2B 模式，华为无非是为运营商多提供了一类产品而已。

虽然销售模式上变化不大，但手机产品却推动华为全面进入了手机的研发工作。一方面，华为利用其在无线系统领域和芯片领域的长期积累，开始手机核心技术和芯片的研发，并向手机价值链的高端延伸。另一方面，为了推动移动业务的发展，掌握最终消费者的业务需求，激活整个价值链，运营商进行了各种业务创新的尝试。华为也积极与运营商建立联合创新实验室，希望能够把握价值链的另一端。然而，实际效果并不理想。运营商只是华为的采购大客户，并不是最终的消费者。运营商也不清楚最终消费者的需求是什么，不知道该发展什么业务。将"以客户为中心"作为最高战略的华为，此时内心充满了恐慌。任正非曾悲观地认为："信息产业为什么最后会陷入困境？因为消费者的信息需求是有限的，人只有一双眼睛，一天只有短短的 24 小时，而信息资源是无限的。信息产业的基础材料是硅，而硅在地球上是取之不尽的。需求的有限性和供给的无限性，是信息产业致命的软肋。"

从通信产业价值链的发展来看，传统的电信业务主要是语音通信和一定的文本信息，如短信、彩信等。在这个时期，通信终端简单，业务内容也不复杂。因此，价值链的最高端和最大的投资领域就是通信系统和设备。

然而，互联网技术的发展，加速了信息技术和通信技术的融合，特别是苹果智能终端生态系统的出现，使移动互联网成了新的发展方向，ICT的产业价值链出现了反转。如图1-5所示，价值链最高的两端，一端是智能终端，一端是内容服务。智能终端向宽带化、智能化、多元化发展，出现了众多高速发展的独角兽企业。业务内容也得到了极大的丰富，腾讯、阿里巴巴等代表性企业的收入和市值远高于电信运营商。跟内容有关的投资和智能终端投资远远超过了系统设备的投资，而智能终端和业务内容的蓬勃发展，反过来又要求通信增速，促进了通信系统和设备的投资。任正非认为，苹果公司改变了世界，所以要感谢苹果，如果没有移动互联网的发展，华为也不会有今天的成就。

市场空间

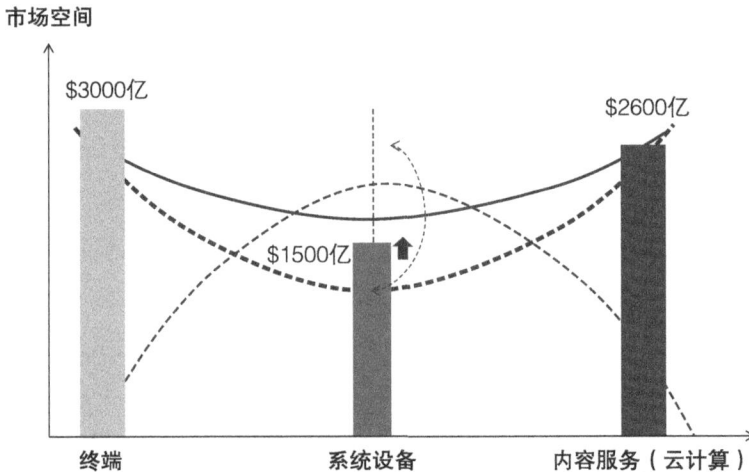

图1-5　通信行业价值链变化（价值链微笑曲线反转）

在市场的推动下，华为敏感地感知到了价值链的变化，开始向价值链的两端发展。除了智能终端，华为开始向另一端的内容提供商（如腾讯、阿里）提供设备和服务，打造类似苹果的业务生态圈，并尝试提供云技术和内容服务。这两个触角的展开，使华为获得了大量的最终用户和内容提供商的一手需求信息，"以客户为中心"的最高纲领使华为如鱼得水，并逐步把握了移动互联网业务的实质，成立相对独立的消费者事业群也就水到渠成。与此同时，在物联网技术、工业 4.0 和机器人概念的推动下，社会、政府和传统企业正悄然向数字化、信息化和智能化方向转型，对信息化改造和数字企业的升级需求越来越迫切，投资也逐年增大。华为敏感地感知到这一趋势，面向企业用户的企业业务事业群也应运而生。华为于 2012 年正式成立消费者事业群（终端）和企业网事业群，就是一次基于对产业价值链变化深刻洞察后的主动变革，商业模式开始从 B2B 向 B2C、B2b 转型。恐龙统治过世界，为什么最后消亡了？就是因为恐龙不能根据环境的变化调整自己。如果华为没有及时转型，仍然延续原来的成功经验，只依赖运营商，不主动感知用户需求的变化，就没有今天华为的发展。很多故步自封的企业已经尝到了苦果。

每个行业都要深刻洞察自身所处行业的价值链变化并主动做出积极的调整，这就是华为这次转型给我们的重要启示。

一、商业模式转型对流程和组织体系的巨大冲击

华为运营商 BG 在全球面对的客户不超过 1000 家，以中国市场为例，运营商采取集中采购设备的政策之后，目前华为在中国只有三个大客户。针对大客户，华为制定了完整清晰的大客户战略：对外通过与大客户的战略互动、业务咨询、联合创新、建立组织型客户关系等方式，深刻理解客户需求、发现市场机会，为客户创造价值；对内形成成熟的大客户组织体系和卓越的运营管理方法。而企业网 BG 面对的客户，则包括政府、交通

运输、电力、能源、金融、制造等多个行业。在这些行业中，除了金融行业较早地意识到了信息化的重要性、相关投资较大外，多数行业的信息化建设仍停留在办公自动化方面，而没有将其作为保障主要业务发展的重要手段，信息化投资一般不超过总投资的 10%。华为不得不面对数以万计的客户，客户大小不一，需求五花八门，决策模式多种多样。合同金额与运营商客户相比，多数属于中小合同，甚至小到以千元为单位。从运营商延续下来的成功经验，如直销模式、客户管理、合同管理等，已经明显不适用，管理成本居高不下，这严重阻碍了企业网 BG 的发展。而在消费者市场，华为要面对的是以千万甚至亿计的普通消费者。怎么获取消费群体的需求信息？消费者对消费产品的外观、软件界面和功能的要求比工业品高，而消费产品的升级换代速度又明显比工业产品快，华为如何改造工业制造"硬、黑、粗"的基因？如何建设自己的品牌和销售渠道，让消费者快速获得产品？这都是华为要面对的巨大挑战。

二、"二次创业"般的转型变革

　　商业模式转型战略的落地执行，需要相应业务流程的支持、组织体系和人才的保障。由于面对的客户不同，华为进行了一次大的组织裂变，成立了面向不同客户的运营商 BG、企业网 BG 和消费者 BG。由于运营商 BG业务相对稳定，提高其从市场机会到合同管理再到回款的卓越运营能力，成为当务之急。而企业网 BG 和消费者 BG，在客户管理、机会点获取和交付服务的方式上，与运营商 BG 的差异很大，可借鉴的经验不多。为了迅速提升能力，适应新的商业模式，华为再次借助外力，开始在市场营销和销售交付体系实行从营销到线索（Marketing to Leads，MTL）和从线索到现金（Leads to Cash，LTC）的营销流程和组织体系变革，填补了华为流程体系中缺乏营销流程体系的空白。这两个流程的引进是第三次转型变革的重要标志。

MTL 和 LTC 的流程架构如图 1-6 所示，其大致工作过程为：通过对市场的洞察和判断，选定细分市场和客户。匹配客户从认知到采购决策的过程，设计合理的营销活动，根据客户在营销活动中的反馈，识别潜在客户。针对潜在客户的问题和需求，进行需求分析、线索孵化和跟踪，满足判断条件的转化为销售线索，进入销售线索管道。根据营销体系提供的线索，销售体系进一步进行机会验证和判断，对于确认的销售机会，进入销售项目管理阶段。通过售前引导、技术建议和测试验证等过程赢得合同。完成产品交付，实现回款。最后关闭合同，进行整体项目评估，并提出改进方法。这样，就完成了从营销到线索，再从线索到现金的整个闭环管理过程。

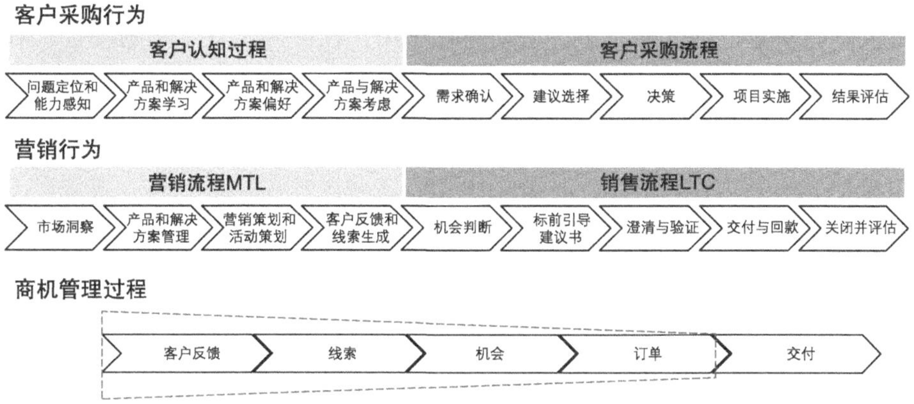
客户采购行为
客户认知过程
客户采购流程
问题定位和能力感知
产品和解决方案学习
产品和解决方案偏好
产品与解决方案考虑
需求确认
建议选择
决策
项目实施
结果评估
营销行为
营销流程MTL
销售流程LTC
市场洞察
产品和解决方案管理
营销策划和活动策划
客户反馈和线索生成
机会判断
标前引导建议书
澄清与验证
交付与回款
关闭并评估
商机管理过程
客户反馈
线索
机会
订单
交付

图 1-6 MTL 和 LTC 流程架构

面对众多的中小客户，如何提高营销效率、降低营销成本呢？传统的营销活动包括广告、展会、论坛、产品发布、促销等，成本很高，那么除了能提高公司的品牌知名度外，其对销售的贡献到底是多少？如何衡量营销的投入产出？特别是随着互联网技术的发展，数字营销（线上营销）成为高效低成本的营销方式，小米的成功实践刺激着华为加快转型步伐。在 MTL/LTC 流程的指导下，不仅是营销体系，华为的整个运作模式都悄然发生了变化。

1. 营销模式

华为全面引用数字营销方式。对内，从优化公司网站开始，对原来网站的单向推送模式，进行双向互动改造，并增加网站用户行为分析；优化产品登录页，使用户能高效地搜索到想要的内容；从解决客户问题、为客户创造价值的角度全面更新营销材料，并新增视频、网上论坛、微网站、移动应用、网络直播等互联网营销内容。对外，与优秀门户网站合作优化网络广告投放方式，通过 SEO（搜索引擎优化）和社交媒体等方式，增加客户引入流量。其中，华为消费者 BG 的花粉社区，不仅增强了客户黏度、提升了销售，而且成为发现用户需求、与意见领袖和友好客户共同设计和优化产品的平台。而对于商业用户来说，用户社区的建立相对困难。华为在现有商业客户群的基础上，主动建立了用户社区并设立了奖励基金。对那些为华为创新产品的推出提出重要需求的、发现华为设备问题并提出改进意见的客户个人给予重奖。现在，华为对数字营销的运作模式逐渐得心应手。

之后，华为进一步将传统的线下营销活动和线上数字营销方式进行有机结合，实现了立体联动组合营销。建立了由营销活动和线索管理数据库、PRM&CRM（潜在客户关系 & 客户关系）数据库等组成的自动化营销 IT系统（MTL/LTC 内容详见本书第四章的相关内容）。

MTL/LTC 流程先在中国区和欧洲区进行试点，经过优化并在全球推行之后，使华为的营销能力得到了质的提升。另外，这一变革还解决了华为长期存在的"营""销"脱节，难以清晰评估"营"的绩效的"世界难题"。

2. 产品和解决方案

由于面向的客户以及客户需求发生了变化，IPD 产品开发流程也需要进行适应性调整。运营商客户对通信设备的可靠性要求高，一般要求设备可以安全运行 10 年以上。而 IT 产品的更新换代频率则比通信产品快得多，终端产品寿命平均仅在 3 年左右。内容服务商基于业务发展的不确定性，希望系统的计算能力和存储能力能够灵活配置，设备的报价方式能够灵活多样（如按用量收费、按用户收费等）。而适合通信产品的 IPD 集成产品开发流程，对于 IT 设备来说过于冗长。特别是针对软件业务开发，需要增加很多敏捷开发的概念。其他企业在学习华为实行 IPD 流程变革时，一定要学习借鉴华为的经验和教训，参考优化后的版本，并根据行业和自身产品的特点，对开发流程进行优化。

在继续坚持"聚焦主航道的压强原则"的研发战略的同时，华为开始在整个价值链上进行全面布局。

正如"中国制造"的转型升级一样，华为在创新一端，持续在核心技术的研发上加大投入，如图 1-7 所示。在手机芯片、ICT 设备芯片、终端操作系统、服务器操作系统、天线及云计算等系列算法、分布式云计算架构等方面，华为逐步走在了行业的前列。设备系统架构向云计算方向发展和升级，更加模块化、组件化、共享化。在价值链的另一端，由于消费者的业务需求复杂多变，华为终端构建了开放共享的业务平台——EMUI，通过开发者大会和合理分配利益等多种方式，不断丰富业务内容并积极推动开发生态链的建设。而企业网 BG 面对的行业众多，客户有很多定制化的需求，为了平衡规模化和定制化之间的矛盾，经过痛苦的反思之后，企业网 BG 在不断提升对各行业理解的基础上，明确提出了产品和解决方案的"被集成"战略。华为聚焦标准产品和解决方案平台，而由合作伙伴负责定制化的解决方案，形成多方合作共赢的开发模式。

2019 年 9 月，华为宣布全面启动基于"鲲鹏 + 昇腾"的计算战略，一端在核心技术和芯片方面，不到三年时间，已经发布了 10 款商用芯片，即鲲鹏 916、920，麒麟 970、980、810、990、990 5G，昇腾 310、910，鸿鹄 818。接下来，华为还会陆续发布多款芯片。另一端宣布开源服务器操作系统、GaussDB OLTP（华为高斯数据库）单机版数据库，开放鲲鹏主板。华为通过硬件开放、软件开源，使能合作伙伴，促进产业链的共同发展。

由此，华为产品与解决方案聚焦"价值链高端和平台"的双引擎战略已经完全成型，并开始爆发式突破。

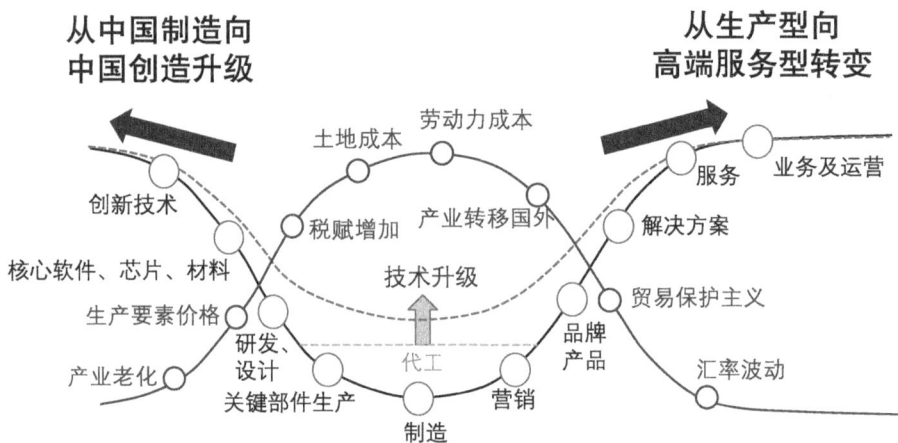

图 1-7　从"中国制造"到"中国创造"的转型升级

3. 核心专业能力构建

华为三大 BG 针对自身面临的市场环境和发展趋势，有针对性地构建核心专业能力。

- **运营商 BG**：传统的 B2B 模式。注重大客户战略和卓越运营，重点提升业务咨询、网络规划和按场景交付能力，为运营商提供端—管—云的端到端解决方案。

- **消费者 BG**：B2C 模式对华为而言是全新的。在产品工业设计方面，华为大量引进专业人才，并在日本、韩国等国家建立研究中心。华为重点提升渠道和门店管理、O2O 营销、供应链和库存管理的能力，并对组织体系和考核激励都进行了大刀阔斧的变革。

- **企业网 BG**：新的 B2b 模式。产品实行"被集成"战略，销售不再采用直销方式，而是通过合作伙伴进行销售。因此，重点提升了独立软件开发商（ISV）、系统集成商（SI）、解决方案提供商与服务商（SP）、行业代理商（CAR）、增值分销商（VAD）等渠道在获取、分类、使能和评估方面的闭环管理能力。

在合同管理和回款方面，针对中小客户普遍存在的信用和运营风险，企业网BG对不同的客户进行分层管理。中小客户全部通过渠道销售、采用标准合同，避免了管理的复杂性和回款问题。越是小公司越会提出千奇百怪的要求，笔者咨询过的企业甚至有多达83种合同文本，管理成本极高。而对大客户，则采用"high touch"的合作销售模式，这样既能了解客户需求，又能发挥合作伙伴的优势。根据客户需求确定合同框架后，每次只针对工作说明书（SOW）和价格清单（BOQ）进行谈判，大大提高了管理效率。更小的客户则通过电子商务平台，直接下单采购。华为终端公司有独立的华为商城，而企业BG在网站上建立了电子商务平台。在电子商务平台上，华为根据不同场景，整合了不同的解决方案设计、配置和报价工具，使中小客户可以结合自己的需要按场景选定解决方案和设备型号，直接在网上下单采购，这大大节约了交易成本。因此，对客户进行分类，采用不同的销售渠道，简化合同管理和交易方式，大大降低了管理成本和运营风险。

华为在运营商市场习惯了狼性十足的直销模式。在新的商业模式下，必须保证行业价值链的健康成长，带领行业里的合作伙伴一起做大做强，这是华为从追赶者到领先者必须具备的能力和必须补上的一课。

三、华为转型变革的系统模型

从华为的三次转型可以看出，华为的每次转型都是很艰难并付出了代价的。但这同时也是华为拉开与竞争对手差距的重要原因，这三次艰难的转型为华为成为行业领导者奠定了坚实的基础。华为转型变革系统模型包括下面四个方面。

- 在企业愿景和核心价值之下，塑造积极的变革文化。
- 制定清晰的转型战略，指明变革的方向。
- 以业务驱动的流程体系，指导企业实现转型战略的方法和步骤。
- 通过流程型组织和激励机制，组织和激励员工高效执行。

从华为三次转型可以看出，清晰的转型战略的制定和有效的落地执行，既需要系统思考的能力，又需要抓住企业不同发展时期的主要矛盾，以及主要矛盾的主要方面。企业可以通过健康度评估，从9个方面（共37项管理行为），即方向与战略、领导力、文化氛围、组织和责任制度、协调管控、组织执行能力、动力机制、开放合作，以及变革与学习，找出企业的关键短板，有的放矢，确定企业转型变革的方向和阶段重点。

当前，在第四次关键时刻，华为启动了新一轮变革。这次变革将分三步走。

第一步：明确代表处是作战中心，总部机关BG和地区部BG共建资源中心和能力中心，资源中心通过市场机制运作和考核，能力中心基于战略目标的达成和市场机制运作与考核。

第二步：改革地区部以及各BG的作战部门，地区部负责区域性战略的制定与组织实施，提供区域性作战资源、业务能力和行政服务平台。

第三步：改革机关，机关要率先反对平台的重复建设和重复性劳动。

这次变革的基本原则是，以责任结果为导向，"火线选人、战壕中提拔"，在战斗中激励一大批新领导者产生，让英雄辈出，天才成批来投；建立"军团"作战方式，强调集体奋斗、集体立功、集体受奖。战时状态既要激进又要保守。市场努力向前进攻，加强经营质量；研发坚持加大战略投入，"向上捅破天，向下扎到根"。

从这次变革的步骤看，华为继续深化改革其具有独特竞争优势的公司治理架构，即"大平台高效支撑的前线精兵作战模式"。自我否定了原来"少将班长"的提法，因为项目"铁三角"呼唤炮火的管理粒度太小，将其修正为以代表处和系统部为作战中心的"少将团长"后，更符合一线的实际运作情况，也能更好地平衡辖区内的短、中、长期利益。华为地区部的建设进一步学习了美军战区作战模式，加强地区部的平台能力建设和三大BG在地区部的统一管理，总部平台能力进一步下移到地区部，加快了平台对一线作战的响应速度和前后方的协同效率。而对总部机关，华为将进行大幅"精兵简政"，精简下来的干部，或者转专业岗，或者淘汰，去除冗员。变革原则上和总体上沿用了华为的一贯做法。而"向上捅破天"，预示着华为在核心技术、基础技术的全球投入将大幅提升，对整个生态链的培育模式也将更加积极主动和开放。"向下扎到根"，则意味着"颗粒归仓"。华为在自己的优势市场，运作将更加精细。在国内市场，华为将扎根到原来不太重视的三、四线市场，甚至更深的基层。

"当我们度过最危急的历史阶段，公司就会产生一支生力军，干什么？占据全球市场。"天将降大任于斯人也，华为的成长经历值得中国企业去系统学习和借鉴。

CHAPTER

第二章

产品创新体系和战略管理

在国家创新战略的引领下，很多企业都希望通过创新推动企业的转型变革。由于华为在标准、专利等方面的领先表现，特别是时下在业内备受推崇的华为麒麟芯片和石墨烯技术，很多企业都很想知道华为是怎样创新的，都希望自身能结合创新制定企业转型变革策略。很多企业热衷于对各种创新模式的研究，如引进吸收式创新、渐进式自主创新、突破式自主创新等。可是在华为，"自主式创新"是一种"反动"的提法，任正非从来都是讲"开放式创新"，而且特别强调"以客户为中心"的创新。这是一个很有争议的提法，因为人类历史上的多次产业革命都是由突破式创新引起的，华为强调"以客户为中心"的创新不是"反人类"了吗？这个强调"以客户为中心"进行创新的公司，为什么反而在技术创新和产品创新上，在全国乃至全球都有不俗的表现？华为于2010年第一次进入美国《财富》杂志全球500强时，位列第397位；2016年其排名飙升到第129位，多年来蝉联国内科技公司榜单第一。同时，在《2016全球百强创新机构》《全球最具创新力公司2016》等评选中，华为都成为中国大陆唯一的入选者。然而，为什么很多高谈阔论自主创新的企业，却鲜有令人信服的成功创新呢？

中国是个制造大国，很多指标都是全球第一。笔的产量全球第一，可是生产不了圆珠笔芯；电脑产量全球第一，但主要芯片依赖进口。这样的行业和企业很多。在原有领域的产量做到全国第一乃至全球第一后，这些企业急于寻找新的增长方向，因此开始大力强调"自主创新"。对于很多研发底子薄的企业来说，通过这种矫枉过正的提法，强力驱动企业实现转型，特别是助推领导层的思维转变，可以理解，也无可厚非。但是，很多企业创新的方向和方式却值得商榷。光伏行业热了，大家都参与热炒；锂电池等可充电技术热了，大家都参与热炒。诸如此类的热点还有"互联网+"、物联网、云计算、大数据等。好像不说点新词，大家都不好意思开口说话了。然而，大家看到的事实是，只要有企业热炒的产业，经常会出现产能过剩、恶性竞争、低价倾销，之后再陷入没有资金投入研发、攻克不了核心技术、无法促进产业成熟的恶性循环。最后只好等待政策、等待"风口"的出现，然而等来的往往是国家调控限产、取消补贴政策，新业务随之陷入漫漫长夜……那么，华为成长过程中的三次重大转型，特别是伴随其中的创新管理，又有哪些特点，其中有哪些是值得中国企业借鉴的呢？

第一节 华为"以客户为中心"的产品创新战略

华为创新模式的演变，总的来说可分为两大阶段，这里以华为与全球最后一个超级竞争对手爱立信的业绩对比为分界点[①]，第一个阶段为2012年之前，华为采取的是作为行业追赶者的创新模式；第二阶段是2012年之后，华为采取的是作为行业领先者，进入"无人区"之后的创新模式。

在第一阶段，华为曾将自己的学习标杆和竞争对手爱立信形象地比喻为："爱立信就是茫茫大海中的航标灯，灯关了，华为就不知道该去哪儿了。"这一时期，华为的产品开发和创新模式的发展又可归结为以下两个阶段。

• **学习模仿阶段**：为了追赶业界最佳，华为在各细分领域都确定了自己的学习标杆和主要对手，努力学习，不断超越不同阶段的对手，目标就是进入细分领域的全球前三名，不只是做"大"，而且要做"强"。从早期简单的"性价比"竞争，到逐渐实现关键部件和技术的替代，努力提升核心竞争能力，如通过关键部件的芯片化，实现光传输产品超过60%的毛利率水平。

这种产品开发模式是中国企业成长过程中的现实路径。行业标杆之所

---

① 2012年，华为三大业务整体收入超过爱立信；2014年，华为运营商业务超过爱立信（爱立信仅有运营商业务）。

以成为标杆，就是因为标杆企业对客户需求、发展趋势具有准确的把握能力。后进企业站在巨人肩膀上进行增量开发无可厚非，但如果仅仅满足于模仿，"知其然，不知其所以然"，不但会造成大量的开发浪费，而且永远无法超越竞争对手。当时华为确定的标杆有七八个，预研部和产品战略部门对这些标杆企业的当前产品及其未来三年甚至十年的产品路标都进行了全面的学习借鉴。而各个标杆企业的产品路标都是根据自身的市场定位、对技术发展趋势和客户需求的理解以及自身的能力而制定的，一家中国企业同时借鉴七八家公司的产品，其消化吸收的难度可想而知。这其中甚至还可能包含"星球大战"的陷阱，如1999年华为就在预研全光交换机，而直到今天，世界上也没有真正的此类产品和应用面世。

- **模仿中的差异化创新阶段**：除了华为，很多成功企业其实都是如此。腾讯赖以发家的QQ就是在模仿ICQ的基础上，增加了地址簿同步、跨终端登录、个性化头像、快速文件传送等差异化创新后，赢得了市场。即使是苹果公司，其商业模式也是在模仿日本iMode的基础上，打破了iMode的封闭模式，构建了开放的应用平台，并结合智能化精美终端，创造了新的商业模式。这个阶段要求企业的创新必须建立在借鉴的基础上，对客户需求（往往一开始是从本地客户需求理解开始）进行深刻的理解，并将需求转化成产品特性，这样才能构建产品的差异化优势。而集成产品开发（IPD）管理变革，确定了华为从"以技术为中心"走向"以客户为中心"的产品创新模式。

IPD的流程框架中最关键的是"做正确的事"，即能够正确理解客户需求，并根据需求定义出好的产品概念。从实践来看，前端产品概念研究：产品开发：产品生产上市的投入比例是1：10：100，即产品概念如果出错、不及时改正，会造成产品上市后100倍投入的浪费。

如何获得需求信息？需求包含哪些方面？如何对需求进行优先级排序

并有序满足？如何管理需求变革和保证需求的一致性？为解决这些问题，华为成立了以客户需求管理和产品规划为主的营销体系，需求管理一直延伸到一线"铁三角"的各市场神经末梢，建立起了三级需求管理流程和集成产品决策体系，并优化了 IPD 流程，在产品开发过程的关键评审点，增加了市场评审环节（MR），甚至有战略客户参与评审。这样做不仅能快速响应客户需求和保持需求的一致性，还能将需求转变为具有差异化竞争优势的产品。随着华为在全球市场的不断拓展，其管理全球需求的流程和 IT 系统，以及其在基础版本的基础上满足不同区域客户的产品规划方法，为华为的产品创新战略注入了新的内涵。

在 2012 年后，华为的创新进入第二阶段，即与世界领先的竞争对手"平起平坐"。特别是进入"无人区"之后，已经没有太多的东西可以模仿或借鉴了，这时候华为更加强调"以客户为中心"的开放式创新。在这一点上，很多学者和企业家存在不同的看法。

而实际上，任正非是个技术情结很重的人。1978 年，他作为军队的"科技标兵"代表，参加了全国科技大会，并对马可尼、朗讯贝尔实验室的多项获诺贝尔奖的发明充满了敬意。但当他看到这些昔日标杆与对手一个个倒在自己脚下时，他充分体会到：一个商业机构的创新，必须"保证公司的商业成功"。而在进入"无人区"后，以客户为中心恰恰又是保证商业成功的基础。任正非强调，在财力有限的情况下（即使资金充裕也一样），华为一定要聚焦主航道。要定义清楚创新的边界，掌握商业发展趋势和开发节奏，"领先一步是先烈"。

天才永远是稀缺的，企业不能坐等天才的出现，而且即使天才出现，也不一定会到你的企业。因此，华为在第二次全球化转型的过程中，根据不同的需要和地域优势，进行了全球的研发布局，充分利用全球的智力资源，实现开放式创新。开放式创新就是要吸取"宇宙"精华，包括向竞争对手学习。有人讽刺华为学习小米的互联网模式，华为从来不否认。华为还在学习 OPPO/vivo 蓝绿军团的线下店布局和如何保持高利润率，学习三星的关键器件研发和供应链垄断，学习苹果的商业模式和生态链构建……这样的对手，你不觉得可怕吗？这样的对手，不值得你尊重吗？

一、华为创新战略和体系架构——"以客户为中心，聚焦主航道的开放式创新"

华为投资过很多新产品和新领域，失败也一直如影随形，甚至有过重大的投资浪费，在创新战略和组织结构上也曾经走过弯路。

企业度过了生存期后，为实现未来更大的发展，需要升级产品开发模式，提高技术的前瞻性和市场能见度。为此，华为于1998年成立了预研部。预研部在初期以跟踪、学习、消化标杆企业的产品路标为主，结合对技术趋势的把握，确定华为的产品发展路标。在机制上，华为建立了公司级预研管理和产品线预研管理两级体系，对应成立了公司级宽带固定网络发展预研项目和未来无线网络发展预研项目，以及各产品线的预研项目。在投资上，保证预研投入占整体研发投入的10%，特别是在人员总数上，保证从产品开发体系抽调10%的人力投入预研部门。由于管理有效、措施得当，预研部的成立对产品的规划和开发起到了极大的丰富和推动作用。今天的5G，也是在2003年规划的产品蓝图中的3G基础上，通过4G自然发展起来的。今天的云计算，虽然当时还没有这个名词，但当时提出的"服务器池"这样的规划，其实质就是"云"，当时还预测CT和IT将融合为ICT。预研大大提高了华为的市场能见度，并对相关技术和人才进行了关键的储备。

但随着华为研发能力的提升，可以参考的标杆企业的产品越来越少，可追逐的标杆企业的产品路标甚至已是未来十年的产品路标。此时，创新开始渐渐脱离市场本身的需求，华为甚至去模仿导致北电破产的全光交换机，创新产品的转化率开始下降。与此同时，华为正在进行IPD产品研发管理变革，强调以客户需求为产品研发的主要动因。2001 年，第一次互联网泡沫破裂，华为出现了史上第一次财务衰减，在公司整体压缩投资和精简部门的形势下，预研部这个关键的创新组织被裁撤。原来的同级领导多数被派到市场部锻炼。

在华为全面向全球化扩展的过程中，发生了一个重大的事件，即思科（Cisco）对华为的知识产权（Intellectual Property Rights，IPR）诉讼案。这个诉讼案使华为和任正非深刻地感觉到，没有知识产权，没有必要的技术储备是不行的，IPR 是全球化的通行证。因此，2004 年华为又重新组建了预研与标准部，该部门的核心任务是通过预研等手段，使华为的技术能够被纳入行业标准并申请基础知识产权，重质量而不是数量，目的就是能够与友商进行知识产权的互换，防止类似思科诉讼案件的发生，实现知识产权自保。此后，华为逐渐适应了全球化的游戏规则，通过与友商交换知识产权并支付合理的许可费用，华为在全球市场不断发展。同时，华为全球化智力资源的布局基本成型，持续投入的技术积累和知识产权，不但得到了更大的财务回报，而且构建了华为的技术优势。开放创新战略重新回到正确轨道。特别是在 2012 年，在总体销售收入超过爱立信之后，华为对创新的投入和战略布局又有了更高的要求和目标，5G 与石墨烯技术的应用，已使华为成为部分领域的全球领先者。同年，受电影《2012》的启发，预研与标准部正式更名为"2012 实验室"，成为华为公司探索未来、防范风险的创新技术中心。

从华为坎坷的创新之路可以看出，不同企业在不同发展阶段需要制定不同的创新战略。应尽量减少创新可能带来的损失，因此制定适合企业自身发展的创新体系尤为重要。华为的三级创新体系在实践过程中得到了不断完善。

华为创新管理的三级体系，如图 2-1 所示。将不确定性最大、在 5~10 年之后可能产品化的技术交由第一级创新体系完成，它们主要包括国内外重点院校、合作研究机构、合作投资的创新公司和"华为 2012 实验室"。第二级创新体系则是根据对技术的商业成熟度和市场机会窗的分析判断得出，由华为的战略营销体系制定产品和技术 3~5 年的发展路标，正式进入初步商业验证阶段。第三级创新体系属于产品实现体系，即确认客户需求，进入产品开发和上市管理环节。这三级体系形成了一个喇叭形的机会收敛过程，以把握未来发展的不确定性；强化从建立内部需求管理流程，延伸到建立战略客户联合创新中心、用户深度参与的需求管理，以及准确评估商业机会和把握发展节奏的创新机制上。在运营商业务领域，华为积极鼓励客户/用户发现华为产品的问题并积极反馈需求，提出的需求一旦被采用，提出者将得到丰厚的奖励。而在终端领域，华为更是通过花粉社区和超级用户挖掘出了很多有效需求，并逐步在产品的不同版本中落实。

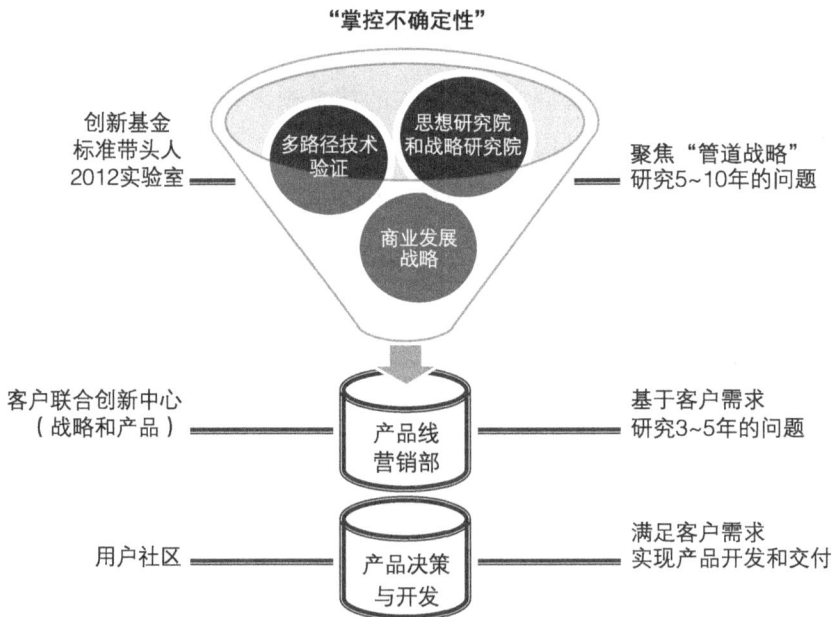

图 2-1　华为创新管理的三级体系

在创新的投资管理上，华为的研发费用占收入的 10%，而创新（预研）投资费用又占研发总费用的 10%。随着创新风险的逐渐增加，一般一个产品从预研到样机再到量产，投资强度分别是十倍和百倍的关系。因此，华为的创新（预研）投资比例不断增加，未来可能会达到总研发费用的 20%。增加探索期的投入，可以为产品开发准确把握方向。

在创新的选题上，华为坚持围绕主航道。华为也有光伏产品和解决方案，但这一产品线主要是为了解决非洲等地区无线基站用电的问题，是为主航道产品保驾护航的。即使是石墨稀的创新，也首先是为了解决手机电池用户体验不好的问题，也是主航道的需求。而很多企业在新业务的选择上，经常和原来的业务形成不了相互支撑的关系，管理模式和人才结构也不支撑新业务的发展；这些企业在思维上更热衷于"炒"新概念、跟风新产业，不愿潜心研究核心技术和产品，更没有"板凳一坐十年冷"的精神，更多的是为了融资或提升股价，创造一个"新"的题材。

二、创新业务的领军人物和管理机制

很多企业存在中高管老龄化、对新业务不敏感和走不出业务舒适区的问题。因此，创新领军人物的领导力和组织配置，是企业必须首先解决的问题。投资界在选择投资项目和创业公司时，同样是首先看人和班子。华为在手机终端和企业网新业务拓展过程中，采用的方法基本一致。先选择德高望重、人际交往能力强的领导，完成新业务的组织搭建和基本业务梳理，然后选派有闯劲、创业激情高的领导实现新业务的突破。华为消费者 BG 在猛将余承东的带领下，已经在业界确立了地位；而企业网 BG 现在的领导闫力大，就像他的名字那样有力量，他曾经使华为在日本的业务从 2 亿美元增长到 20 亿美元，相信假以时日，企业网业务也能在他的带领下发展得越来越好。

在创新管理特别是考评机制上，华为对失败采取了比较宽容的态度，不会要求新领域的投资有立竿见影的效果，一般会给 2~3 年的探索期。任正非说过，创新没有失败，知道哪条路行不通，也是成功。

创新与变革是华为持续成长与强大的两大利器。任正非认为华为的核心竞争力是管理，因为技术是相对容易复制的，而管理则很难复制。因此，华为"三年一小变、五年一大变"已经是常态。而实际上，华为从追赶者到领先者的成长过程中，不管是技术创新，还是管理创新或商业模式创新，始终与管理变革相辅相成，创新模式也在不断变化。大企业、中小企业和创业企业的创新模式、动机和管理方式的差异虽然很大，但创新理念和管理内涵是一致的。机会主义是创新的大敌，新业务拓展当然需要有创业精神的领导、新的组织方式和新的人才，但如果没有合适的产品战略和足够的战略定力，没有配套的组织变革，是很难构建核心竞争力的，必将事倍功半。

第二节　创新模式和创新战略选择

"以客户为中心"的产品创新战略的基础是理解客户需求。但企业对客户需求的理解常常有很多误区，如：

- 客户要的就是需求；
- 过分强调产品的功能和性能指标；
- 关注产品本身的成本或价格。

相应地，有些企业在制定产品策略时，只知道"Me too"和低价竞争，不能根据自身能力和市场定位，确定产品的核心竞争力和控制点，也找不到合适的市场切入点。

一、企业创新模式

创新与变革是华为持续成长与强大的两大利器。杰弗里·摩尔（Geoffrey A. Moore）的《公司进化论》一书，对创新进行了很好的分类，如图 2-2 所示。华为的成功实践，证明其创新模型对中国企业同样适用。只是中国的很多企业没有根据自身的战略定位和产品 / 业务品类所处的生命周期，有步骤地制定不同阶段的创新战略和变革主题。

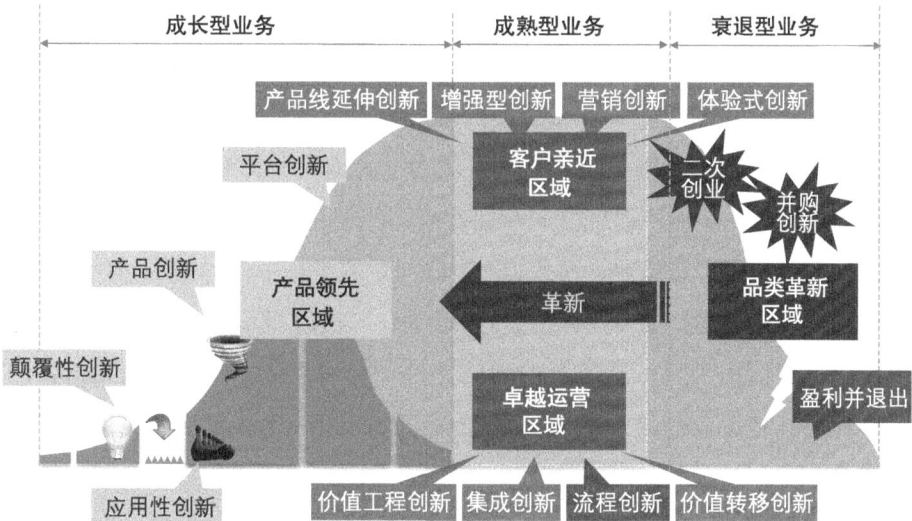

图 2-2 广义创新模式

业务的生命周期总体来说分为成长期、成熟期和衰退期。

（一）成长型业务的创新模式

成长型的业务通常是行业没有出现过的新产品，投资和创新风险都很大，包含了下列几类创新模式。

1.**颠覆性创新**：是指通过颠覆性的技术/商业模式，创造出全新的产品 /服务。做此类产品规划，需要对客户隐性需求和颠覆性技术具有很强的把握能力。这种创新的最大风险是跨越裂谷，除了技术难度外，还需要在产业化、使用和操作等多方面满足市场需求。成功的典型案例有索尼录音机、大疆无人机（技术）、智能手机等。

2. **应用性创新**：是指挖掘新产品的新用途或产品组合，以客户为中心，满足客户广泛、迫切和潜在的需求，是一种解决方案创新，通常是复杂和定制化的应用。例如，X射线技术发明后用于医疗，机器人和无人机应用于高层建筑消防解决方案等。

3. **产品创新**：是指提供当前产品没有提供的特性或"杀手"级业务，具有明显的差异化优势，能够很好地满足客户的重要需求，成功的关键取决于其进入市场的速度。产品创新的实质是对市场原有产品进行彻底的改变，对产品研发、营销卖点、品牌和财务贡献都有诸多的影响。例如，新能源汽车、淘宝（信用保证模式和商业模式的创新）等。

4. **平台创新**：是指通过简化/相对归一化的产品平台，为下一代产品重用并创造新的价值。如腾讯利用其微信平台，通过微信红包的方式，使大量用户绑定信用卡后，形成新的微信支付平台和金融平台，不断创造新的价值。还有制造业的典型代表宝马公司，通过归一化汽车平台，加快了产品创新速度、降低了整体成本。

企业要在成长型业务中占据一席之地，必须从创新思维、创新机制（基因/基础）、创新投入、创新人才等方面，保持长期坚定的战略。虽然投入有风险，但一旦成功，企业将处于产品领先区域，具备很大的领先优势，并能获取高额利润。例如，大疆无人机作为无人机的鼻祖，由于产品技术的绝对领先，稳稳垄断中高端机市场，其70%以上销售收入来自海外。渠道经销商要提货必须先交押金再排队，销售的主要职责就是跟单，其业务核心就是产品创新和营销。

中国企业从"中国制造"到"中国创造"的转型过程，恰恰是从"三来一补"的衰退型业务开始的，完成了基本产业能力构建后，向相对高端的成熟型业务发展，涌现出了以联想为代表的"贸工技"制造型企业，和以华为为代表的产品和市场并举的制造型企业。目前，在产业升级的压力和国家创新战略的指导下，越来越多的企业开始向风险更大、对创新能力要求更高的成长型业务投资。

（二）成熟型业务的创新模式

从中国企业的现实出发，更多企业主要从成熟业务做起。在这个区域，业务已经在市场上得到验证，投资风险不大。但供应市场的产品丰富，企业的创新战略和能力是在红海市场上占有一席之地的关键。此时，创新可分为针对客户的产品和营销创新模式，即"客户亲近区域"创新，以及提高企业内部运营效率的创新模式，即"卓越运营区域"创新。

1. 产品线延伸创新模式

市场领先型企业更多的是通过产品线延伸的创新模式，从一个产品发展到多个关联产品，或者从国内版本发展到海外版本，以提高市场渗透率。但这里要平衡好客户细分导致的定制化和效率的问题。华为的成功实践是构建有限的产品平台，如以中国版本为基础的、针对新兴市场的欧洲标准产品平台，以印度版本为基础的低成本产品平台，以欧洲发达运营商为基础的高端欧洲标准产品，以美国标准为基础的产品平台，以及后期符合日本标准的产品平台。在产品平台的基础上，根据不同国家和关键客户的需求进行必要的定制化开发。

2. 产品增强创新模式

在原产品的基础上，进行更新换代，增强功能、提高质量、美化外形、优化界面、增加应用等，这样做可以进一步刺激客户的购买欲望。这个过程一般不会有大的产品平台的切换，如 iPhone6\7\8……实际体验没有本质的变化，只有局部的优化和增强。而 iPhone 在刚问世的时候，其在客户需求雷达图（$APPEALS）上的几乎任何一个点都处于最高值。包装简洁环保，外形比当时任何手机都精致，界面友好且容易上手，功能强大且应用丰富，结构紧凑、质量上乘，门店开放任凭体验，但同时价格也是最高的，完全颠覆了行业标准和客户的体验感知。对于新进入市场的竞争型企业，一般是选择少量产品，深入理解市场需求和客户痛点，在细分市场形成有特色的增强功能，从而构建差异化竞争优势，而不能仅仅通过低价进行竞争。华为早期开拓国内市场的时候，就是发挥本土厂商的优势，贴近客户，最大限度地满足客户需求，做了大量的产品定制化设计。而后期客户群越来越庞大后，就必须在标准化和定制化之间取得平衡。有趣的是，在拓展欧洲市场时，华为拟继续推出"定制化"服务时，欧洲发达运营商反而告诉华为，希望提供标准化的产品，因为这样便于其对供应商的选择。因此，不同发展阶段，针对不同客户，要有不同的创新策略。

3. 产品营销和体验创新

两者都属于产品上市策略创新的范畴。由于互联网的影响，线下与线上融合的创新营销模式被越来越多的企业使用。其中的数字营销和营销自动化技术，是保证这类营销创新成功的关键。营销创新和体验创新在 B2C 的消费品市场受到极大的关注，越来越多的 B2B 市场也开始采用。其核心思想是把原来单向灌输、轰炸式的营销方式，转变成双向、生动的精准营销的模式。企业一把手亲自主持新产品现场发布并进行全球网络直播，发动各种意见领袖，举办虚拟购物节、建立各种特色体验店和社群等，成为贴近客户的创新模式。即使传统的产品展示，也可以不断提升客户体验。例如，国美的"新场景"战略，将家电和家居结合起来，形成了基于厨房场景的智能生活解决方案、基于客厅场景的家庭娱乐解决方案等。线下实体店，从电器卖场变成可以做饼干、学摄影、打电竞和看 VR 电影的创新零售体验场，提高了客户的驻留时间和购物体验。VR 技术还可以进一步发展为线上商品体验的主要工具，实现线下线上的无缝体验。华为运营商 BG

这种以工业设备生产为主的制造商，在展厅设计、世界顶级展会等产品营销事件中，也力求通过不同的场景和解决方案，让客户直观地感受到华为设备给客户开展业务带来的好处。华为利用云计算技术将全球展厅联结在一起，即使海外偏远地区，通过 VR 技术也可以分享全球展厅资源，"身临其境"地体验华为最先进的技术和最新的产品。

在"卓越运营"创新区域，所谓价值工程创新，就是重构产品的功能和成本，以提高产品对客户的价值。由于"产品领先"和"客户亲近"区域的创新已经集中在提升功能方面，因此，这里更多是指改变产品的成本结构并降低整体成本。

4. 价值工程创新

这一点主要是指结构化降低成本，常用的手段有如下几个。

（1）**关键零部件替代**。例如，华为早期的光器件和组件的自产，使华为的光网络产品毛利率超过 60%。后期的麒麟手机芯片套件，使采购单价从 200 美元降低到 20 美元，不但降低了成本，而且降低了供应链风险，摆脱了对关键上游供应商的依赖。

（2）**降低劳动力成本**。随着劳动力成本的逐年增高，越来越多的企业逐渐将工厂向我国内地乃至欠发达的海外地区转移。这里企业需要综合考虑当地的劳动力素质、环境条件、社会和政府服务水平等。另一方面，通过引入"智能制造"，企业大量使用工业机器人承担繁重的重复性工作，并使生产线自动化和管理自动化，减少对劳动力的依赖。例如，富士康除了在全球合理布局工厂外，其机器人 Foxbot 项目，已经完成了 100 万台的部署。这样既形成了未来的竞争力、打通了普通蓝领走向科技产业工人的职业发展通道，又减少了普通劳动工作者的数量。

（3）**平台降成本和采购归一化**。减少产品平台，实现主要零部件的归一化。例如，宝马 5 系多款车型采用同样的底盘和发动机，发动机通过软件设置成不同的排量。从单台高配低用的发动机来说，成本是不合算的，但从整体采购量折扣、质量保证、发货正确率、装配等综合成本看，成本优势却非常明显。

开放自有平台，将成本转换为收入，是降低成本的最佳手段。国美、苏宁等传统零售商，与京东、天猫等互联网零售商最大的成本差别，就是自有的物流系统和门店。为实现 O2O 转型，苏宁率先开放线下资源平台，实现资源市场化和社会化，形成第三方物流系统，使原来的巨大成本部分，转化成了新的收入来源。

（4）**降低产品生命周期成本**。产品成本由一次性采购成本（CAPEX）和后期维护成本（OPEX）组成，即整体成本（Total Cost Ownership，TCO）。企业需要识别产品的成本结构，找到关键点，站在整体而不是局部的角度降低成本。

例如，海底捞发现，虽然总成本逐年上涨，但增长最快且最适合挖潜的成本部分是店面租金和储运配送环节。因此，一方面，为了减少储运、配送成本和期间损耗，海底捞与美国夏晖公司在北京、上海、西安、郑州合建配送中心，并采用了创新的半成品保鲜技术，每个物流中心都有一整套先进的清洗、检验、冷藏冷冻设备，并组成了严格标准化的生产链，其卫生安全、质量保鲜得到了北京残奥会认证，并被指定为奥运会专用配送中心；另一方面，后台配送中心与前台各分店餐厅的计划用量管理高度标准化，不断向"分店无后厨"、减少房租的终极目标迈进。后台"非人性化"的标准流程，保证了后勤体系的安全、高效、低库存、低店面面积，这不仅大大降低了运作成本，而且形成了公司的核心竞争力。

对泛制造业来说，全流程成本涉及营销、研发、生产、采购、物流、技术服务、管理等环节，各环节要协同降成本，不能"各自为战"。华为营销体系"一线呼唤炮火"的平台化运作和扁平式管理，可以有效降低营销成本。准确的需求管理，使研发的产品更加适销对路；清晰的市场规划和准确的销售预测，对后端供应链商务谈判和降低生产成本也有明显的作用。中国运营商通过集中采购和优化供应商管理流程，大大降低了设备采购成本和供应商管理成本。比如，思科公司通过在设备中增加远程智能维护功能，大大降低了全球技术支持、维护和设备升级费用，不但增加了企业盈利水平，而且提高了客户满意度。

（5）**降低其他综合成本**。除了针对产品成本构成的优化，企业还可以通过建立海外融资渠道等多种方式，减少综合运营成本。例如，苹果公司通过全球的合理布局，特别是利用爱尔兰和美国公司法的漏洞，在四年里把近 300 亿美元的利润导入其爱尔兰的子公司，以达到避税目的。因为按爱尔兰的地方政策，谁实际控制公司谁需要缴税，跨境企业的子公司不需向爱尔兰当地缴税。而美国政策规定，只有公司地址在美国的企业才需要缴税。华为在全球多个地区和国家建立了财务公司，以获得比国内融资成本低得多的融资渠道。另外，还在巴西本地建厂，以避免巴西对整机进口的 25% 的高关税。

因此，企业要根据所处行业的特点和自身的情况，系统地制定"价值工程"创新策略。

5. 集成创新

通过解决方案和集中化管理系统，可以减少顾客对操作复杂的产品的维护成本。小到智能手机、便携式电脑，大到复杂的工业机械，从原来需要专业人员操作和维护，逐渐发展为功能智能化和操作"傻瓜化"。比如，小松机械的智能管理 Komtrax 系统，可以实时提取机械的位置、开工情况、各部件运转和磨损等信息，小松不但可以根据 Komtrax 数据对内灵活调整生产、物流和备件销售，还可以对外提前告知客户机械存在的问题和维护方式，这样既降低了企业的运营成本，又提高了服务收入、客户满意度和产品品牌形象。

6. 价值转移创新

即向价值链的高利润区转移，包括商业模式的重新定位。中国经济经过几十年的高速发展，各行各业已经走出了传统的"跑马圈地"式的粗放发展模式。例如，笔者深度咨询过的 TMT 行业、工业机械行业、工程建设行业、畜牧业等，都在发生深刻的行业价值的转移。一端是向核心设备、核心部件、核心技术、核心材料等关键技术创新转移，另一端则向集成解决方案、运营管理等综合能力提升转移。在价值链转型过程中，企业的战略、组织流程和人才结构都要进行相应的变革。

7. 流程创新

流程变革和创新打破了企业原来的业务模式，会从根本上改变企业的运作方式和组织体系，这是一个非常大的专题。例如，福耀玻璃通过优化产品工艺和制造流程，在行业平均毛利率只有 5% 的情况下，把毛利率做到了 40%。IPD 在 IBM 实施三年之后，产品开发过程得到了重大改善，多项指标被刷新：（1）产品上市时间，高端产品从 70 个月减少到 20 个月，中端产品从 50 个月减少到 10 个月，低端产品则降低到了 6 个月以下；（2）研发费用占总收入的百分比从 12% 减少到 6%；（3）研发损失从起初的 25% 减少到 6%。在研发周期缩短、研发支出减少的同时，却带来了产品质量的提高、人均产出率的大幅提高和产品成本的降低。

（三）衰退型业务的创新模式

针对衰退型业务，企业必须寻找新的"奶酪"。其主要有三种创新模式，即二次创业、收购兼并和退出。当然，每一种都要面临巨大的挑战。

1. 二次创业：重新定位公司，将其内部资源用于一个成长型产品，或者通过革新，发展新的成长型业务，新业务要相对独立于原有业务，在组织设计、人才引进和激励机制上都要符合新业务的发展规律。除此之外，新业务最好能利用原有的优良的内外部资源，以减少初期的市场开拓难度。

例如，华为终端产品部门在成立后的相当一段时间里，继续利用原来内部的销售平台，在销售渠道上也继续沿用原来的运营商客户；在品牌上，也曾有过继续沿用华为品牌还是完全使用独立品牌的争论；最后确定了继续沿用华为的公司品牌优势，只是在产品上，根据不同的客户群，采取不同的子品牌。而在内部资源上，充分发挥了华为在人力资源方面的储备，以及无线产品线、海思和 2012 实验室的技术积累，并大量引进外部的智力资源。

但在产品开发流程、营销管理流程、供应链管理方面，新业务与原有业务流程却有很大的不同。在组织设置和管理方式上，要符合"创业"文化。例如，GE 在放弃金融等业务重回智能制造的数字化转型变革中，堪称"二次创业"。GE 不是学习老牌 IT 巨头 IBM、甲骨文等，而是在文化和方法论上全盘模仿硅谷创业公司的模式，如精益创业和敏捷开发流程等，全面颠覆了韦尔奇的做法。

2. 并购创新：就是通过兼并与收购等方法，快速获得创新资源，解决业务创新的问题。这种模式的好处是见效快，但风险是对技术趋势能否准确把握，以及并购后双方在企业文化、业务流程、管理模式上的真正融合。最失败的并购案例是 TCL 并购汤姆逊，显像管技术本来就是濒临淘汰的技术，并购后不但不能带来创新，反而成为包袱。联想并购 IBM 的 PC 业务和低端服务器业务、并购摩托罗拉的手机业务，都经历了从矛盾走向融合的艰难历程，并购服务器业务和手机业务是否成功，还有待检验。相对成功的是吉利收购沃尔沃（VOLVO），虽然双方在收购时签订了技术共享的限制条件，但随着时间的推移，吉利在生产工艺、设计和管理水平上，有了明显的提升。而在新 SUV Link 车型的开发中，吉利已经与沃尔沃共享平台，这是吉利创新能力明显提升的一个证明。

3. 盈利并退出：就是关停并转老业务，针对在市场上运行的系统，只留少部分人员进行产品的生命周期维护。针对老业务，还需要考虑在限制资源投入的前提下，延长其生命周期，如将产品销售到新的欠发达地区。

日本的"小灵通 PHS"就是一个非常成功的案例。日本企业利用中国延缓发放 3G 牌照而中国电信又急于发展移动业务的机会，利用通信管制的漏洞，通过中国的代理 UT 斯达康，将这项濒临淘汰的产品，成功地在中国延续了 10 年以上的寿命。

二、找准定位，确立正确的创新战略

创新战略的选择要与企业的战略定位相适应。

- **核心技术优势型公司**：利用自身的创新能力和研发优势，引领行业和技术的发展。典型代表有新能源汽车 Tesla、移动通信芯片厂商 Qualcom、无人机公司大疆等。

- **资源优势型公司**：有特殊的政府关系、客户关系或雄厚的资金支持，如日本财团下属的企业；或是经过多年积累，控制了生态链的关键环节，如三星；以及类似阿里巴巴和腾讯这样的企业，其庞大的客户资源已经成了企业的核心优势资源。

- **快速跟随型公司**：华为一直是个快速跟随型企业，直到进入"无人区"后，开始尝试成为领先型企业。而 OPPO、vivo 则是典型的快速跟随型企业，其创始人段永平旗帜鲜明地提出了"敢为天下后"的口号，这其实是根据企业自身的特点确立的企业创新战略。

- **制造优势型公司**：具有核心的模具设计技术、精密制造技术、高效率的生产工艺和质量控制流程。例如，富士康拥有模具设计技术和精密制造技术方面的多项发明专利，富士康宣称，富士康做不出来的东西，没人敢说能做出来。

- **市场补缺的独特角色**：许多中小型专业化企业都属于这一类型。这类公司长期从事单一产品的设计和制造，在质量、成本和供货上具有独特优势。例如，万向集团专注于"万向节的设计和制造，在全球从"OEM/ODM"业务开始，一步步发展出了知名的自有品牌。

第三节　产品创新战略制定方法和决策管理

从中国企业发展的现实角度看，"以客户为中心"的产品创新战略是企业最现实的选择。

一、产品创新战略制定步骤

产品创新战略制定可分为五大步骤，如图 2-3 所示。

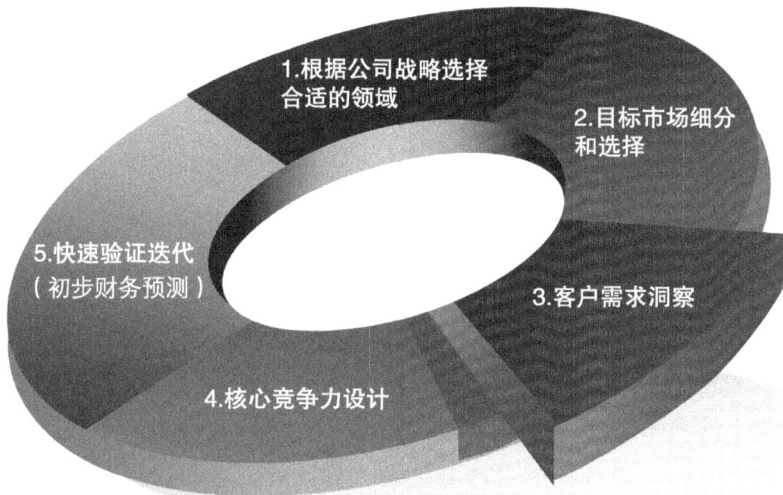

图 2-3　产品创新战略制定流程框架

第一步，产品战略首先应该符合企业的整体发展战略，因为公司战略已经从全局的角度对行业发展趋势、技术发展趋势和价值链转移趋势进行了分析，指明了产品发展的方向。

第二步，在确定了大致领域之后，需要选择具体的目标市场和细分客户。

第三步，对客户需求进行收集、分析、判断和决策。

　　第四步，在深刻理解客户需求的基础上，对主要竞争对手的类似产品进行比较，构建产品的差异化竞争优势。

　　第五步，制定关键的上市策略等，并进行初步的产品盈利分析。与正式产品开发不同的是，该阶段在设计方案、成本和质量等方面，要有一定弹性，突出产品关键"杀手"特性的实现；要能够根据小批量友好客户的使用验证，快速迭代，形成最终的产品规格定义。

　　从整个步骤可以看出，全面深刻的客户需求分析是构建产品差异化优势的基础，而在分析客户需求前，首先要解决需求来源的问题，尽可能多地收集客户需求。

（一）全方位市场需求收集

　　在实践中，华为总结出了一套高效的360度收集客户需求的方法，如图2-4所示。在进入一个领域时，先通过分析技术发展趋势与行业标准，理解进入行业的基本门槛和技术要求。同时，分析竞争对手，特别是标杆企业的现有产品和路标规划，从标杆产品中深化对产品需求的理解。积极参加各种客户，特别是行业领先客户的招投标活动，通过充分学习标书要求，深刻理解客户多年积累和总结出来的需求精华。华为在西班牙电信的投标过程中，要求100%遵从标书的产品需求，其原因就在于，西班牙电信不只在西班牙和欧洲具有销售的指标意义，关键是对整个拉美市场具有巨大影响，其标书中定义的需求对产品规划具有重要指导意义，可以保证产品在全球的竞争力。而该标书的相关条款，是领先客户和标杆友商一起，在经过多年研究并分析了市场和技术的发展趋势以及客户的需求后形成的结论。虽然其中可能会有友商预埋的门槛，但从中可以同时了解客户需求和友商优势，是能令后进厂商事半功倍的事情。与客户面对面交流是获取需求最直接的方式，交流模式根据与客户的关系和客户的重要性，分为针对企业高层的高峰例行战略研讨和论坛、针对客户各层级涉及各方面的例行沟通和专业交流会、针对客户中基层普遍关系的用户大会等；面向广泛客户群的模式，包括与合作伙伴联合举办的伙伴大会与咨询师大会、展览会、产品发布会与促销活动等。

图 2-4 360 度客户需求收集方法

数字化营销技术的发展，为需求收集提供了新的手段。在互联网经济的推动下，企业和个人越来越喜欢通过搜索引擎、社交媒体、企业网站、电子商城等线上系统收集客户需求、发现销售线索和实现销售。越来越多的企业开始采用线上线下相结合的立体营销模式，而且单从需求获取角度看，线上的成本明显比线下要低。因此，企业必须适应新的市场要求，广开需求收集渠道，让客户参与到企业的创新活动中来。但数字营销系统的建立，需要企业 IT 系统的升级换代，需要企业构建清晰的流程和体系架构。

（二）客户需求分析方法论

分析客户需求的 $APPEALS 经典方法，如表 2-1 所示，全面定义了产品需求的八个维度。$APPEALS 作为需求管理的基础理论，其各主要维度的描述基本上沿用了当年 IBM 提供给华为的咨询结果。目前很多关于 IPD

的书籍和文章在描述 $APPEALS 时，因为对各元素的实际含义理解得不够全面，或由于对英文"生搬硬套"的直译，存在部分错误，在此，我们统一更新如下。

表 2-1　需求分析 $APPEALS 的八个维度

价格 S	可获得性 A	包装 P	性能 P
受以下要素影响： • 设计 • 产能 • 技术 • 原材料 • 生产 • 供应商 • 制造 • 元部件 • 人力成本 • 管理费用 • 装备	反映的客户需求是什么？何时、何地及如何得到？ • 营销 • 销售 • 渠道 • 配送 • 交货期 • 广告 • 配置 • 选配 • 定价 • 定制化	客户看到的物理形态、几何特征： • 风格 • 尺寸、数量 • 几何设计 • 模块性 • 架构 • 表面 • 机械结构 • 标识 • 图形 • 内外部包装	产品表现出的预期功能： • 功能 • 界面 • 特性 • 功率 • 速度 • 容量 • 适应性 • 多功能
易用性 E	保证 A	生命周期成本 L	社会接受程度 S
要考虑所有的使用者、购买者、操作员、分销商： • 用户友好 • 操控 • 显示 • 人机工程 • 培训 • 文档 • 帮助系统 • 人工因素 • 接口 • 操作	在可预见条件下确保的性能表现： • 可靠性 • 质量 • 安全性 • 误差范围 • 完整性 • 强度 • 适应性 • 动态性 • 负荷量 • 冗余	生命周期成本包含： • 寿命 • 运行时间 / 停工时间 • 安全性 • 可靠性 • 可维护性 • 服务 • 备件 • （旧产品）迁移路径 • 标准化 • 基础结构 • 安装、运营成本	除用户外，影响采购的其他因素： • 间接影响 • 顾问 • 采购代理 • 标准组织 • 政府 • 社会认可程度（环保、绿色、健康等） • 政治、法律、法规 • 股东 • 管理层、员工、工会

- **价格 $**：其传统定义见表 2-1，这是中国企业最愿意满足客户要求的一项，也是最"擅长"运用的竞争手段。但随着"互联网＋"等新技术和商业模式的出现，"0 付费"、设备租赁、PAYG 等方式可以满足客户多方面的"价格"需求，领先供应商需要重点思考的是，如何既能满足客户需求，又能摆脱竞争供应商的低价竞争策略。华为曾经采用了"低价进入占点，高价扩容升级"的策略，既降低了进入门槛，又保证了整体盈利的目标。例如，华为在电信运营商设备招标过程中，由于首期建设量少，因此通过低价实现设备准入，整机机架进入运营商机房；后期随着用户的增加，不断扩容单板，实现整体盈利。在笔者亲身经历的德国电信下一代网络建设项目中，华为制定了"低价占领核心网，规模进入采购量最大的接入网"的营销策略，虽然最终由于非技术原因，没有实现核心网的销售，但还是实现了接入网的规模销售。产品组合和解决方案，是领先厂商构建市场壁垒的重要方法之一，但需要处理好产品线直接的内部利益分配问题。这里还需要深刻理解客户的投资决策模式，特别是在经济不景气时期，客户的首期投资（CAPEX）不会很大，需要通过运营不断增加用户和收入后，逐渐增加投资，即实现设备投资向运营投资的转化。只有充分理解客户对于价格背后的真实需求，制定双赢的商业模式，才能摆脱简单的价格战。很多大中型工程设备厂商，通过租赁模式也较好地解决了客户对价格的敏感问题。一些中小型设备市场，如打印机，通过低价销售打印机、高价销售易耗材料墨盒来实现盈利。但这种模式在知识产权保护不力、零部件标准化程度高的市场，需要重新设计定价模式。
- **可获得性 A**：就是如何让客户知道自己的产品，并很容易地拿到手。例如，何时？何地？是否"货不对版"？特别是在 B2b、B2C 模式下，线下线上连接是必不可少的。华为公司网站原来和很多企业一样，是个单向宣传的手段。企业网 BG 针对中小客户的特点，设计了电子商务平台；而消费者 BG 更进一步有了自己的华为商城等互联网营销模式。所谓"饥饿营销"，多数是因为该项需求无法满足，华为和小米都承认，其实是"做不出来"和"店面不足"，更深层次的原因是市场信心不足、备货不足。

- **包装 P**：注意这里的英文是动名词"Packaging"，包含了内外部包装与标示、产品外形、组件、说明书等。苹果是 B2C 的典型代表，为行业树立了标杆，三星、华为纷纷效仿；德国工程机械是 B2B 的典型代表。

- **性能 P**：这是竞争的焦点之一，也是产品最明显的表现，不但要逐项比较、扬长避短，而且要深刻理解客户要求、突出卖点。

- **易用性 E**：用户友好图形界面、"傻瓜"化操作、"一键式"安装。苹果手机可以让不懂英文的小孩子轻易上手，开创了智能手机操作界面的先河。在易用性上超过客户期望，往往会成为客户做出选择的关键要素，这也是"体验式"经济越来越盛行的原因。在工业品制造行业，易用性表现在设备的模块化、易组装、易调试等方面，这特别适合国际化进程中的 SKD、CKD 生产模式，如果再进行好的人机工程设计和培训指导，将大大提升企业的产品竞争力，而不会出现像某些企业的产品，因客户不会安装电源线而丢单的局面。为了减少对中小客户的服务成本，企业可以利用网站、手机 App 等，通过视频、网上在线服务等方式，帮助代理商满足客户易用性的需求。

- **保证 A**：主要就是质量保证、服务保证、安全保证等；机械和电子设备的人身安全、漏电辐射，质量保证期的退换货，维保服务，等等。小松机械的智能化系统很有参考价值，通过监控机械产品的开工状况、重要部件的磨损程度等，小松机械可以及时提醒客户进行维护并进行零部件的备货，这大大提高了客户满意度和备件的销售。

- **生命周期成本** L：IBM 的 IPD 流程很早就提出了这个概念，但华为直到 2005 年在认证成为英国电信（BT）战略供应商的过程中，才真正理解其含义。生命周期成本（TCO）有两层含义，一个是客户开展业务时，供应商提供的产品使客户的 TCO 最低；另一个是供应商自身生产产品的 TCO 最低。TCO 是领先厂商构建竞争壁垒的关键手段之一，让客户理解交易价格和 TCO 的区别是关键。如早期国外通信设备商的设备免维护特性，成为屏蔽国内厂商的重要手段。另外在海外发达市场，TCO 是需要企业重点关注的，如设备生命末期的回收问题。

- **社会接受程度** S：不要夸大品牌的作用，这不是说品牌不重要，而是不要把品牌作为拓展新市场不力的借口。品牌是打出来的，不是宣传出来的。在全球化的过程中，遵从当地标准和法律条款是非常重要的。其中，得到第三方（如顾问公司）的认可和助力宣传，其效果远好于"王婆卖瓜"式的营销模式。另外，要识别出当前比较时髦的"环境保护、低碳经济"口号下的真实需求。当年华为在与德国电信（DT）的 CTO 交流设备的环保问题时，对方直截了当地问，德国电信每年的设备电费是 4 亿欧元，华为的设备能帮他们节省多少？另外一个就是绿色能源问题，华为也做光伏产品，但不是为了赶时髦、蹭风口，而是因为在非洲等很多缺电的地区，燃油发电机成本高，而当地日照充足、风能丰富，光伏产品可以切实帮助客户降低运营成本，并促进自身设备的销售。

这些元素一些定义了产品研发过程中的关键要素，一些定义了产品上市过程中的关键要素。因此，产品规划是"创新＋创意"的组合，而且这些元素相互之间有一定的关联，其重要的思想是需要完整地把握客户需求，而不要只是片面地关注功能、性能和价格。

案例

中国泵业某龙头企业在进行需求分析时，其中一个产品线将价格需求的权重定为 40%，而将生命周期成本的权重定为 5%。对客户需求肤浅的认识，使该领先企业陷入了与竞争厂商进行价格战的"漩涡"，而无法利用自身产品的高质量和服务优势，构建竞争门槛。实际上，该产品的运行环境恶劣，客户对产品质量和生命周期成本非常看重。竞争厂商产品实际只有一年的免维护运作时间，而该厂商的产品则可以达到三年的免维护运作时间，价格只比竞争厂商高 5%。但在市场营销时，销售人员却不能将产品在整个生命周期内年平均价格比竞争厂商低很多的优势呈现给客户，从而陷入简单的价格战。

随着时代的变化，要赋予 $APPEALS 各要素新的内涵，还必须了解各要素之间的相互转换关系和客户需求背后的本质。需求管理的核心是做好客户期望管理和竞争差异化管理的平衡，如图 2-5 所示。有时需要超过客户某些方面的期望值，以达到"一招制胜"的效果。有时则只需要做得比竞争对手好一点即可，全面满足客户期望和全面领先竞争对手是非常困难的。

因此，需要根据客户需求的优先顺序、开发难度、时间机会窗口等进行综合判断，管理好客户的期望值，实现"双赢"。需求的判断依据，可以按以下几个方面来考虑。

- 需求的重要性：是否是基本需求 / 行业标准，是否是产品竞争的必要选项，是否能为客户带来独特的价值（差异化优势）。
- 需求的提出者：优先满足关键客户的需求，选择性满足一般客户的需求。
- 需求的投资回报：最直观的是产品的盈利能力分析，但对于那些主要为了竞争的产品，可以采用间接财务回报和市场价值来衡量。

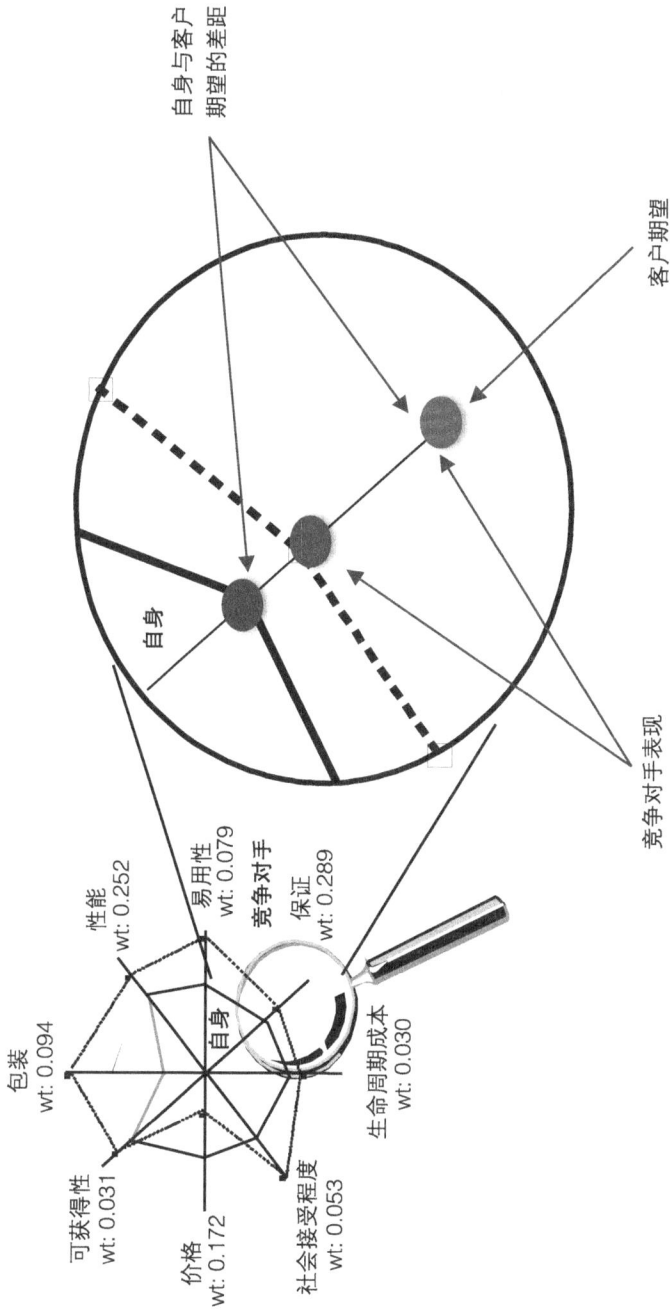

图 2-5　客户期望与友商差距分析

性能
wt: 0.252

包装
wt: 0.094

可获得性
wt: 0.031

价格
wt: 0.172

社会接受程度
wt: 0.053

生命周期成本
wt: 0.030

保证
wt: 0.289

竞争对手

易用性
wt: 0.079

自身

自身与客户
期望的差距

客户期望

竞争对手表现

自身

- 需求的开发时间和机会窗：当需求开发难度大、开发周期长，且可能错过市场机会窗时，则要谨慎考虑，除非可以长期提升产品竞争力。

在产品创新战略的制定中，基于客户需求与竞争要求的增量开发，实现差异化创新是中国企业现实的选择。满足客户需求需要考虑投入产出比，需求可以通过产品路标规划分阶段实现。而要使产品具有独特的价值，则需要更深刻的客户洞察。特别是客户没有明显的产品特性需求、只有痛点的时候，企业需要挖掘客户需求。SPI 有一套独特的方法论，即通过高效提问和访谈，发现不同层级客户的痛点，对痛点的关联性和传递方式进行分析，构建初步解决方案和反复验证确认的九宫格分析，从而确认客户需求，并形成销售机会。

二、创新决策管理的四大要素

即使有了清晰的产品战略制定流程和集成产品开发流程，华为在产品创新过程中仍然遭受过重大挫折，其中有三次过亿投资遭遇"滑铁卢"，原因值得所有企业深思。

（一）华为创新的失败教训

华为创新的三个有代表性的失败案例，向我们诠释了创新决策环节的重要性。

1. 软交换系统被客户无情抛弃

项目背景：当时华为得以起家的数字程控 C&C08 交换机，在国内市场已经稳居第一，且该品牌享有很高的美誉度，这是华为发展的关键奠基石，为此，华为还专门请人对其进行品牌估值，估值超过 100 亿元人民币。然而，电信技术却在悄然发生着变化。受互联网技术发展的影响，传统的紧凑封闭式结构开始向模块化分离开放式的下一代 NGN 结构演进。这不但使网络结构更加清晰和具有弹性，方便运营商进行网络升级和业务创新，也可以使更多的厂商参与竞争，通过充分竞争降低运营商的建网成本。

华为策略：华为预研部积极开展下一代网络研发，通过对标研究标杆企业的产品和路标，并与运营商研究院展开各种技术交流，最终确定了符合未来发展的 NGN 体系，并确定了 iNet 的品牌。

然而，在产品正式研发和推向市场时，预研和产品开发却出现了意见上的不一致。产品开发和市场体系希望能够延续和借助 C&C08 的领先优势，一方面在产品开发上采取了融合解决方案，故意延缓全分离架构的实现；另一方面在上市管理上消极对待运营商对全分离开放式结构的试验局验证，并将品牌命名为 "C&C08iNet"。在客户一再要求下，华为仍然坚持以自我为中心，最后，客户决定将华为剔除出全网 NGN 试验局厂商名单。这为未来正式商用选型埋下了"炸弹"。

这是领先厂商很容易犯的错误，即企图以自己的市场和技术优势，维持自己的领先地位。不"以客户为中心"，不顺应发展趋势，不主动变革和创新，这样终究会被市场和客户抛弃。

2. 无线 3G 系统姗姗来迟

项目背景：无线 3G 在当时被业界"热炒"，就像今天的"风口"项目绿色能源、锂电池和电动汽车等，国际标准组织在 3G 标准制定上动作频繁、版本不断更新。华为无线产品线紧跟行业步伐，组织关键资源，全力主攻 3G 产品，试图摆脱过晚进入 2G 时代的被动局面。然而，第一次互联网泡沫破灭后，全球投资萎缩。当时华为无线产品尚在起步阶段，主力市场还在国内。中国同样受到全球经济变化的影响，更重要的是中国提出了具有自主产权的"TD-SCDMA 3G"标准。但国内市场迟迟没有发放 3G 牌照，发照日期比预估的时间推迟了 5 年。这使 3G 产品开发陷入尴尬境地，产品迟迟得不到市场的验证和肯定。

　　华为策略：公司正确地选择了 3G 欧洲标准作为主攻方向，具体产品开发则由产品线做出决策。产品线采取了紧盯国际标准的策略，对标准亦步亦趋，开发了 3G R95/R97/R99 等多个版本。而预研部则根据全球投资萎缩、3G 终端极少、没有杀手级业务等情况进行综合分析，之后得出结论，华为需要进行蛙跳式研发，直接跳过 RXX 阶段，把研发重点放在 R4 标准版本上。但 R4 的网络架构和 RXX 的网络架构相比有了实质性变化，属于无线领域的下一代网络架构，新旧两派势力再次发生碰撞。

　　而事实证明，在采用了 R4 下一代网络架构后，即使国内继续延迟 3G 牌照的发放，分离式架构也使华为的 3G 核心网可以率先在海外销售。产品终于走出困境——"墙内开花墙外香"，华为在海外实现了 3G 核心网的提前布局，为进入 3G 接入网打下基础，同时获得了市场经验，反过来还极大地提升了该技术未来在中国市场的竞争力。因此，对市场成熟度和技术成熟度的把握，是创新管理的关键能力之一。

3. 高铁信号系统无疾而终

　　项目背景：2010 年华为成立运营商业务、企业网业务和消费者业务三大 BG。而企业网 BG 的行业市场包括政府、交通、电力、能源、金融等多个领域，各领域都在迫切寻找市场突破点。在交通领域，当时高铁建设如火如荼、投资巨大，华为在高铁的配套通信系统方面已经有所斩获。华为分析发现，高铁的信号和智能控制系统似乎与通信系统有很多类似的地方，而该系统只有通号集团一个公司独家供货，高层有意引进另一家公司参与竞争。华为开始组建团队对高铁信号系统进行分析和小范围研究，仅杭州的产品研发团队很快就超过了 200 人，并且积极引进高铁方面的行业专家。然而，随着形势的发展和华为对高铁信号系统的深入研究，华为越来越意识到其对该领域的商业环境和技术难度的认识严重不足。华为开发的样机，无论从进度、功能还是质量上，在短期都达不到行业要求，而此时市场形势也发生了变化，华为只能忍痛终止了该项目。

这次教训使华为的决策者们认识到，进入一个新领域时，除了充分理解外部生态环境，以及对企业在新领域的市场定位要有充分的认识外，还要对企业的内部竞争优势和资源有充分认识，新的方向只有属于公司的战略主航道，才可能形成合力，才能加快突破新领域的步伐。

（二）产品创新决策的四大要素

很多企业一直在摸索如何在"混沌"的创新状态下进行合理的决策，尽量避免损失。从华为的失败教训和成功经验中，可以总结出四个关键要素，即产品创新战略与企业战略的一致性、趋势符合度、企业资源和能力评估、投资优先级评估。

1. 产品创新战略与企业战略的一致性

创新战略要符合企业的整体战略方向。华为在 1997 年正式发布的基本法中定义了华为的业务"主航道"——为了使华为成为世界一流设备供应商，华为将永不进入信息服务业。其基本出发点是不成为华为客户即电信运营商的竞争对手。这意味着华为专注于通信行业，产品创新聚焦在通信设备的研发上面。在度过生存期并逐渐发展壮大的过程中，多数企业的经营策略会在较长时间内采用市场导向的"机会主义"。这就导致企业因追逐市场热点或政府扶持的产业热点等，被动或主动地开始了多元化。像华为这样，在早期就通过基本法确定了企业战略边界的公司实属不多。而正是由于有"主航道"战略，华为的创新决策做起来才相对容易，只要不在主航道内的提案，就会遭到否决。这使华为能在高速发展期间，集中资源做强做大。

采用多元化战略的企业成功案例很多，很多企业家担心聚焦战略的理由是"不能把鸡蛋放在一个篮子里"。但在中国，大家却对采用多元化战略的企业多了一分担忧。其实华为主航道本身涵盖的产品领域很多，只不过这些产品之间有一些协同关系，如技术平台、营销平台等，可以发挥组合优势。GE 采用多元化经营，但对事业部的战略要求也是必须做到全球前三，不但要做大而且要做强，否则坚决砍掉。其实战略逻辑是相同的，管理能力强，领域跨度可以大，但不能以追求"机会"为目的。否则，你可能会是一个好商人，但不会是一个好企业家，企业也不可能"长治久安"。

随着技术的不断融合发展，特别是在 IP 技术和互联网开放架构的推动下，通信技术和信息技术的界限被逐渐打破，ICT 融合已经成为未来的发展方向。华为固守"通信设备"的业务战略受到了巨大挑战。在经历了数据通信、服务器等 IT 产品在创新理念、投资决策和组织管理等方面的多次内部交锋，甚至是高层决裂的痛苦过程后，华为的业务战略主航道进入了2.0 时代，华为成为 ICT 设备的提供商，腾讯、阿里巴巴都成了华为的客户。

腾讯等互联网企业的迅速崛起，丰富了信息服务的定义，也大大地蚕食了运营商的传统业务，改写了"信息服务业"的外延和内涵。特别是当苹果智能手机的新商业模式成功后，华为终端全面学习这一模式，通过后端应用平台开始悄然进入业务运营领域，并实质性地获得了业务收入。从此，华为主航道进入 3.0 时代，定位为"端、管、云"的设备和平台提供商。随着华为成立云业务 BG，并与中国移动、德国电信成立云服务合资企业，华为一方面继续与运营商携手共进，另一方面基于运营商的网络和客户基础，急于寻找云业务突破的路径。然而，是将 IaaS 作为战略主攻方向，使腾讯、阿里巴巴等也成为其目标客户，还是将 PaaS、SaaS 囊括进来，直接与阿里和腾讯进行竞争？当时华为的战略还不是很清晰，再加上"上不碰业务、下不碰数据"的"紧箍咒"，以及华为经营业务的自身基因和体制问题，主航道战略 3.0 还需要时间来检验和再修订。但不管怎么说，主航道战略 3.0 仍然有较明确的业务边界。

从华为的业务发展主航道的演进过程（如图 2-6 所示）可以看出，企业战略和主航道的定义对于创新决策具有很强的指导意义，同时需要企业具备市场洞察和随机应变的能力。

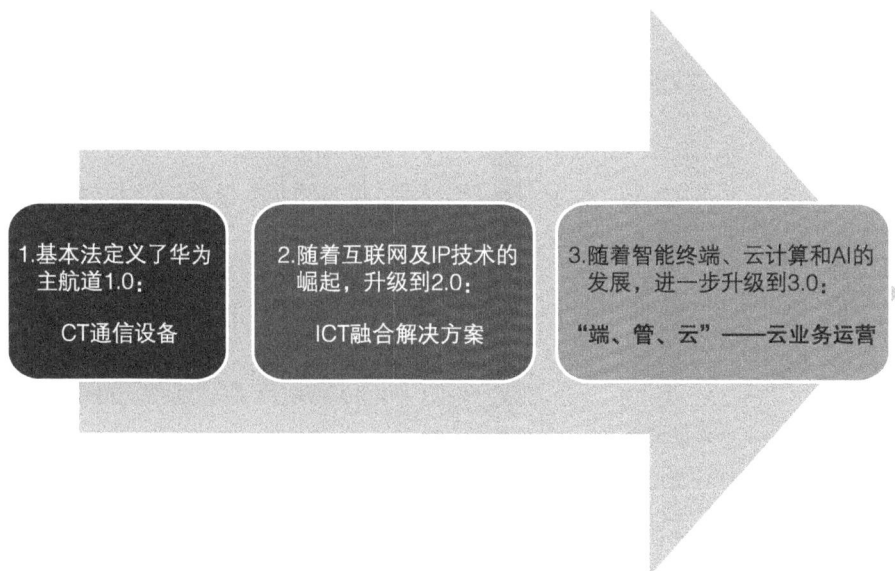

图 2-6　华为业务发展主航道战略从 1.0 到 3.0 的演进

2.趋势符合性和成熟度评估

既符合发展趋势，又能根据成熟度把握创新节奏，是保证创新成功的关键要素，我们可以从市场和技术两个维度进行分析和评估。

- **市场趋势**：主要从价值链变化和市场需求两个方面进行洞察，如图2-7所示。首先，洞察行业价值链的变化，创新项目要选定在价值链的高端或向价值链高端迁移的区域。其次，密切关注选择区域的客户需求增长情况和需求可落实程度，而不只是关注技术专家的学术研讨热度。同时，分析创新领域的投资增长情况、配套政策情况，特别是当市场空间基本清晰、市场应用增长明显时，可以基本判断出该领域属于"风口"的项目。

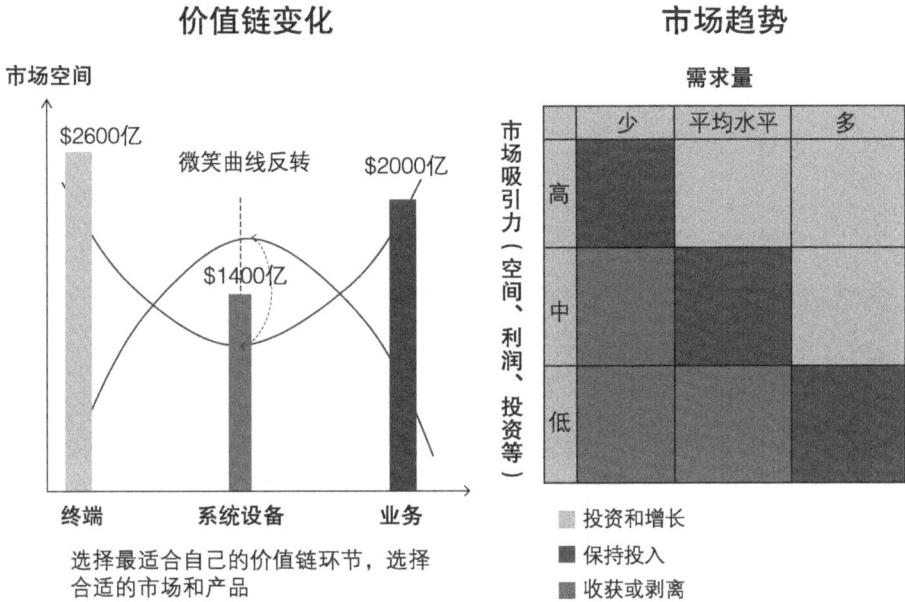

图 2-7　价值链变化和市场趋势分析

- **技术趋势与成熟度**：创新领域的技术成熟度，往往是决定创新成败的关键，常常"领先一步就是先烈"。在 TMT 领域，Gartner 每年都会发布十大新技术趋势，涉及虚拟现实、人工智能、机器人、物联网等多个新发展领域，其炒作周期曲线具有很高的参考价值，如图2-8 所示。

　　一般而言，风险资本会追逐炒作峰值附近的技术和项目，而华为基本上不会在内部的产品开发体系中涉足这些领域，其主要通过资助科研机构、参股学校的创新公司等方式进行跟踪，少量在 2012 实验室进行预研。创新技术大约只有 5% 能够穿过死亡低谷，真正得以规模应用和被市场接受。能进入华为研发管道的项目，基本上是跨越低谷之后的这 5% 的技术和产品。随着华为对基础研究投入的不断加大，华为创新的关注点会逐渐前移，但基本原则不会变。

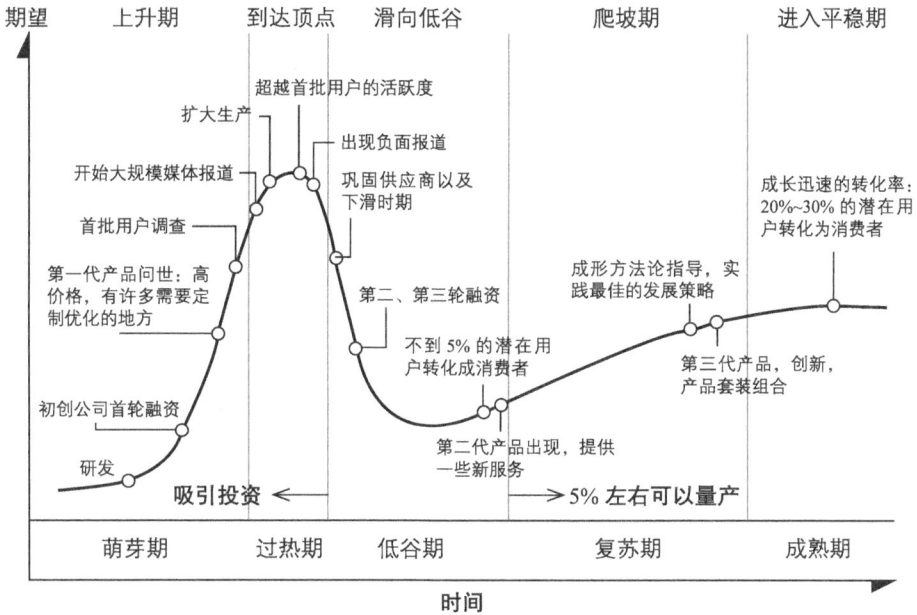

图 2-8　Gartner 新技术炒作曲线

3. 资源和能力

即使外部条件基本成熟，企业创新也需要根据自身情况选择创新模式和创新项目，因为不同层次的创新对能力有不同的要求，如图 2-9 所示。

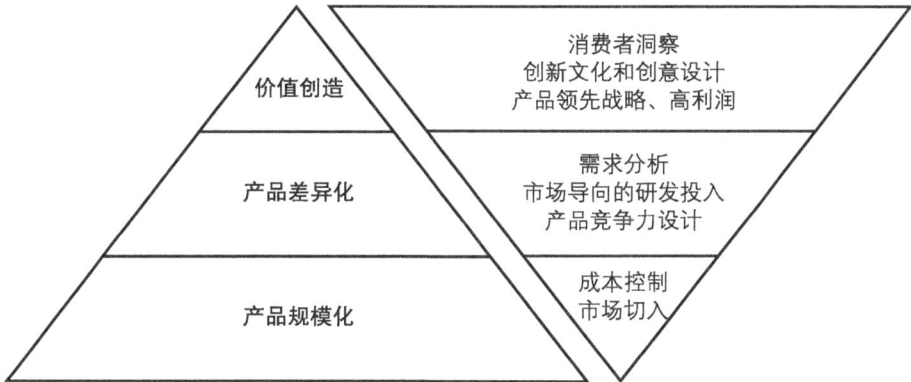

图 2-9　创新的资源和能力要求

对于通过产品规模化获取市场地位的企业，如传统制造企业，其核心能力是成本控制和市场能力。因此，创新焦点应该集中在价值工程创新、营销创新等方面。为了提升公司定位，实现产品规模化向产品差异化的转型，需要加大以市场为导向的研发投入，基于客户需求构建产品的差异化优势。除了资金的投入，在创新思维、创新流程、激励机制和人才管理上，都要进行实质性的变革。要成为产品领先型企业，则更需要在客户洞察，特别是对客户潜在需求的发现和激发、创新文化和创新机制的建立方面，保持长期的战略投入。

富士康曾经确定的品牌创新和解决方案创新战略，至今仍然需要时间的检验。而富士康根据自身的优势，把重点回归到整个产业链的智能制造创新、控制产业链关键环节（屏、存储器等）后，企业发展更加健康。

4. 产品盈利 / 商业模式和财务评估

产品盈利模式包括：

- 硬件销售；

- 应用业务收费；

- 软件平台免费，交易提成；

- 高附加值服务收费（如用户大数据分析结果）等。

产品的盈利模式是产品决策时必须回答的问题，它需要综合考虑如何更好地适应税收政策、增加客户黏度、维护产品长期利益，以及合同与回款的管理方式、销售人员的能力等。整体设备销售模式逐渐被硬件和软件分开销售代替，高附加值的服务越来越受到重视。在互联网经济时代，流量变现是产品盈利模式的考虑重点。

产品财务评估可以从多方面进行，一般包括：

- 产品销售、利润率，以及增长率的 FAN（Financial Analysis）分析；

- 盈亏平衡分析；
- ROI 分析等。

图 2-10 的案例是根据产品生命周期的成本（固定成本＋可变成本）、销售预测等，估计出产品销售量为多少时（根据销售能力，还可以估计出需要销售多长时间），可能达到的盈亏平衡点，并估算出总的投资回报率，从而辅助领导进行决策。

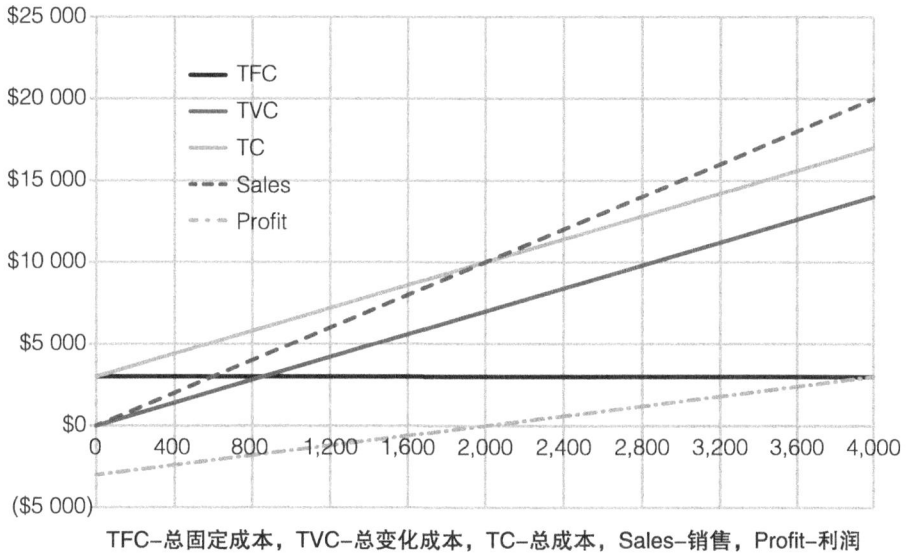

TFC-总固定成本，TVC-总变化成本，TC-总成本，Sales-销售，Profit-利润

图 2-10 产品盈利分析

产品盈利模式和财务评估是产品规划决策的重要依据之一，对投资、销售目标安排、定价都有着重要的参考价值。

在这四个主要决策点中，与公司主航道战略保持一致的原则一般具有一票否决的权力，而其他三项一般需要进行综合分析，如果有一项完全不满足，则需要进一步收集证据，再次决策。

决策案例：“小灵通”产品决策

（1）决策依据

Ⅰ.属于公司主航道——通信设备

Ⅱ.趋势符合度

- 市场趋势：GSM格局已定，3G是方向，但迟迟不发牌照；
- 技术趋势：PHS技术即将被淘汰，仅限日本，不是全球主流。

Ⅲ.投资回报和竞争强度

- 客户只有中国电信，没有移动经验，投资力度和投资期不明；
- 主要玩家只有UT斯达康和中兴。

Ⅳ.核心竞争力构建

- 从手机芯片到主要设备部件，全部由日本京瓷等厂商控制，留给中国厂商发挥的空间很小。

（2）决策结论

聚焦主流标准、主流技术，拒绝机会主义，“NO GO!”

（3）市场形势悄然变化

- 由于3G牌照5年未发，小灵通持续投资4年，年均设备投资额为200亿元，手机终端市场规模与设备市场规模相当；
- 通过小灵通赚取的利润，用于主流技术WCDMA的研发和合资并购，UT斯达康高调展出3G设备。
- 由于软交换技术的发展，核心交换机和移动基站逐渐解耦。小灵通厂商逐渐采用移动软交换机占领移动网络制高点，为未来的3G市场提前布局。
- 培养了大量有实干经验的移动人才，人才竞争力趋强。

- 强化和完善了从芯片、业务、渠道代理到生产环节的移动价值链，特别是与客户关系有了质的提升。

（4）决策调整

小灵通撼动了华为在 3G 技术方面的领先地位，可作为竞争型产品进行开发，"GO!"

在决策管理中，对于业务发展型产品和竞争型产品的决策，决策依据和决策重点是不同的。以上小灵通的决策案例，就是典型的竞争型产品。对其投资回报的分析，不仅要看产品本身的投资收益，更重要的是要看竞争对手收益减少的情况，即"烧粮仓"的效果。

（三）"开放式创新"的管理要点

- **在创新组织建设上**，切忌"新人干新事"，要选择有创业奋斗精神的领导班子，并加强各技术领域专家队伍的引进、培养。华为在其新创的企业网 BG 和消费者 BG 的组织建设上，都是采用"三波次"进攻模式：第一波次探索新业务的规律，按业务规律组建基本队伍；第二波次由集团重要领导兼任事业部负责人，迅速壮大队伍，构建攻坚体系；第三波次由敢于挑战自我、攻坚能力强的领导担当，实现业务目标。而在此期间，要积极引进和培养行业专家与专业人才，在全球进行资源布局，提升整体组织创新能力。

- **在创新投资上**，提升研究和创新投资比例。华为收入的 5%~10% 作为研发经费，其中预研体系的投入由原来占研发经费的 10% 提高到 20%；不同行业有不同的创新投入标准，传统制造业通常的平均投入小于 4%。但要实现转型创新，就要以行业标杆为标准，保证持续的创新投入。华为于 2019 年 9 月宣布成立战略研究院，目标是"从技术创新迈向技术发明"。这预示着华为在基础理论突破、开放式

创新和投入强度上将有质的提升，有望实现"向上捅破天"的战略
部署。

- **在创新管理上**，特别是在考评机制上，华为对失败采取了比较宽容
  的态度，一般有 2~3 年的探索期。"不确定领域，失败的项目也有英
  雄，知道此路不通，也是成功"。

提升决策者的洞察力和决断力是决策管理中至关重要的一环。企业在
创新文化的引领下，需要加强创新制度的制定与实施，特别是要加强对领
导者的领导力培训和任职考核。管理者要以身作则地主动更新知识，提升
自己的领导力，这就包含了洞察力和决策力。除了培训，在实际工作中，
通过制定本业务单元的战略并组织力量执行落实，是华为迅速培养和识别
干部领导力的重要手段。因此，任正非要求，战略制定、战略机会点识别
和管理要落实到代表处一级，一把手要亲自汇报战略，并将此作为检验干
部领导力的重要指标。

CHAPTER

第三章

企业国际化战略的关键抉择

第一节 中国企业国际化模式总结和借鉴

20 世纪 90 年代末，以华为、联想、三一重工为代表的中国 TMT[①]、制造类企业，在海外屡败屡战、艰难突围，也因此总结了不少经验和教训。当前，在国家"一带一路"倡议的指引下，中国企业掀起了新一波国际化高潮，涌现出了新的国际化模式。其中，跨国并购成为企业快速发展和实现国际化的捷径。CCG[②] 与社科院发布的《企业国际化蓝皮书：中国企业全球化报告（2015）》指出，中国企业跨国并购的总成功率是 40%，高于全球 25% 的平均水平。而商务部的数据显示，中国对外投资企业只有约 30% 有收益，形势很严峻。其中，海外并购的成功率平均仅为 14%。从数据上看，中国企业这些年的进步是巨大的，从过去的教训和经验中，中国企业总结出了一些行之有效的方法。然而，超过 60% 的不成功率，仍然值得中国企业警惕！一个全球范围内的研究表明，海外项目在谈判前和谈判中的失败率分别为 30% 和 17%，而在执行和整合阶段失败的可能性则高达 53%。可见，协议签字并不代表项目成功。

TCL 的国际化战略选择和执行过程中的教训，值得中国企业借鉴。李东生也从不忌讳谈 TCL 之前的国际化困境，希望中国企业吸取教训、少走弯路。其主要教训有如下几方面。

教训 1：战略选择。TCL 希望通过收购显像管企业的鼻祖汤姆逊公司，拉开与国内竞争对手的差距，并成为全球电视行业第一。而当时的技术和市场正处于巨大的变革期，LED 技术突飞猛进，汤姆逊的专利正随着技术革新而逐渐失去价值。

教训 2：本地化管理。TCL 两次并购都请了顶级专业机构，投行是摩

---

① TMT：是 Technology（科技）、Media（媒体）、Telecom（通信）三个英文单词的首字母缩写。

② CCG：Center for China and Globalization，中国与全球化智库。

根士丹利，投资顾问是第一波士顿，会计师事务所是安永，但他们只提到法律法规，却没有提到非书面的规则，如工会很强大、裁员只能裁掉能找到工作的人。并购之后出现的文化管理、渠道管理、薪酬体系上的差异，导致大量人才流失，以致公司处于混乱和失控状态。TCL 花了 3.149 亿欧元并购，6 年后的 2010 年却宣告重组失败，法国法庭判决 TCL 支付 5 亿元人民币赔偿金。

教训 3：战略聚焦。TCL 对阿尔卡特手机业务的收购本来是很有战略远见的，但由于是和收购汤姆逊同时进行，收购和管理人才严重不足，故使整合管理进程雪上加霜。

通过总结经验，TCL 开始聚焦产品和市场转型期的核心技术，并向价值链两端延伸，除了继续整合发展迅速的移动业务，还投资华星光电项目，垂直整合核心部件液晶屏，使 TCL 的发展上了新的台阶。

从 TCL 的案例中可以发现，率先走向海外的中国企业，一般都是行业中的佼佼者。为何这些企业在国内做得风生水起，在海外却步履蹒跚？从中国企业整体角度来看，通过大量的问卷调查和统计，综合埃森哲和毕马威的咨询报告，中国企业管理层（包括国际化负责人）认为中国企业国际化失败的主要原因可归纳为 8 种因素，如图 3-1 所示。

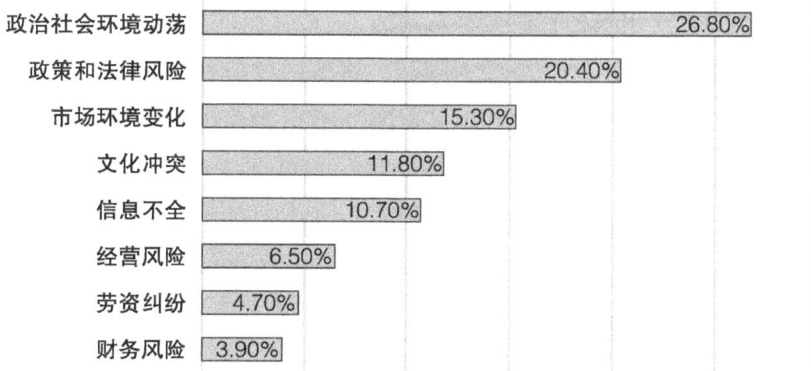

原因	百分比
政治社会环境动荡	26.80%
政策和法律风险	20.40%
市场环境变化	15.30%
文化冲突	11.80%
信息不全	10.70%
经营风险	6.50%
劳资纠纷	4.70%
财务风险	3.90%

图 3-1 中国企业高管认为企业国际化失败的主要原因

总的来看，大家习惯于强调客观原因，对自身抵御风险的能力，从认识和投入上都不足，甚至问题直接出在管理层和海外领军人物身上。在同样的全球化经济环境下，为什么有的企业国际化很成功，有的企业却不成功呢？中国企业在国际化过程中存在的最突出的三类问题，如图 3-2 所示。

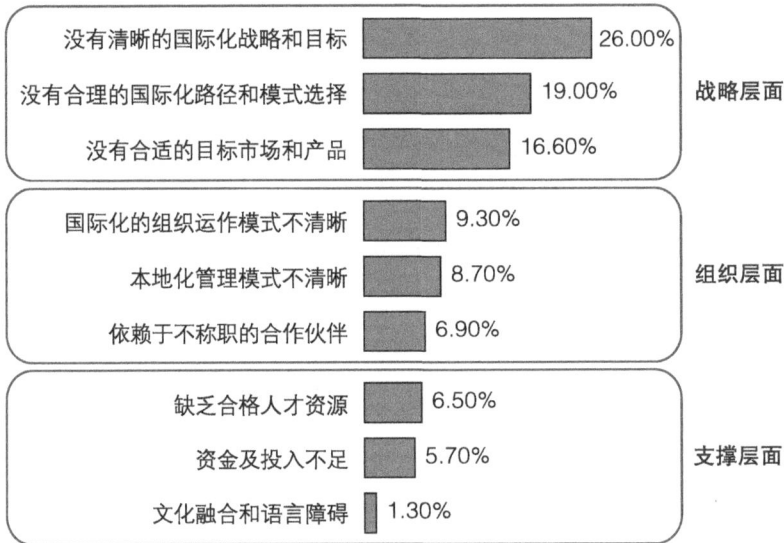

图 3-2　中国企业国际化的三类关键问题

多数企业没有清晰的国际化战略，机会主义和贸易思想严重。由于战略短视，很多企业出海的目的是"去库存"。最常见的现象是，中国企业在海外不是"抱团取暖"，而是互相倾轧，将国内的价格战延续到国外，打乱了行业规则、牺牲了质量、砸了中国品牌。或是抱着"试试看"的心理，没有长期的打算和谋划。如前文所述，海外项目在谈判前和谈判中的失败率分别为30%和17%，而在整合阶段与执行阶段失败的可能性则高达53%。可见，除了战略外，海外项目的组织模式、运作管理和执行能力，特别是人才储备，也是非常重要的。

一、中国制造型企业的国际化模式总结和借鉴

通过持续跟踪研究发现，在过去，中国企业国际化主要包括内生式、收购兼并式、从 OEM/ODM 到自有品牌的升级转型式、海外建厂、PE 股权投资国际化模式、创新科技企业国际化模式等。企业国际化不管采用哪种模式，管理的精髓是一致的。其国际化战略的制定、关键路径的选择和执行措施、公司的国际化治理和本土化策略，都将直接影响企业的国际化进程和成功的概率。

（一）内生式国际化模式

华为的全球化转型过程采取的是稳扎稳打的方式，从易到难，先通过代理和外派员工了解海外环境，然后选择重点市场建立自己的营销平台，逐步突破。这种方式叫作内生式国际化模式，被华为、中兴、比亚迪等很多企业所采用。其特点如下。

优点：组织体系向海外延伸主要采用内部成长方式，投资兼并与合资合作为辅；海外一把手以外派为主、"空降"为辅。这是一种渐进式的国际化模式，可控性强，对企业管理的冲击小，财务增长平稳但长效。

要求：国际化战略清晰，国际化路径务实可行，通过阶段性聚焦重点市场与主力产品，形成一线和总部的"狼狈"协同组织，建立市场驱动的研发、服务快速响应机制。初期聚焦主营业务和重点产品，逐渐进行产品组合和网络级解决方案销售，最后提供从项目融资、咨询、规划设计、专项服务到产品的整体解决方案，实现从生产型到服务型的转化。同时，国际化倒逼企业进行变革，实现管理的二次飞跃。今天华为的全球化运营已经超过了普通意义上的国际化。

风险：较长的投资发展周期，需要在较长时间内持续构建并优化海外组织体系、人才资源等核心能力。

（二）以投资兼并为主的国际化模式

这种模式的代表企业是联想，联想在收购兼并过程中的财务变化情况如图3-3所示。2004年联想完成了对IBM公司PC业务"蛇吞象"的收购后，实现了财务合并，销售额明显增长。这次收购的目的本来包括品牌、产品、研发能力和市场能力，而实际上只得到了品牌和产品。收购完成后，市场需要联想自己拓展，研发能力对方要是没有留下，由此造成联想的PC业务长期"吃老本"，缺乏创新。由于对财务黑洞预测不足，整体利润反降，特别是由于2008年金融危机和支付IBM公司PC业务的整合费用，联想的财务第一次出现赤字。2009年，联想收购的新业务与传统业务真正实现管理融合，并于2011年通过收购NEC PC业务，在日本成立了联想PC研发中心。提升了研发能力之后，联想的整体绩效才得以提高，全球化地位才得以巩固和提升。

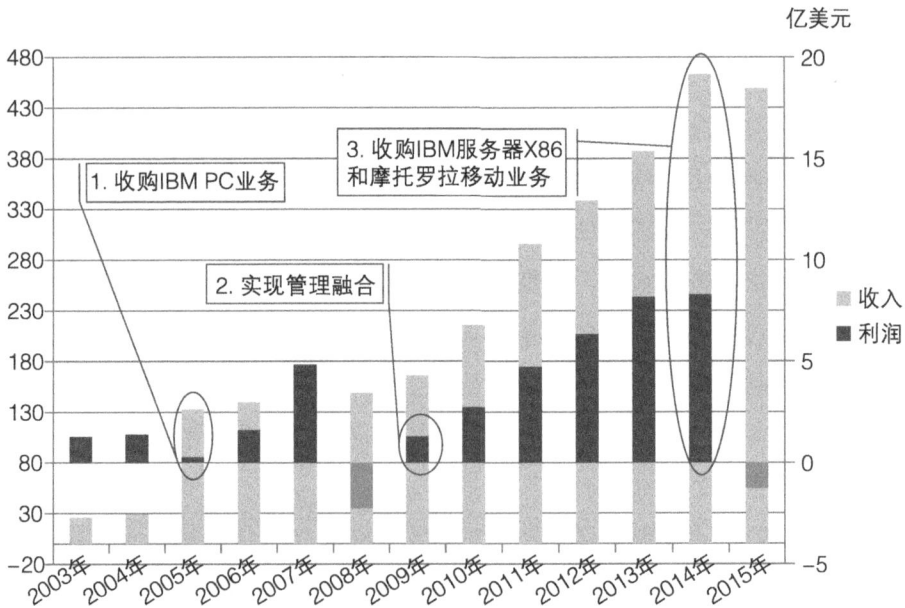

图3-3　联想收购兼并过程中的财务变化

联想 2014 年收入的增长源于对 IBM X86 和摩托罗拉移动业务的兼并。联想集团以 29 亿美元的价格从谷歌手中收购了摩托罗拉移动，但大量核心专利已经被谷歌获取，留给联想的专利含金量不足。摩托罗拉本身在智能手机上没有品牌影响，而移动技术发展迅速，没有像 PC 那样留给联想那么长的整合时间窗口期，导致联想移动业务不但全球化的目标无法达到，在国内的地位也受到威胁。联想收购的 IBM X86 服务器业务，包括 System X、BladeCenter、Flex System 刀锋服务器和转换器，以及以 X86 为基础的 Flex 整合系统、NeXtScale 和 iDataPlex 服务器与相关软件等，使联想成为全球 X86 服务器市场的第三大供货商，仅次于惠普（HP）和戴尔（Dell）。从战略上来讲，移动化和云化是未来的发展方向，对联想未来的产业布局和全球化至关重要。联想通过收购兼并实现的能力布局，如图 3-4 所示。

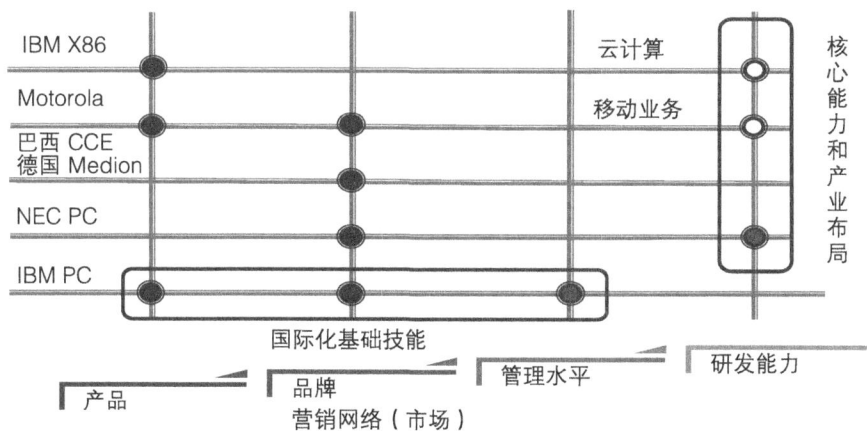

图 3-4 联想收购兼并带来的能力提升

联想非常注重通过并购获得当前的产品和市场，并通过并购提升自己国际化的管理能力。特别是其在并购后的一把手任用经验，值得中国企业借鉴。联想 CEO 曾经由 IBM 原 PC 副总裁史蒂芬·沃德担任，杨元庆为董事长。但由于双方经营理念和战略思维不同，经过惨痛的教训之后，柳传志认为，企业的一把手应该由中国人来担任。

联想在并购中最大的问题是缺乏对研发造血能力的足够重视，这可能与联想的整体"贸工技"战略有关。相比华为的内生模式，2014 年联想海外销售占比超过 60%，海外利润占比 50%；同期华为海外销售占比超过 65%，海外利润占比超过 60%。

很多公司如中集、吉利、TCL 等都喜欢采用兼并收购的国际化模式，在相互借鉴经验的基础上，成功案例越来越多。以投资兼并为主的国际化模式的特点如下。

优点：收入规模增长明显，有利于研发能力和工艺流程的快速提升，可以快速形成市场互补并丰富产品档次。

要求：有清晰的收购和兼并目的，准确的战略方向判断。具体表现为足够的资金支持，强大的跨文化组织整合能力和领导控制能力；以财务目标考核牵引的本地化管理模式，管理者以"空降兵"为主；更适合标准化程度高的产品，产品相对独立和聚焦。

风险：财务陷阱、知识产权和劳工等法律障碍，以及语言、文化、治理结构、薪资体系的差异。短期财务合并效果明显，真正整合成功后才能体现实际效益。

（三）从 OEM/ODM 到自有品牌的国际化模式

万向集团是这种模式的典型代表。万向早期与美国舍勒合作，通过 OEM/ODM 的方式向海外提供产品。舍勒公司是美国汽车维修市场的三大万向节供应商之一，在万向节领域，它曾经是世界上拥有万向节专利最多的企业，具有广阔的产品范围，向全球市场提供了高质量的产品。它还在欧洲、亚洲、北美洲、大洋洲设有分公司。舍勒经常把批量小、供货要求急、加工难度大的产品交给万向集团来完成。因为这种合作，万向集团大大提升了特种模具的设计技术，并逐步建立了一套符合美国高质量标准的柔性制造和供应链体系。2000 年，万向集团和 LSB 公司合作收购了舍勒，LSB 公司接纳舍勒的工人，收购厂房；而万向集团仅以 42 万美元就收购了舍勒的品牌、专利、专用设备和营销网络。这一收购使得"舍勒"和"万向"双高端品牌迅速形成，且这一品牌依靠自己强大的设计和制造平台，快速实现了全球化。

机会总是留给有准备的人。澳柯玛冰箱、创维电视都是各自领域的代工王，它们凭借出口、代工和自主品牌这"三驾马车"并驾齐驱，走出了一条自己的全球化特色之路。而新兴的瑞声、歌尔等企业，成为苹果、华为等手机品牌的指定声学产品 OEM/ODM 供应商，借助苹果的力量，迅速占领全球市场，以小小的产品实现超过百亿元的收入。通过 OEM/ODM 走向海外的国际化模式的特点如下。

优点：充分发挥中国的制造优势，初期进入海外市场的风险小。通过不断加深对海外市场的理解，逐步建立自己的营销体系，把握市场需求，实现企业转型升级和树立国际化品牌，这对于发展期的企业更容易操作。通过 OEM/ODM 服务海外发达市场，可以快速建立国际高标准的产品质量和生产系统，是驱动企业建立高端制造能力、保持核心竞争能力的关键路径之一。

要求：具有全球战略眼光和长远部署，将 OEM/ODM 作为走出去的手段而不是目标。始终保持市场的敏锐度，并伺机寻找品牌好、营销网络覆盖较广的收购或合作目标，加速国际化进程。

另一类 OEM/ODM 企业，同样具备全球战略发展眼光。但区别于前者的是，它不做整机品牌，而是做零部件的技术品牌，走 Intel 的"Intel inside"的品牌道路。这也是非常适合中国零部件制造商的全球化道路。

风险：同样需要提高跨文化的整合能力，特别是要做好自营品牌和合作品牌的区域划分或产品档次划分。而技术品牌公司，则需要在核心技术上持续投入、保持领先。

（四）海外建厂模式

这是工业机械和车企比较常用的方式，代表企业是三一重工。三一重工走过了从国际贸易到本地建厂，再到构建核心能力的三个阶段的国际化道路。

2006年，三一重工在印度投资6000万美元建设工程机械生产基地，成为截至目前中资企业在印度最大的一笔直接投资，而当地有低成本竞争对手TATA。2007年，三一重工在美国佐治亚州投资6000万美元新建工程机械制造厂，成为第一家在美国建厂的中国机械制造企业，全球最大机械企业美国卡特彼勒直接竞争。2009年，三一重工出资1亿欧元在科隆建设欧洲机械制造基地。在初期，由于选择的市场存在问题，建厂的目的只是销售和去产能，三一重工在美国、德国建设的工厂非常高端，而在印度建的厂与当地本土厂商TATA相比"高不成、低不就"，三一重工逐渐被迫走入第三阶段。2012年，三一重工以3.6亿欧元收购"大象"[①]。由于完整地保留了核心研发能力，被收购的品牌形象完好无损（双品牌满足全球不同市场），其营收增长三分之一，核心部件销售增长，三一重工供货给"大象"的零部件也有所增加。但问题是这种方式整合慢，实现合并的所有好处还需进一步发挥。

本地建厂主要是为了打破贸易壁垒、避免高关税（节省整体成本）和缩短供货时间，如巴西对整机进口设备的关税高达25%以上。中车在美国建厂的一个关键因素，就是为满足《购买美国货法案》中政府采购的60%零部件必须在美国生产的要求。从三一重工的案例可以看出，建厂的战略意图和市场选择尤为重要，同时配合核心能力的构建，才能取得国际化的成功。海外建厂国际化模式的特点如下。

---

① 2012年1月31日，三一重工宣布收购有着"大象"之称的德国工程机械制造巨头普茨迈斯特。

优点：降低贸易壁垒（如关税、外汇管制等），提高供货速度、降低物流成本等。

要求：深刻理解当地市场和客户需求，明确建厂目标和投资回报，选好建厂地点。选择的产品要标准化程度高、工艺流程成熟且符合当地标准要求。另外，还要熟悉当地关税政策、土地政策、用工政策、本土化要求等，进一步降低综合成本 TCO。福耀玻璃在美国建厂时，也是仔细对比了中国和美国的 TCO。为减少资金和管理风险，初期可采用 SKD/CKD 的建厂模式。

风险：由于海外建厂耗时长、投资较大，政治经济环境是否稳定，市场空间和综合成本是否能保证合理的投资回报，本地熟练产业工人资源是否丰富等，都是需要重点关注的风险。

（五）科技创新企业的新型国际化模式

这种模式以大疆、柔宇等新兴科技公司为代表，这些企业的主要经营者和资本方都有很强的国际化背景，先天具备国际化的基因。其特点如下。

优点：技术领先，属于卖方市场，进入国际市场的门槛低，产品首先以面向海外为主。

要求：制定清晰的产品战略，以保持足够的聚焦和研发压强；研发基地需要布局在技术发源地，以同步和赶超最新技术。

风险：考验初创公司的跨国管理能力，产品诞生初期就需要满足国际市场特别是发达市场的高标准质量要求；考验公司的产业化水平。同时，公司战略上还要避免资本的过多干扰。

以上总结了制造型企业主要的五种国际化模式，有时企业会采取混合模式实现国际化。但不管采取何种模式，制定清晰的国际化战略、打造企业核心能力（研发、营销、供应链）、构建国际化团队都是企业国际化成功的三大支柱。

二、以 BAT 为代表的服务型企业的国际化道路和启示

身处当今开放的互联网时代，没有哪个企业家会把眼光只局限于中国市场。BAT 作为中国互联网的翘楚，从一开始就有国际化的基因，那实际情况到底如何呢？与华为、联想、TCL 等制造企业相比，有什么共性的教训值得吸取，有什么不同的经验值得借鉴呢？

（一）BAT "出海"的豪情壮志和残酷现实

马云从公司建立之初就确立了远大的国际化战略目标：东方的智慧，西方的运作，面向全世界的大市场。

李彦宏则激情澎湃地认为，我们这一代中国人，正迎来中华民族伟大复兴的最好机遇。我们不仅向全世界输出最好的中国制造，也开始向全世界输出最前沿的技术和创新。

腾讯的国际化道路在互联网新贵中最为奇特，它似乎不太在意国际化，也好像没有那般自信。直到微信做大后，马化腾才表现出了背水一战的决心：成或不成，（腾讯国际化）这辈子就这一个机会了。但他又表示：一半对一半的机会，并不能说腾讯很有信心。

按理说 BAT 具有先天的国际化血统，国际化资本、国际化团队、开放的全球化互联网商业模式，应该能够帮助企业快速实现海外拓展。经过十年的努力，BAT 近年来的海外业务成绩单如图 3-5 所示。

以国际化能力矩阵来衡量，BAT 的海外业务只达到初级国际贸易阶段的水平。2017 年之后，由于海外业绩不佳，阿里干脆在财报中不再单列海外的收入。在这种量级的海外业务占比下，只有腾讯的增长趋势还算正常。说 BAT 现在只会"啃中"一点都不为过，原因究竟何在？让我们从它们的国际化发展历程中探个究竟。

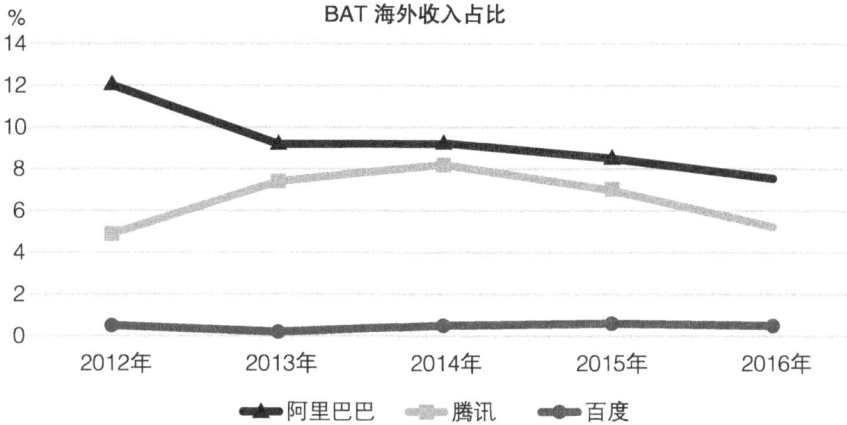

图 3-5　BAT 历年海外收入占比

（二）BAT 海外业务发展历程和遇到的问题

1. 阿里巴巴的海外业务发展、布局和主要问题

阿里巴巴的海外业务发展，可以划分为三个阶段。

第一阶段：触碰了企业国际化乃至企业生存最基本的错误，"无内不稳、无外不强"。 阿里巴巴把创业初期的第二年即 2000 年，定为扩展海外市场的关键年。此时，国内市场尚待开发，但为了适应国际化的要求，阿里巴巴把总部放在了中国香港，并成立了美国研发中心，为了加快海外业务发展，还相继建立了英国、韩国办事处，并积极筹备日本、大洋洲等国家和地区的网站。然而，互联网泡沫随即破灭，不到一年时间，阿里巴巴的国际化人才就流失了 90% 以上。现在回过头来看，即使当年互联网泡沫没有破灭，没有一个强大的市场"根据地"，没有一定的用户基础和稳健的财务收入，单靠热钱，也是不能塑造一个国际化大企业的。

第二阶段：通过投资收购，整合海外优质资源，延展核心平台的海外能力，阿里巴巴国际化二次启航。 经过多年的蛰伏，阿里的核心业务 B2B 交易平台阿里巴巴、淘宝网和支付宝等，在国内市场牢牢占据了电子商务的第一把交椅，成为中国互联网的代表企业之一。以 2008 年与印度最大的 B2B 媒体 infomedia 合作为标志，阿里巴巴透过在国际市场高频度的投资收购动作，展开了新一轮的海外拓展。经过多年的布局，阿里巴巴形成了较为完整的全球业务体系。

2014 年 1 月，阿里巴巴对外宣布了其国际化战略：一是外语站点全球速卖通，主要做出口零售；二是淘宝海外，面向能够读中文的国际消费者；三是天猫，为国内提供原装进口商品。阿里巴巴将国内的核心商务平台全面复制到国际市场，市场布局也从 2B 逐步向 2C 推进。特别是在美国市场，阿里巴巴通过上线美国版的天猫 11Main，直接与亚马逊和 eBay 展开竞争。

第三阶段：战略调整。2015 年 6 月，阿里出售了开业仅一年的美国子公司 11 Main，其国际化的第一个大手笔自建业务以失败告终。马云宣称五年内即 2020 年前，要让公司的境外收入占比从 4% 提高到 50% 的计划遭遇重大挫折。其国际化的主要问题如下。

- **需要清晰的国际化战略和实现路径**。阿里巴巴的国际化战略如果是发展跨国电商，利用阿里巴巴的平台让中国 6 亿网民能够从世界任何角落购买到商品，那么，这仍然是让中国消费者花钱、让外国企业赚钱的模式，不是真正的国际化，其海外业务收入目标也将无法实现。BDO 英国会计师事务所认为，对于阿里巴巴选择上市的美国市场而言，退出美国无疑是一项重要的声明，此举促使人们开始怀疑，阿里巴巴仅仅依靠中国市场可以发展到多大的规模。如果其国际化战略是海外自建商城与"地头蛇"的正面碰撞，那么，选择美国是否合适？BAT 同样是在模仿美国互联网公司基础上进行的本地化应用创新，是在国内政策保护下成长起来的，直接挑战"老师"的主场，胜算有多少？目前，阿里巴巴的国际化战略看来是选择了前者。其实，于不同市场采取不同的策略，灵活运用这两种方式，应该是更明智的选择。

- **构建核心竞争力，使"攘外"无需"惧内"。**由于国内移动互联网竞争加剧，三大巨头均重兵投入，跨域经营可能引发新一轮洗牌。因此，阿里巴巴不得不暂缓海外拓展的步伐，将重点放在移动互联网，改善移动业务的营收。尽管阿里巴巴在学习和实践大数据运用、数字营销、基于商业智能（BI）的客户行为分析和商机捕获等方面，在国内首屈一指，但其在海外面对全球巨头时，制胜的独特核心能力是什么？国内互联网公司普遍对核心技术和核心能力构建的投入不足，移动互联网等新业务模式的出现，常常会动摇其国内市场的根基，使其陷入国内市场和海外业务顾此失彼的状态，无法通过国际化实现将企业做大、做强的目标。

2. 百度海外业务发展、布局和主要问题

百度的海外业务发展，可以划分为两个阶段。

第一阶段：触碰国际化的另一个大忌——"拔狮子的胡子"。2006年，百度开始了国际化之旅，并以日本为进驻首站。2007年3月，百度日本站开始测试；2008年1月，百度日本搜索引擎正式上线。但2008—2011年，百度在日本市场上累计损失6.8亿元人民币，baidu.jp在日本的流量仅位列第940名。2015年，百度搜索悄然退出日本市场。百度虽然首先选择了最强的搜索产品进攻海外，但日本不仅有世界巨头Google，更有本土的国际巨头Yahoo，百度进入日本市场的难度非常大。任正非曾告诫下属"不要去拔狮子的胡子"，市场选择是中国企业国际化道路上的第一道坎。

第二阶段：在市场方面采取"农村包围城市"的策略，在技术上苦练内功。自2011年开始，百度从新兴国家入手，重启国际化之旅。其海外策略采取"大网撒、重点抓"的产品拓展方式，在越南、泰国、印度尼西亚、马来西亚、巴西等国家，百度利用hao123、贴吧、知道、杀毒、浏览器等一系列工具类应用作为先行，为推出搜索引擎打下了基础，百度海外布局初具规模。

李彦宏作为全球最早的一批搜索引擎专家之一，深知核心技术在竞争中的地位。2012年7月，百度新加坡实验室成立；2014年5月，百度美国研发中心成立；2014年7月，百度宣布在巴西建立世界级的技术研发中心。公开数据显示，2014年，百度共计投入超过70亿元用于技术研发，研发占营收的比重接近15%，这一比例不仅远高于业内平均4%的投入水平，也高于硅谷领先科技企业平均7%的投入比例。2014年，百度不仅在其传统主业搜索领域保持专利申请数量绝对第一，更在诸如云计算、人工智能、大数据等互联网前沿领域斩获颇丰。

百度的国际化战略越来越像华为，核心技术是否能突破和领先极具不确定性，所以这条道路将异常艰辛。百度的海外业务长期处于亏损状态，2012年、2013年和2014年分别亏损了5.72亿元、16.3亿元和33.1亿元。百度产品与华为产品存在着巨大差异，其是否可以找到更适合自己的国际化道路呢？2015年2月，百度对公司的组织架构进行了调整，成立了移动服务事业群组、新兴业务事业群组、搜索业务群组。整体战略重点强调巩固国内市场的移动业务和开拓O2O，国际化事业部与新业务群组、用户消费业务群组合并为新兴业务事业群组，国际化事业部仍然需要用事实来证明自己。夯实国内市场，突破搜索基础技术（包括图像/视频搜索、人工智能等），打造最强的移动搜索和移动互联网业务，以此作为国际化突围的利器，这对百度来说未尝不是好事。

3. 腾讯的海外业务发展、布局和主要问题

腾讯的海外业务发展，大致也可以分为两个阶段。

第一阶段：浅尝辄止。腾讯的国际化起步其实也较早，在2005年就成立了国际化事业部，并在美国、印度、越南、意大利布下分支机构。腾

讯于 2009 年以 3 亿美元注资俄罗斯互联网公司 DST，但收效甚微。在 QQ 占领 PC 端之后，腾讯并没有将其推向国际市场。或许腾讯清楚，QQ 是在"借鉴 + 微创新 + 运气"的基础上，扎根中国才成功的，还不够资格闯荡海外；或许腾讯知道，相对于百度的人 - 机交互和阿里的人 - 物交互，QQ 的人 - 人交互涉及更多的文化、国情、法律和管制问题，其全球化将遇到更多障碍。

第二阶段：国际化战略和步骤走向清晰化——以核心产品为武器，从中文人群较多的国家和地区开始，逐步实现国际化。2011 年 4 月，微信以英文名称"Wechat"进入国际市场，第二阶段的国际化正式开启。在整体国际化战略上，腾讯希望在技术、产品，以及公司架构、底层数据库、布局等方面按照国际化标准来执行。在产品选择上，腾讯选择了两个全球第一的产品作为国际化突围的武器，一个是微信，其将通信、社交、平台化三者融为一体，并引入了朋友圈、公共账号的平台化模式，是全球首创，活跃用户达 5 亿人次；另一个是游戏，其业务收入达 75 亿美元，位居全球游戏行业第一。腾讯将二者组合起来进行销售，将微信作为腾讯游戏的分发和支付渠道，以增加游戏的社交互动性，而通过游戏促进了微信的国际化。在市场选择上，从东南亚地区开始，向印度、美国、西班牙等区域推进。2013 年，腾讯成立了微信美国办公室，负责美国微信用户的发展及研究、公司客户关系的建立及拓展合作，这被视作腾讯国际化战略的"特种部队"。在海外市场推广上，腾讯先后和 Facebook、谷歌等巨头联手，选择国际明星作为产品代言人，开始表现得积极进取。

然而面对来自 WhatsApp、Line 和 Facebook Messenger 等产品的强有力的竞争，微信的全球市场格局仍有待改善。

- 发达市场：主要英语国家和法国对虚拟网络世界不热衷，本身需求不强烈，可选工具又多，市场还不集中，即便是用户覆盖率最高、在欧洲"一统天下"的 WhatsApp，市场占比也不超过 50%。尽管腾讯的目标是国际化而非亚洲化，但在亚洲市场尚未形成优势前，过早地把主要宣传集中在美国市场，未必是明智之举。Onavo 等研究机构的市场数据表明，腾讯在美国的用户覆盖率仅为 1% 左右，基本还是局限在华人圈内。

- 发展中市场是腾讯当前的主要目标市场，但拉美由 WhatsApp 一统天下，占比超过 90%；腾讯当前主要的优势市场是东南亚等华人较多的地方。

即时通信的用户黏性较大，具有鲜明的本地文化特点，在不同地区采用不同的适应当地市场的差异化解决方案，是获得竞争优势的关键，而这需要耗费很多资源。虽然腾讯在短短四年时间里就在亚洲很多地区取得了不俗的成绩，比华为的国际化进程快了许多，但以发展的眼光看，新兴市场对微信的搜索量还是明显少于 WhatsApp。

这给腾讯敲响了警钟，反映出主要目标市场对微信的认知度还很低，腾讯需要巩固并发展好已有市场，才能谋求更大的发展，战略步伐需要走得更稳一点。

（三）BAT 突破全球化发展障碍的关键路径

在特殊的保护政策和经济环境里成长起来的互联网新贵，在家门口并没有与国际巨头进行过拼死厮杀，其核心能力构建、国际化战略和关键措施的制定水平、内在管理能力和外在竞争技能都有待提高。暴富和高的利润水平，掩盖了组织内斗、开发浪费、运作效率低、国际化驾驭能力不足等问题，这将注定 BAT 走向海外的道路不会平坦。因此，需要通过一些措施和手段快速弥补关键短板。

1. 扬长避短，打造核心竞争力

BAT 早期的产品大多是在借鉴美国产品的基础上，根据中国市场的特点进行的应用创新和模式创新，如淘宝在深入分析亚马逊网上商超模式的基础上，提出了独特的商超平台的概念，支付宝的第三方信用担保模式、微信红包等。因此，下一步需要在基础模式或核心技术上有所突破，才能保证企业的长期发展。

- 发挥海外上市公司的优势，充分利用国际资本，提前对市场、核心技术和产业链进行全球布局。核心技术已经成为阻碍中国企业国际化发展的突出短板，对互联网企业更是如此。小米的高性价比策略，在海外发达市场将完全失效，占总成本30%的专利许可费将使小米的价格优势荡然无存，知识产权的软肋越来越突出。当前，BAT都在互联网发源地美国建立了研发和投资中心，利用最先进的技术、人才和资本，为公司全球化提供利器。百度和腾讯在海外的投资方式类似，每笔金额都不大，不派代表进入被投公司董事会，更多扮演顾问和伙伴的角色。一方面跟踪最新技术、寻找未来发展机会，另一方面探讨和摸索如何在海外开展业务。百度更注重底层核心技术的获取，以及投资与自研的平衡；而腾讯在海外的投资占比在2013年达到了70%，在2014年也达到了49.4%，投资的公司几乎无一例外地与社交相关；阿里巴巴最为进取，其围绕核心业务的海外投资并购项目很少低于千万美元级别，在大多数项目中占有10%以上的股份。在确保战略一致性的前提下，待时机成熟后，企业也可采取类似联想通过投资加快国际化进程的方式，控股或全资收购相关企业，这样海外收入将会实现跳跃性增长。

- 充分发挥中国人力资源的优势，通过低成本、高效率的研发"人海"战术，"开放合作"联合本土力量，满足不同区域的服务需求。由于BAT的产品都是基于对当地、对文化、对人性深刻理解的基础上的服务产品，有别于制造业的标准化硬件产品，在其他地区难以规模复制，产品的开发效率和周期受到影响。但所有全球互联网企业都面临同样的问题，对中国公司而言，反而可以发挥中国"人海战术"的优势。以东南亚市场为例，WhatsApp 以前占绝对优势，但其在美国不足一百人的开发团队，不愿也不能为当地进行定制化改良，这使得其在东南亚多个国家和地区很快被 Line 超越。中国公司要想发挥"人海战术"的优势，前提条件是必须建立高效的一线与总部的协同机制，一线具备敏锐的市场触角，深刻理解当地的文化特点和市场需求，总部则要具备统筹规划的快速响应能力。

另外，可以将海外版产品的部分功能开放出来，和当地企业进行业务合作，形成优势互补。特别是针对一些小语种区域，可以减少对研发、市场和服务人力资源的消耗。这对产品的架构设计、开放能力提出了更高的要求。例如，腾讯游戏《NBA2K Online》采用联合开发的模式，首先把国外 IP 引入中国，研发 Online 版本以建立用户基础，然后与合作伙伴一起将"产品＋运营"模式输出到国外市场，进行规模化复制，在国际市场形成了自己的核心竞争力。

企业可以通过自研产品、兼并收购与联合开发打造核心竞争力，在全球布局的过程中寻找适合自己的国际化道路。

2. 制定合理、清晰的国际化战略并进行路径和市场的选择是互联网企业必须认真思考的问题

BAT 都爱"拔狮子的胡子"，直接攻击全球市场的制高点，但效果都不好。合理的海外拓展步骤应该如下所述。

第一步：从华人较多的东南亚国家和地区入手，占据一定的市场份额，培养海外用户的圈子，提升海外产品的竞争力，提高国际化管理水平。

第二步：深入人口众多、大语系的发展中国家和地区，如非洲法语系国家、中东和北非的阿拉伯语系国家等；金砖国家的发展潜力巨大，且互联网产品与制造业产品不同，几乎不存在关税壁垒，因此可以考虑重点突破（金砖国家）；从非洲、中东、东南亚等新兴市场看，其固定网络远没有移动网络普及，移动互联网将是重要市场机会。

第三步：选择没有本土强势竞争对手的发达国家。

完成以上三步后，在美国市场的拓展才有可能水到渠成。

在拓展策略上，则应考虑以下方式。

"借船出海"方式：在华为、中兴、联想等 ICT 厂商已经建立了品牌的地区，与当地运营商进行合作，如百度在埃及与 Orange 合作，快速上线业务。还可以与众多走向海外的手机厂商合作，预装相关业务，降低海外拓展门槛。

"以夷制夷"的方式：借鉴国外企业通过投资突破国内管制政策，并利用代理人占领国内市场获得巨额收入的方式，投资或兼并目标市场上的本土企业，快速占领市场。

3. 制定信息安全战略，提升隐私保护能力，加快知识产权的积累

这是中国企业国际化进程中不得不面对的难题，而通信和互联网行业通常被视为涉及国家安全的行业之一。即使华为这种"做（通信）管道的铁皮"公司，每当进入一个新市场，也会受到当地媒体、国会、军方、业界的"特殊"关照，特别是在受地缘政治影响较大的美国、澳大利亚、印度等国。与通信业相比，互联网企业将遭受到更大的冲击，但仍然有一些方法值得借鉴。

- 华为在这方面被动或主动地做了很多有益的尝试，对突破欧洲发达市场效果显著。其做法包括开放源代码，由中立的权威机构进行安全验证；成立英国安全认证中心，向全球的相关部门开放；雇用该国当地的前政府安全官员为华为首席安全官等。
- BAT 作为上市公司，公司治理的透明度和外资背景可以使其更具国

际化的中立形象。因此，应加大技术投资，加强当地研发中心等机构的建设，通过联合开发等多种方式，增加当地就业，提高产品透明度，进一步规避当地政府对信息安全和知识产权的质疑。

- 减少运营模式引发的安全顾虑。从技术上讲，为了更好地提供全球服务，BAT 在全球都部署或租用了数据中心，并采用云计算、大数据挖掘、商业智能等技术手段提高运营水平。而包含客户信息在内的数字资产，受到越来越多国家和区域组织的高度关注，特别是美国和欧盟地区，德国电信客户信息泄露事件，曾在欧盟引起轩然大波。基于信息安全、隐私保护的考虑，除了利用更强的安全技术外，欧盟要求数字资产必须保存在欧盟内部，个别国家甚至要求本国的数字资产在物理上必须在本国境内，并已经开始立法。但包括小米在内的国内互联网企业，其客户信息等核心数据、运营主体几乎全部都在中国，这引起了很多国家的顾虑。因此，BAT 要拓展海外市场，其云计算基础设施的规划和建设、信息安全策略与隐私保护技术必须更适应全球化的要求。对产品的国际版本和国内版本需要区别开来，并对数据中心进行物理和地理位置的隔离。例如，微信的国际版与微信的国内版要有所区别，国际版与国内版不要使用一个服务器，维护团队也要有所区别。

从非技术的层面看，BAT 配合管制政策进行的内容过滤、舆情监控、客户监测等，势必会引起外界的质疑，从而影响其全球形象和市场拓展。BAT 除了遵守当地法律之外，品牌和高层政商关系的建立也是必须面对的课题。

对于互联网企业乃至整个高端服务业来说，其国际化的进程总是与梦幻和沉重如影随形。飞速发展的互联网技术和开放的商业模式正在瓦解传统的疆界，"运营全球化""平台开放化""产品差异化"和"服务本土化"是不可逆转的趋势。

第二节　清晰合理的国际化战略是国际化成功的前提

任正非认为，不能等到没有问题才去进攻，而是要在对海外市场的拓展中，熟悉市场、赢得市场、培养和造就干部队伍……若 3~5 年建立不起国际化的队伍，中国市场一旦饱和，华为将坐以待毙。《推动共建丝绸之路经济带和 21 世纪海上丝绸之路的愿景与行动》公布之后，中国企业迎来了国际化 4.0 时代。"一带一路"贯穿活跃的东亚经济圈和发达的欧洲经济圈，在这些地区，未来三年的投资额估计为 1.6 万亿~6 万亿美元。如何乘"一带一路"的东风，加快企业的国际化进程呢？首先需要根据企业的国际化能力（或成熟度），制定适合企业现状的国际化战略。

一、对症下药——企业国际化能力评估

企业国际化能力的评估指标体系，如表 3-1 所示，采用以下三大项（共八个指标）。

表 3-1　企业国际化能力的评估指标体系

国际化导向	国际化运营	国际化绩效
• 企业国际化战略	• 组织国际化 • 供应链国际化 • 资产国际化 • 人才国际化 • 品牌国际化 • 研发国际化	• 海外经营效果（含海外收入和利润等情况）

• 国际化战略制定水平评估：主要从国际化战略是否清晰、目标是否具体、是否进行年度/半年更新和例行管理、是否得到有效的执行、关键措施是否扣紧战略目标、关键措施是否具有可执行性、战略目标是否与考核挂钩等方面进行评估。

- 国际化运营水平评估：从营销、研发、服务、供应链等组织体系和人才的国际化水平等多方面，对企业的国际化特质进行全面体检。
- 国际化绩效评估：主要从海外的营收、回款、利润等财务指标的绝对值和相对值等方面进行评估。

可以将这三大项进行加权平均得到企业的国际化能力指数，从而评估企业的国际化水平。经过大量的比较研究，本书创新性地提出了国际化成熟度矩阵的概念，如图3-6所示。以国际化战略的制定与运营水平作为横坐标，海外收入与利润的绩效加权指数作为纵坐标。企业可以根据在国际化成熟度矩阵中所处的位置，更好地选择适合企业自身能力的国际化战略和发展路径。

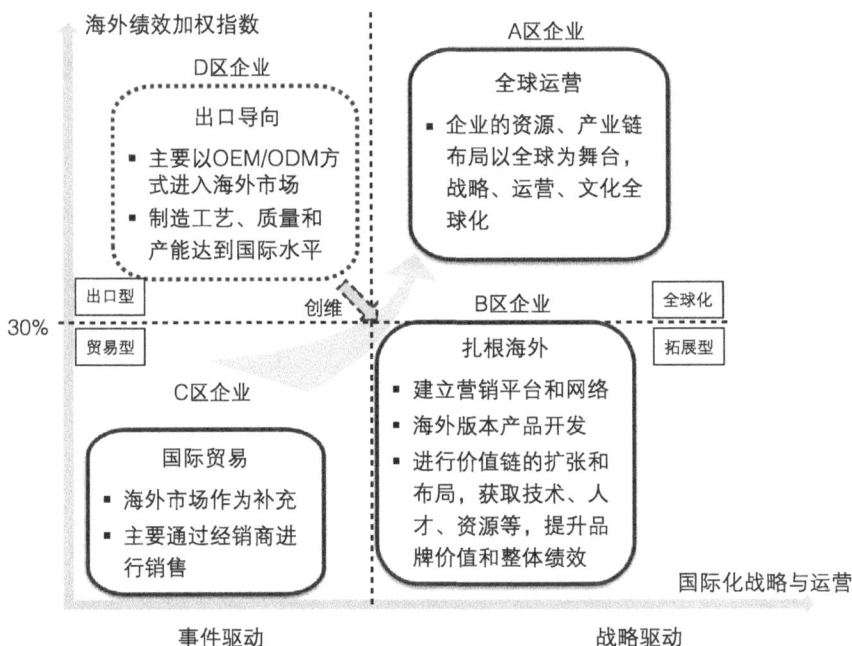

图 3-6　国际化成熟度矩阵

在进行国际化成熟矩阵的四象限划分时，海外绩效综合指数是否按30%进行划分，需要结合所处行业的特点进行适当调整，这一原则对于泛制造业基本适用。过低的海外收入占比，不足以改变企业的运作模式。国际化战略和运营水平，主要以行业标杆作为参照，用定量和定性的方式对之进行综合评估。总结和分析众多企业的国际化模式和案例之后，我们可以发现以下特点。

位于 C 区的企业：海外销售占比不高，国际化运作能力不强，处于国际贸易的初级阶段。处于这一阶段的企业主要通过海外经销商实现销售，客户需求也主要来自渠道。在该阶段，发现和发展好的渠道最为重要，但容易被渠道"绑架"。因此，可以通过两条路径实现国际化的升级。一条路径是向 B 区发展，逐步建立自己的海外营销体系，主动理解国际市场和客户的需求，针对聚焦的选定市场，自主开发或通过收购获取符合海外客户需求的产品，实现对国际市场的逐步突破。另外一条路径是向 D 区发展，通过渠道发现大的 OEM/ODM 合作伙伴，重点聚焦于满足海外市场的产品制造能力，使企业的制造工艺、质量和产能达到国际水平。

位于 D 区的企业：海外销售已经具有相当规模，设计和生产制造能力已经达到国际水平。但整体组织还是在国内，由于是通过合作伙伴进入海外市场，对全球市场和最终用户的理解不够深，因此以事件驱动为主，战略驱动不足。该类企业要实现全球化运作，也有两条路径。一条路径是通过自建或收购兼并，建立自己的海外营销体系和独立品牌，构建国际化战略制定和运作的能力。另一条路径是建立自己的技术品牌，仍然依靠但不依赖合作伙伴，并在全球范围内进行技术、资本、政商关系、产能的布局，实现向 A 区的迈进。

位于 B 区的企业：国际营销体系和管理方式已相对成熟，但海外业绩占比还不高。因此，迫切需要具备全球竞争力的产品和解决方案。研发实力强的企业，可以通过建立自己的全球研发组织和产品国际化开发流程体系，实现产品的国际化，满足国际市场的需要，不断增加海外业绩的占比；资金实力强的企业，可以通过投资进行创新技术的全球布局，并通过兼并收购核心资源、关键产品的方式，快速实现产品的国际化，向 A 区发展。

位于 A 区的企业：国际化战略的制定与运营能力已经比较成熟，海外业绩的占比在企业中已经举足轻重。这类企业需要站在全球的角度，对自己的行政中心、财务中心、研发中心、生产制造中心、供应链中心、服务与培训中心等部门进行全球布局，最大限度地发挥全球的资源优势，实现全球化运营。

二、国际化战略制定和路径选择

战略就是选择。**市场选择、产品选择和阶段聚焦是国际化战略制定的关键点**。不同的国家处于不同的发展阶段，因此，需要在正确的地方进行正确的国际化布局，用正确的产品和解决方案满足当地客户的需求。综合多年来的研究结果，笔者有如下发现。

发达国家：在资本密集型的新技术创新和产品研发、高端技术服务产业、智能制造和精密制造行业等方面，大量吸引投资。

新兴市场国家：工业和基础设施处于高速发展期，对于基础生产和制造、工业化机械生产和制造、基础设施建设、食品深加工、医疗设备生产和制造等方面，需求旺盛。

发展中国家：因为拥有大量的廉价劳动力，所以像中国改革开放初期的"三来一补"产业，装配组装、日用消费品、食品加工等产业，存在很多机会。

因此，针对不同国家的情况，提供与其市场需求更匹配的产品，企业的国际化进程就会更顺利。虽然总体上有这样、那样的区别，但很多产品和服务在每一个国家都是需要的，并随着这些国家的发展不断地升级换代。企业可以根据自己所处的行业和技术水平，为不同国家提供不同档次和标准的产品。

（一）如何快速切入海外市场

初涉海外的企业，常常触及"拍脑袋"和"广种薄收"的错误，既耗费了资源，又打击了自信心。华为在国际化初期，因为不了解海外市场，盲目跟风、贪大贪多，选择了人口多、国土面积大的国家作为市场突破口。为满足当地政府在关税、本地化等方面的要求，华为不得不在当地投资建厂。然而，由于市场开拓缓慢，造成了投资浪费。历经俄罗斯、南非等市场的屡次挫败后，华为才回归到"农村包围城市"的国际化战略。

企业"走出去"的初期，最大的问题就是市场选择。在对海外市场不了解，缺少必要、真实的数据和信息的情况下，如何撕开海外市场的"口子"，是企业面临的难题。华为确定了"农村包围城市"的海外拓展战略后，具体到选择哪个市场，仍然经历了从"拍脑袋"的感性判断到"指哪去哪"的理性分析过程。

华为在开拓非洲市场的初期，经历了从首选南非，到"重兵"转移到尼日利亚、埃及等后来成为非洲"产粮区"的市场的选择过程。这个过程虽然是"拍脑袋"，但也是有内在逻辑的。华为对非洲市场的筛选过程如图 3-7 所示。在市场开拓的早期，非洲乃至整个海外市场的拓展人员匮乏，所以只能选择讲英语、与中国有外交关系和无战乱的国家。因此，可选项从 54 个非洲国家减少到了 18 个。为保证目标国家的市场发展潜力和支付能力，配合国家"走出去"的战略，华为从"石油美元""矿产美元"国家和非洲人口大国中入手，很快筛选出了重点拓展的 4 个国家，即尼日利亚、埃及、坦桑尼亚和肯尼亚。在国家开发银行、进出口银行"双优双贷"的政策扶持下，华为通过自身的努力拓展，辅以对"中非论坛"国家的设备赠送，很快突破了非洲市场。在尼日利亚，华为率先实现了过亿美元的销售额，尼日利亚随之成为华为稳定持续的现金牛和非洲最大的代表处。准备"出海"的中国企业，可以借助"一带一路"的建设，充分利用金砖银行、丝路基金、亚投行等新的融资渠道，在沿线国家实现海外市场的突破。

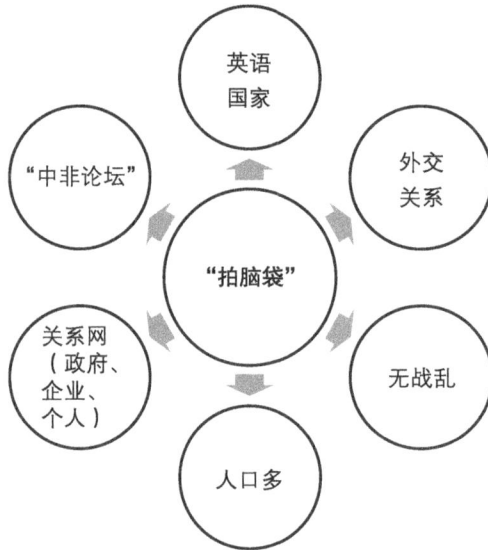

图 3-7　非洲市场的筛选过程

　　华为在其国际化的中后期，随着对海外市场了解的深入，积累了大量的市场数据。在海外拓展的过程中，华为不断总结经验，并借助适当的方法和外脑，对市场进行理性的分析和选择，这大大增加了华为国际化战略制定的合理性。具体的方法就是对区域内的目标国家市场，在市场吸引力和企业综合竞争力这两个维度进行组合分析，以确定市场拓展的优先级。

　　市场吸引力的评估因素：一是市场规模，包括市场空间和增长潜力；二是获利能力，包括战略价值、竞争强度和利润率水平，还包括合作资源甚至地点等。

　　企业综合竞争力评估因素：一是企业的市场影响力，包括公司品牌、关系网络和营销平台质量；二是产品竞争力，包括产品性价比、服务能力和差异化竞争优势等。

以华为东太地区部主要目标国家和地区为例绘制市场选择组合分析图，如图 3-8 所示。图中圆形的大小代表了目标市场的整体规模。以左上到右下的对角线作为分界线，处于右上角的市场需要优先考虑，处于左下角的市场是需要谨慎考虑的问题市场。

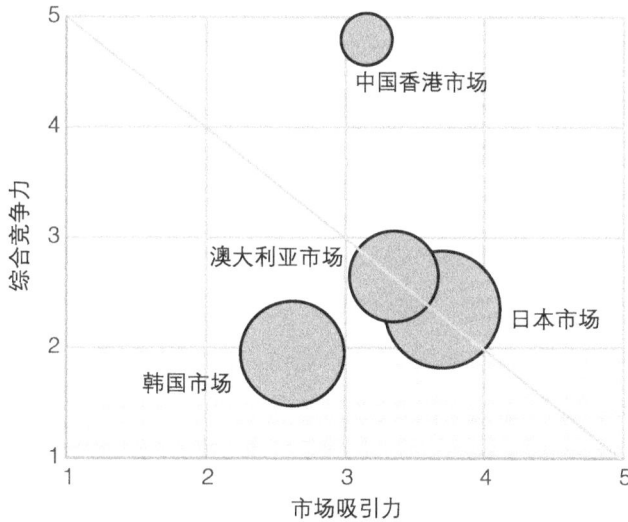

图 3-8　市场选择组合分析

中国香港市场：早期华为由于缺乏国际化经验，选择中国香港是考虑到其毗邻深圳，与客户交流和提供技术支持都比较方便。中国香港市场位处右上角的最上端，虽然市场规模不大，但仍然成为了华为"走出去"的跳板和国际化的样板点。

韩国市场：在规模上是东太地区仅次于日本的第二大市场。但韩国市场的民族情结很重，竞争不充分，只要有本地产品，客户一般不会选择外来产品，除非外来产品具有极高的差异化优势，所以韩国市场的进入门槛很高。其位处左下角，属于问题市场。从实际拓展效果来看，华为在韩国市场长期不温不火，销售额维持在 3000 万美元左右，后由日本代表处代管。

其余两个市场都处于对角线附近，需要进行仔细分析。

澳大利亚市场：澳大利亚属于英联邦国家。随着华为在英国、新加坡、马来西亚市场的不断突破，其品牌具有了很高的国际知名度。在澳大利亚，华为很快就突破了二类、三类客户。但在拓展第一大客户时，却受到了来自多个方面的强烈阻碍，因此长期无法突破。2019 年，澳大利亚更是宣布拒绝华为的 5G 技术，这使澳大利亚市场成为华为的全球难点市场之一。

日本市场：是远东太平洋地区最大的潜力市场，不但市场规模大，而且竞争充分，具有极高的战略价值。华为当时在日本市场综合竞争力评估低的原因之一，是日本具有不同于欧美的工业标准，其标准自成体系。华为当时没有符合日本标准的产品，而一线要推动总部来开发满足日本标准的产品，难度较大；其次，当时的客户关系主要通过代理建立，直接客户关系薄弱。在确定了日本市场的战略地位之后，华为研发部门积极开展日本标准的产品研发，东太地区部将总部迁往日本，加大了对日本市场开发的力度。"3·11"地震事件成为华为在日本市场的转折点，日本很快成为华为单一国家销售额超过 20 亿美元的优质市场。

经过多年的历练，华为海外市场的战略选择能力不断进化，如图 3-9 所示。华为从早期"拍脑袋"的感性选择，逐渐转变为能够根据市场的准入难度、自身的竞争优势、市场的盈利水平等，对海外市场进行理性选择。

要通过阶段性聚焦，针对不同的目标市场运用不同的产品和解决方案，采用不同的方式方法，对目标市场各个击破。中国企业掌握这一行之有效的方法后，通过不断总结优化，就能实现从"打哪指哪"到"指哪打哪"的质变。

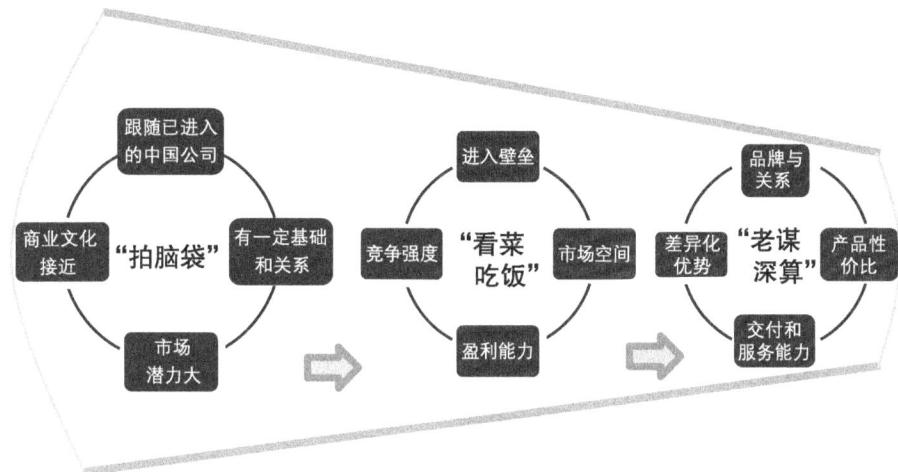

图 3-9　海外市场选择能力的进化

（二）洞察客户，把握全球战略机会点

1. 发现机会点

在目标市场对客户进行全面洞察，是发现市场机会的关键行为。首先用市场分类的类似方法，从客户吸引力和企业综合竞争力两个维度将客户分为战略客户、价值客户、维持客户、潜在客户等类型。制订不同的客户开发计划，对客户进行差别化的资源优化管理。

客户关系是第一生产力，因此需要制订详细的客户开发计划和客户关系开发计划。在客户开发计划中，首先要理解客户的供应商选择策略是否有变化。不管是改善财务的需要、平衡供应商的需要，还是技术的革新，只有改变才有机会。要对客户的购买倾向、价值取向和决策链进行全面分析，并且有针对性地建立高、中层客户关系，以及针对中下层客户的一般客户关系。重点理解三大关键——理解客户发展战略、解读客户 KPI、识别客户需求和痛点，建立两大关系——客户关系平台和客户关系网。

客户洞察常用的是"5×5"分析法，如图 3-10 所示，从客户的经营财务状态、组织管理体系、业务现状与未来发展、技术能力和竞合关系这五个层面，对客户面临的挑战和战略痛点进行详细分析，从中理解客户发展战略和业务设计逻辑，掌握客户投资计划，发现销售线索和机会点，从而制定客户营销战略和关键措施。

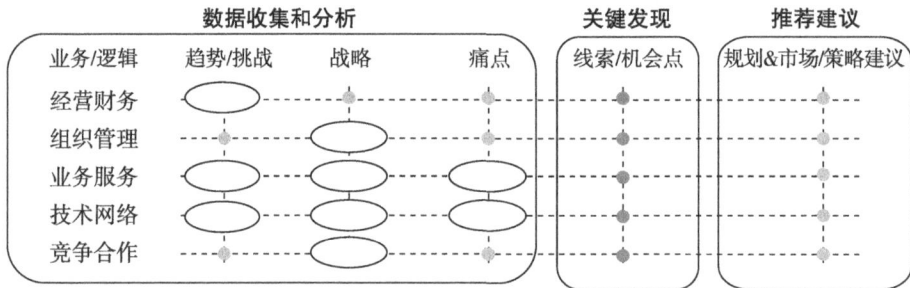

图 3-10 "5×5"客户洞察方法

2. 管理机会点

随着对市场认识的逐渐深入，以及海外组织能力的逐渐提升，企业发现的机会点会越来越多，就像"到了非洲大草原，到处都是猎物，但又都抓不到"。任正非告诫大家，公司战略沙盘随便抓一个机会就可以赚几百亿元，但如果我们为短期利益所困，就会因为在非战略机会上耽误时间而丧失战略机遇。所以，华为的"傻"，还体现在不被短期的赚钱机会所诱惑，不急功近利，不为单一的规模成长所动，敢于放弃非战略性机会，敢赌未来。敢赌就是具备战略眼光，就是聚焦于大的战略机会，看准了，就集中配置资源在关键成功要素上。

因此，首先需要对机会点的优先级进行排序，识别战略机会点。华为根据所面向的市场和自身的特点，对很多模板和工具进行了适用性的调整和优化，从市场定位、竞争地位、财务分析等角度，对不同市场的不同机会点进行分析，聚焦战略机会点，孵化潜在机会点，对不同机会采用不同的投入方式。其次是通过战略机会点沙盘的制定，对机会点进行分层管理，上下联动，通过战略解码逐层落实，如图 3-11 所示。特别是对于公司级的战略机会点，要投入公司资源进行重点保障，并由公司高层领导牵头落实。不能笼统地看待战略制高点，而是要把这些制高点分成很多个阵地，对其一一进行分析，要拿出策划方案和具体措施来。公司各个层面都要聚焦到机会窗。不仅要在销售上对标战略制高点，也要允许代表处自己来规划战略机会点。

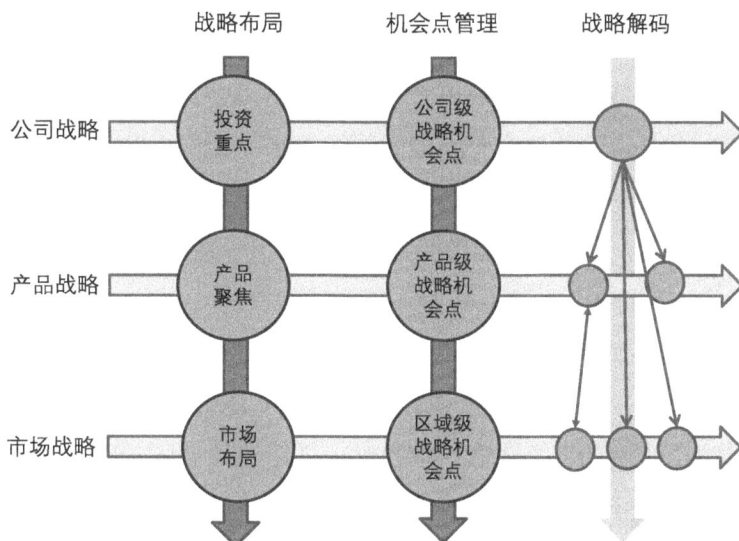

图 3-11　战略机会点的分层管理

通过对战略机会点的分层、分级解码，再结合计划与考核的闭环管理，就形成了公司的完整战略沙盘和行动计划，并为后续 MTL/LTC 流程体系的建立打下了基础。

3. 如何把握机会点

机会点的把握，需要强大的后台支撑体系。企业在走向海外的初期，一般不可能先打造强大的后台体系，而是先根据一线捕获的市场机会，由领导挂帅贯穿企业相关部门，对一线给予支持。而随着市场机会的增多，一条条业务线会不断冲击现有管理体系，导致前后方协同效率低下。有的企业甚至希望用国内产品打遍天下，不仅不关心海外市场需求，更谈不上前后协同。两三百个战略机会点不能仅仅是战略对标的结果，研发队伍的武器也要适应机会点的战斗结构，企业整个队伍都要聚焦起来。在这一阶段，企业要具备这样的能力。

在这种战略思维的指导下，华为一线和总部逐步构建起了以 IPD、ISC（集成供应链）等核心流程为主的"狼狈"协同组织，积小胜为大胜，力求做好"需求—路标规划—产品开发—交付"的海外端到端项目管理，把握住市场机会点。特别是针对战略大客户的市场机会，公司要求完全顺从标书的要求。这是由于战略客户不但引领着未来的发展方向，而且可以影响和覆盖全球的市场机会，如沃达丰电信对欧洲市场、非洲市场甚至北美市场的大范围涵盖，西班牙电信在拉美地区的广泛子网机会。

华为通过"针尖"战略，经过多年的持续投入，在 5G 等多个技术领域和企业管理方面都步入了世界领先的行列。而根据全球化的战略要求，必须将这些"领先"变成实际的"地盘"，即将"优势"转化成"胜势"，把战略机会变成现实的市场获取。华为对三星、美国 T-Mobile 的知识产权的诉讼，就是围绕夺取战略机会点这一主战场、将技术优势转换成市场份额和收益的具体体现。因此，把握战略机会点和实现高效协同运作是国际化战略制定的关键指针。

（三）国际化路径选择

通过对中国多家企业国际化路径的综合分析，可以初步总结出以下几种国际化的路径。

- **中小企业的"借船出海"。** HH 国际销售公司通过差异化的服务解决方案，与中建、中电等大型 EPC[①] 公司合作，跟随央企的大船在"一

---

① EPC（Engineering Procurement Construction）是指公司受业主委托，按照合同约定对工程建设项目的设计、采购、施工、试运行等实行全过程或若干阶段的承包。

带一路"沿线和其他区域，负责大型项目建设后的代维服务，其海外利润达到其上市母公司的 4 倍。这种小而强的海外服务企业，既可为"一带一路"添砖加瓦，又是"中国服务"走出去的典范。

- 民营企业的"抱团出海"。以中民投为代表的联合民营企业和资本，在"一带一路"沿线的重要区域，如印度尼西亚，采取类似日本银团的"金融 + 产业 + 服务"的生态合作模式，投资建设工业园区等综合体，最大限度地实现了资源和经验的共享，提升了中国企业在海外的抗风险能力。

- 标杆企业的"傲然出海"。比亚迪的国际化战略值得中国企业借鉴。一方面，比亚迪继续以北美、欧洲作为其创新产品新能源汽车和储能产品的重点高端品牌市场，并不断开疆扩土；另一方面，比亚迪作为全球领先的储能解决方案供货商，与格林美合作，在国家循环经济教育示范基地与国家城市矿产示范基地推广储能电站和光伏电站在工业园区的商业化应用，为该应用在"一带一路"沿线国家和地区的推广和使用奠定基础。立足自身的产业特点，借助"风口"时快步走，没有"风口"时稳步走，并制定"操之在我"的国际化战略，这是企业国际化成功的关键。

（四）走出海外的战略自信

- **品牌缺乏国际知名度**：中国企业"走出去"普遍存在知名度不足的问题。记得在华为品牌部，某领导向任正非汇报完工作后，任正非曾说，品牌是打出来的，不是宣传出来的。没有核心能力（技术 / 产品 / 服务 / 供应链 / 管理）的话，一时的喧嚣，总会归于平静。雷军的一句"I'm very happy to be here in China"，让印度"米粉"肝肠寸断；占终端 30% 的专利许可费，更如同达摩克利斯之剑。三一重工在福岛核灾难中品牌营销成功的关键是它有全球臂长最长的挖掘机。

所以，树立国际品牌有技巧，但无捷径。

- **战略自信**：对自身核心能力的塑造和利用权威专业的第三方能力，是建立战略自信的基础。有了核心能力，华为敢与思科对簿公堂，并实现了庭外和解。有了核心能力，三一重工敢控告奥巴马，且赢得了官司。战略自信的另一个重要表现，是敢于管"洋人"和管"洋事"，避免上汽收购双龙和TCL收购阿尔卡特的教训再现。笔者亲身经历过招聘区域CTO的教训，当年笔者刚到海外，英语不好，看到高大的白人应聘者，只会重点看简历，草草地问几句话，就推给领导定夺。后来要解聘的时候，还遇到很多当地的法律问题。

通过向发达市场全面推进，华为的国际化战略不断得到升华。任正非似哲学又通俗的"以土地换和平""不要拔狮子的胡子"的理念，常常让"火线"提拔的海外干部不得要领。国际化战略的清晰化和关键措施的可执行性迫在眉睫。为此，华为引入了国际顶尖的咨询公司埃森哲、Mercer、IBM等，然而它们的先进理论、模板和方法，遭到华为国际化战略制定人员脱离一线、缺乏市场数据作为支撑和对方法论生搬硬套的巨大挑战。

为提高国际化战略制定的水平，特别是提升海外一线在战略规划方面的能力和培养一线领军人才的战略思维，华为对方法论进行了改良，并将战略制定的权限从总部延伸到了海外区域市场，这标志着华为国际化战略正式进入例行化管理。随着经验和数据的不断积累，工具和方法对市场分析起到了抽丝剥茧的作用，通过对工具与方法的使用，战略思维逐渐显性化和清晰化；同时，国际化战略和目标、资源规划和绩效考核形成了良性互动和闭环管理，使国际化战略布局和关键措施成为指导海外一线工作的业务纲领。

CHAPTER

第四章

打造国际化营销铁军

第一节 华为以客户为中心的国际化组织体系

美国《购买美国货法案》和津巴布韦《本土化与经济权利法》的颁布，再次为中国企业"走出去"敲响了警钟。经过政府、企业、第三方咨询服务公司的多年引导、警示、培训和实践，中国企业"走出去"的风险受到了充分的重视。然而，多家咨询机构的分析报告指出，中国企业更强调外部因素，而对内部风险的防范能力，特别是对国际化战略的执行力，认识严重不足。

无论是政府还是企业，都到了告别粗放式"走出去"的关口，除了制定更清晰的国际化战略，关键是要打造更强的执行力。而执行力则要由国际化组织体系、能力和人才做保证。

一、一线"铁三角"攻坚团队

以客户为中心的海外一线"铁三角"组织，被证明是极具市场敏感性和责任意识的组织结构。

发现海外市场机会是国际化战略制定的出发点，其基础是海外神经末梢的敏感性，企业在商业上和技术上都要认真分析市场的客观需求。中国企业走向海外，在初期常常出现的问题是技术人员语言不好或人际理解能力差，无法与客户充分进行沟通；而语言好的，往往是具有外贸背景但对公司和产品不了解的客户经理，无法与客户进行深入的沟通。2006年，华为北非地区部根据海外拓展的现状，首先提出了构建一线"铁三角"的工作模式，有效地解决了识别客户需求、发现机会点的组织问题。

（一）"铁三角"建设之前

企业在市场开拓的初期，一般都会给每个区域指派一个销售经理，或通过发展代理来拓展市场，通过与客户建立关系来发现机会，然后签合同、催货要货并履行合同。初期项目比较少，尚能应付。但当项目多了以后，就会出现不担责的现象。不担责一般分为两种情况，一种情况是责任太多，销售经理的关注焦点主要还是在销售任务的完成上。由于精力、责任心和知识面的局限，销售经理对其他事情如需求管理、维保能力等，没有精力，甚至不愿去关注。而企业最终对销售经理进行考核时，也不能求全责备，最后企业还是主要考核销售经理短期销售额的完成情况。另一种情况是能力问题，销售经理一般都是由客户经理来担任，随着企业产品越来越多、品种越来越复杂，销售经理对产品和技术的理解越来越困难。因此，市场一线一遇到问题就会根据需要向总部研发、技术服务、供应链等部门求助。但由于求助机制不完善，经常会出现问题，如需求讲多次还是没有落实，打"空的"更换设备单板等各种情况时有发生，这就导致成本居高不下，客户满意度不高。特别是在非洲贫困地区，由于签证手续麻烦、路途遥远和生活条件差等问题，到现场支持的难度很大，所以华为的"铁三角"最早是从非洲的苏丹发展起来的。极端情况是，一些企业走向海外时，很多销售经理是直接从外贸学院招聘来的，他们只懂外语，不但缺乏客户经理的基本技能，对企业和企业的产品更是知之甚少，也没有公司内部的人际资源和求助渠道。因此，市场一线出现了很多"三拍"情况，即对客户承诺时"拍胸脯"、面对研发能力是否能满足产品需求时"拍脑袋"、不能按时交付时则把问题甩给下游部门——"拍屁股"。

（二）"铁三角"建设中的磨合

市场"铁三角"，就是根据行业市场拓展的特点和需求建立起来的销售项目攻坚团队，如图4-1所示。

"铁三角"在华为的定义就是负责客户界面的 AR（Account Responsibility，客户经理/系统部部长），负责产品和解决方案的 SR（Solution Responsibility，产品/服务解决方案经理），以及负责交付的 FR（Fulfill

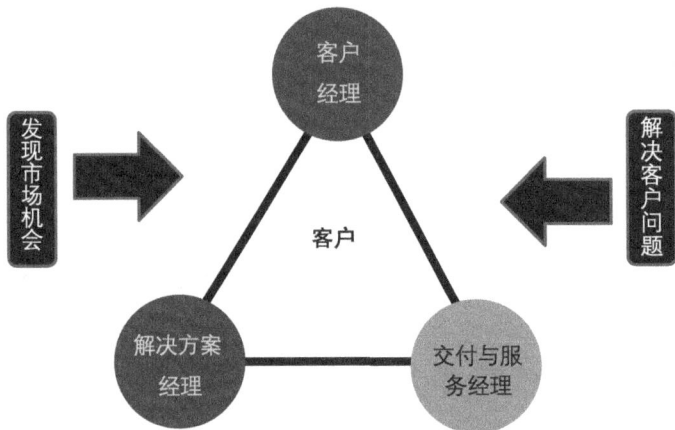

图 4-1 市场"铁三角"组织模式

Responsibility, 交付管理和订单履行经理), 他们涵盖了最核心的三大业务体系。如何根据行业特点, 组建高效的市场攻坚团队, 是企业营销体系建设成功的关键。

根据不同行业的特点,"铁三角"的运作方式需要进行适当的调整, 可以是"铁二角", 也可以是"铁四角"。其核心是, 识别企业在市场一线获取机会时最主要的岗位角色, 并将这些角色高效地组织起来。通过对多个行业的调研和咨询可以发现,"铁三角"的概念具有普适性。部分行业的"铁三角"模式, 如图 4-2 所示。

"铁三角"的构建, 还很好地匹配了客户的决策模式。特别是大合同的决策, 客户决策团队一般包括客户领导、采购部门、使用部门、维护部门、工程部门等。"铁三角"可以与客户的组织相对应, 匹配客户的决策链, 与客户的高层决策层、中层管理层、专业技术层形成广泛、固定的交流沟通界面, 构建扎实、纵深的客户关系, 理解不同层次的客户痛点和需求; 对内可通过技能的融合与互补, 使客户关系的建立、对客户需求的理解和承诺保持一致性, 提高客户满意度, 并降低由于人员流动带来的风险。

华为初步建立了"铁三角"运作机制之后, 由于没有很好地定义责权

分销（B2C）	·渠道+专营 ·技术与服务 ·供应链 参考行业：连锁	·渠道+专营/high touch ·营销与技术支持 ·供应链与交付 参考行业：智能终端
直销（B2b）	·渠道+大客户直销 ·技术与服务 ·融资、交付与回款 参考行业：中小型设备、养殖	·渠道+大客户直销 ·技术支持与营销 ·服务与交付(供应链) 参考行业：企业ICT
直销（B2B）	·客户线+渠道 ·技术与服务 ·交付、融资/回款 参考行业：中大型设备，如电力	·客户线 ·技术营销 ·服务与交付 参考行业：通信等TMT行业

产品简单 ⟶ 产品复杂

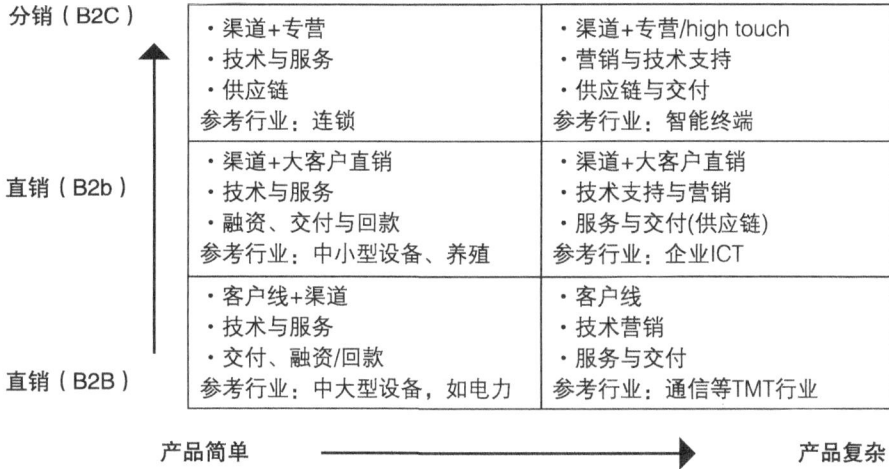

图 4-2 不同行业的市场"铁三角"模式

利，"铁路警察各管一段"，运作中出现了很多问题。遇到强势的客户经理时，客户界面和项目负责人常常希望产品经理只做配置报价，不约见客户，而交付经理做好后端交付即可。在合同谈判时，在关键条款没有在团队内部进行充分讨论的情况下，可能会出现为了成功签约随意承诺的现象，如价格承诺、需求承诺、超长服务期承诺、交货期承诺等，这会为合同的执行埋下很多隐患，早期还出现过阴阳合同等情况。而当遇到弱势的客户经理，除了安排客户交流外，项目经理完全承担不起应担负的责任。笔者在澳大利亚拓展市场期间，曾目睹不同的产品经理为向同一客户推销自己负责的产品，当着客户的面诋毁自家产品的恶性事件，而客户经理却毫无应对的办法。华为"铁三角"的提出者彭中阳总结了项目运作失败的教训，他认为，根本的原因在于企业自己的组织与客户的组织不匹配，却还在按照传统模式运作，导致客户线不懂交付，交付线不懂客户，产品线只关注报价。各方都只关注自己的"一亩三分地"，以"我"为主，而对于客户的需求，更多的是被动地响应，这样岂有不失败的道理！因此，清晰定义"铁三角"的责权利和协同运作模式至关重要。

（三）"铁三角"运作的形神兼备

经过不断的实践，华为逐渐使"铁三角"的各角色职责和管理职权清晰化。

- **客户经理**：是相关客户 / 项目（群）"铁三角"运作、整体规划、客户平台建设、客户满意度、经营指标的达成、市场竞争的第一责任人。对于以渠道为主进行销售的企业，客户经理主要负责代理商的发展和管理、区域市场的目标规划和经营指标的达成。同时，针对大客户和战略客户，还需要和代理商一起，深化大客户关系。从客户经理提拔起来的驻外代表，不再是销售一单就拿一单提成的大客户经理，而是当地 CEO。其不仅要实现近期目标，还要管好当地的经营、竞争和长期发展，要真正成为一个公司在当地的代表。

- **解决方案经理**：是产品品牌和解决方案的第一责任人，负责标前引导、技术交流和方案设计，并为客户经理提供报价交底书；对客户群解决方案的业务目标负责，包括短期产品销售指标以及中长期市场目标。对于以渠道为主进行销售的企业，产品经理需要针对不同代理商特点，进行营销赋能、技术支持和联合品牌活动。同时，深入了解和分析大客户需求，为产品规划提供输入。既对实现当期产品的销售目标负责，还要对未来的中长期需求负责。

- **服务与交付经理**：是客户 / 项目（群）整体交付与服务的第一责任人，对回款的关键环节负责（验收报告）；并对服务销售目标负责。对于以渠道为主进行销售的企业，服务与交付经理除了打通企业供应链与合作伙伴供应链的通道，以及对合作伙伴进行赋能和提供支持外，还要对明确需要原厂技术服务的大客户直接提供技术服务。服务经理要对客户满意度负责，因为最后的验收报告关系到回款。而且往前端走，服务也要产生销售。在解决方案转型和销售中，服务与交付经理也起到越来越重要的作用。除了传统的技术支持外，服务与交付经理在网络规划、咨询、专业服务、集成等方面，也发挥了重要的作用。

虽然清晰地定义了各角色的主要职责，但为了防止运作中出现"铁路警察各管一段"的现象，还应根据项目运作的不同阶段，对"铁三角"的责任主体和重点需要进行动态调整，"铁三角"在销售过程中的责任主体转换情况如图4-3所示。传统的销售比较重视眼前的机会，因此，经常出现大小供应商在客户发标之后才蜂拥而至的现象，有的企业甚至有"见单开发"的思维。此时，客户经理一般是管理机会的第一责任人，负责"铁三角"的运作。进入答标阶段后，主要是进行技术的引导和方案的澄清，此时，解决方案经理是第一责任人，交付经理参与方案的讨论。华为的解决方案经理还负责产品的商务报价，以对客户经理的权利进行适当的平衡。在合同的谈判和签订阶段，责任主体再次转为客户经理，解决方案经理和交付经理协助进行相关技术条款的澄清，解决方案经理还要协助进行价格的谈判。在合同的执行和交付过程中，交付经理则成为责任的主体，解决方案经理进行技术方案的交接、研发问题的解决和协助方案的测试。合同执行完毕、交付经理获取客户的验收报告后，客户经理再次成为责任主体，负责回款和关闭合同。

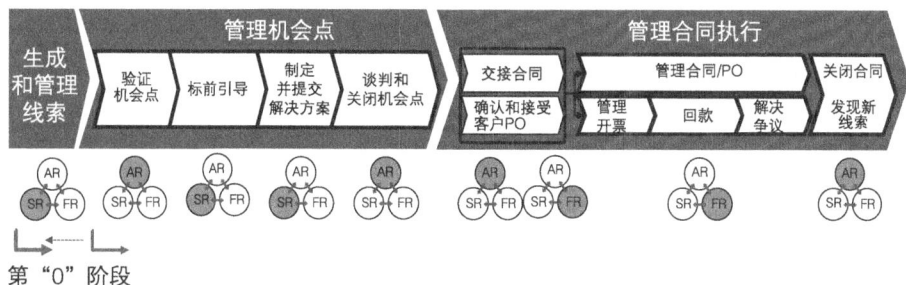

图4-3 "铁三角"在销售过程中的责任主体转换

在整个过程中，虽然不同阶段的责任主体有所不同，但客户经理一般作为项目经理负责贯穿全流程的管理工作；解决方案经理除了角色规定的职责之外，还要协助维持和深化技术线的客户关系，改变等待客户发标的传统技术销售的角色定位，通过分析客户痛点来理解客户需求、主动发现销售线索，通过提前引导和孵化线索，发现新的商机。在销售过程中，增加了第"0"阶段，开启了华为营销的 2.0 时代。交付经理除了角色规定的职责外，还要协助维持和深化服务线的客户关系，深入理解客户在服务上遇到的问题，不但要保证客户的成功，还要在服务中发现新的市场机会；要从被动服务变成主动服务，从后台走向前台，合同结束只是新机会的开始。很多成功的销售案例都证明，市场机会往往是从后端服务阶段发现和突破的。

华为在海外高端数据通信设备市场"虎口拔牙"的案例，充分显示了服务经理发现机会的作用。由于华为高端数据通信产品在海外应用的案例较少、品牌知名度不高，再加上客户总渠道代理和集成商、主设备商均是华为的竞争对手，受到客户高层对"乌纱帽"不保的担忧、客户中基层对华为技术的担忧以及竞争对手对华为的联手遏制，虽经多年耕耘，华为在多次竞标中仍然都是担当陪标的角色。然而，随着客户业务的急速增长，原来的主设备供应商，其供货周期不能满足客户要求，而客户又急着开通设备和业务。于是，华为主动请缨，保证可以在最短的时间内解决这个棘手的问题。得到客户的许可后，华为技术支援部立即调用所有库房设备，组织力量，竭尽全力，当天就完成了设备的派送和安装，并开通了业务，缓解了客户的燃眉之急，从原来的居于客户最后端的技术服务这一角，实现了"零"的突破。在后期，华为抓住了对手一次又一次的失误和弱点，发挥一线"铁三角"的团队作用，借助前后方协同运作，实现了客户核心骨干网设备的全面替代。

从案例中我们可以看到，在工业品市场的营销过程中，服务与交付发挥着重要的作用，华为所提倡的服务营销一体化的理念对公司品牌的建立和项目的成败起着重要的支撑作用。项目运作并不只是在竞标的前端，也不只是销售业务人员的单一角色所能完成的，而是需要发挥团队的整体作战能力，抓住敌人的弱点并找到客户的痛点，对之发动全面进攻才能发挥更大的效果。华为"铁三角"，即负责客户关系的客户线、负责技术交流的产品线以及负责服务交付的交付线协同作战，再一次发挥了巨大的威力。

华为市场"铁三角"模式从非洲开始逐渐在全球推广，这种模式不但使各角色能力大大提升，培养了大量"一专多能"的干部，实现了一线高效的协同运作，更重要的是，构建了华为"既保持对市场的高度敏感性，又发挥平台的高效支撑作用"的"一线呼唤炮火"的前后方协同运作体系。

（四）"力出一孔、利出一孔"的考核机制是"铁三角"高效协同的保障

"铁三角"运作的核心理念是既鼓励个人英雄主义又强调团队协作，既保证当前目标的实现又重视未来机会的发现，而这个理念的落地，必须有一套好的激励机制来保障。

华为在度过了生存期之后，很早就在销售体系中取消了被企业广泛使用的"销售提成"佣金制。佣金制对刺激销售人员个人的积极性有一定的作用，但对于复杂产品的销售，特别是需要团队合作的销售，其副作用是很大的，经常会造成信息封锁、内部过度竞争甚至互相挖角的现象，这在二手房地产市场表现得尤为明显。

很多企业推行"铁三角"遇阻的一个关键原因就是对各角色的考核和奖金分配问题。华为通过改进考核方式，提高了"铁三角"的团队协同作战能力。我们经常可以看到，即使在市场和人力资源处于弱势的地区，"铁三角"的组织模式也使华为保持着对竞争对手"三打一"的姿态。因此，其相关做法对很多企业都具有借鉴意义，具体包括以下几个要点。

·平衡个人与团队的利益

一线的奖金分配从"销售提成"转变成了基于目标达成率的奖金包分配方式。Hey 在帮助华为进行薪酬体系变革时，根据的是多数企业的统计规律，即员工在努力工作的情况下，通常只有 10% 的人能完成 100% 的目标。否则，可能是目标设置不合理。因此，华为一般采用绩效考评结果总体比例控制的方式进行奖金分配。其具体做法如下。

首先，根据目标完成情况，对不同部门/区域的市场进行评比，根据 10%、40%、45%、5% 的参考比例，进行部门之间的排名，确定奖金包系数。不同区域之间形成"赛马"文化，每个员工都会优先保证集体的排名领先和做大集体的总奖金包，从而变相促进了公司整体销售额的提升。

其次，同一区域的团队之间和团队内的成员之间，也采用类似的方法进行绩效排名和确定奖金系数。通过这种方式可以让员工明白，个人的奖金不但和个人的努力有关，还和团队的整体绩效有关。因此，团队内出现了积极互助的现象。在华为的销售管理例会上，包括年度市场大会，经常是用一半时间讨论销售目标的完成情况，另一半时间用于分享项目经验和帮助其他部门/同事完成目标。团队内部始终保持着协作共赢的精神和努力把团队奖金包做大的激情。同时，为奖励有突出贡献的项目和个人，还可以设置项目专项奖和个人奖，实现集体与个人利益的平衡。狼性的团队协作文化、"铁三角"的组织模式和高度匹配的考核激励结果，保证了华为"铁三角"的团队作战能力。

这种参考比例的方式，在人力资源管理中很好地实现了期望值管理理论，并对末位淘汰后进人员提供了依据，也符合新《劳动法》的规定。10% 的人能够达到目标，而大部分人觉得自己没有完成任务，那么多数人的期望值会逐渐趋于合理。而实际上，经过大家的努力工作，公司整体绩效会不断提升，实际奖金会远多于竞争对手，甚至超过了个人的期望，从而实现正向激励。

- **平衡短期与长期的利益**

企业要实现持续增长，就不能只关注眼前的利益，在投入上要平衡短期和中长期的利益。

对于开拓新产品和战略市场的项目组，由于新产品可能存在的不稳定性或新市场可能存在的不确定性，采用绝对值的财务指标来考核，常常会使"洗盐碱地"的人吃亏，导致没有人愿意去拓展新产品和新市场，从而影响企业的中长期利益。对新产品的销售，采用销售收入（权重往往大于现有产品的销售）、销售增长率、测试准入等综合了过程指标和财务指标的组合考核方式。而对于新市场的拓展，则采用销售收入、市场目标完成率、新客户/大客户关系建立等定量和定性的指标进行综合考核。通过合理地设计考核方式，结合"铁三角"，并根据市场机会点的成熟度，配置不同的资源和角色职权定义，使企业的短期利益和中长期利益实现平衡，做到"吃着碗里的、盯着锅里的、想着田里的"。

- **优化项目"铁三角"考核指标，实现客户全生命周期管理**

"铁三角"组织从形似到神似，考核指标的设计也在不断优化，如图4-4所示。从"铁路警察各管一段"式的指标，到关注客户全生命周期的经营，财务指标实现了互锁。除了客户经理要考核经营指标，经营指标还要向下分解到解决方案经理和交付经理。解决方案经理要考核解决方案/产品的销售指标，服务经理也要考核服务产品（如代维、专业服务、培训、维保等）的销售指标，如华为的服务产品（代维、网规网优、培训等），每年的销售收入都超过160亿美元；后端向前端融合，前端则要考虑后端的能力，如融资销售的要求使传统的市场财务经理除了履行"账房先生"的职责外，还需履行通过融资手段促进销售的职责。回款在以前只是客户经理的责任，现在也成为交付经理的重要考核指标。三个角色都要承担各自对口的客户满意度指标、从而形成"力出一孔、利出一孔"的高效协作模式。

铁三角	基本职责	优化职责
客户经理	· 销售指标 · 客户关系	· 客户经营 · 财务指标（含回款） · 客户满意度
产品行销经理	· 产品推广 · 技术答标与报价	· 标前引导（技术层关系） · 产品销售的财务指标 · 需求管理和市场目标
服务与交付经理	· 交付 · 工程安装 · 售后支持	· 服务销售的财务指标 · 客户满意度 · 回款（验收报告）

图 4-4 "铁三角"的考核优化

考核指标包含短期财务指标和中长期市场目标，既有体现"一线呼唤炮火"的需求管理指标，也有体现"以客户为中心"的客户满意度指标，以及减低 TCO 的卓越运营指标，实现了企业和客户的双赢。

· **扩大项目"铁三角"负责人的行政管理权**

项目"铁三角"负责人对项目成员的绩效评价，从具有绩效评议权上升到了具有项目奖金分配权。在试点和过渡期，选择时间跨度较大（最好超过一年）的项目，代表处、系统部可以将 50% 的奖金按传统方式分配，剩下 50% 的奖金由"铁三角"项目经理根据项目成员在项目中的表现直接分配。2016 年，华为生成了 13 000 多张项目报表，可以根据项目损益决定项目奖金。另外，扩大项目经理对项目成员的任职能力评议和全年综合评议的权力，决定了员工的薪酬等级和能否升迁。对员工进行任职能力评审时，经常需要员工进行举证。由于员工一般都会参与多个项目，项目的时间点也各不相同，因此，评审专家无法一一确认举证的真实性和客观性。华为的项目管理系统能够清晰地记录员工在不同项目中的角色和表现评价，基于 IT 系统自动进行举证，实现全年多项目的综合评议。通过不断完善项目管理，借助强大的财务、人力资源 IT 管理平台，华为正在不断扩大一线的行政管理权，落实前线指挥后方的组织运营转型。

（五）"铁三角"的建设原则

很多企业非常认可"铁三角"的建设模式，但在实际运用中却遇到不少问题。主要体现如下。

- 产品结构复杂的公司，可以直接借鉴华为的做法，并根据自身行业的特点，明确关键角色和职能要求，其主要问题是人力资源紧张，"铁三角"构建困难。还有一个问题就是"铁三角"的管理和考核方法不明确。
- 产品结构相对简单的公司，如中小型设备、饲料等行业，"铁三角"常常无法落地市场的基本作战单元，其主要原因是"铁三角"的价值体现不明显，以及在构建成本和考核方面存在问题。

其实，这里的核心问题还是"铁三角"的价值呈现。随着市场的变化，营销的价值将越来越重要。华为"铁三角"的发展和演进，也经历了三个阶段。

发展初期：人员缺乏，能力不足，流程不支持。

- 研发内部成立市场技术部门，承担解决方案经理的角色。

发展中期：一线"铁三角"和市场驱动的开发流程基本成型。

- 资源共享，对口关系相对固定。
- 大客户的客户代表固定，产品经理和交付经理共享支持。

发展后期：总部、区域平台成型，核心流程建立。

- 按客户等级构建"铁三角"，大客户资源专属。
- 建立区域重装旅。

如果要借鉴华为的做法，那么首先，企业必须按业务需要组建"铁三角"，清晰各角色的定义、职责和运作方式；其次，特别是对于解决方案经理（偏技术）这一角色，可以采用两步法落地，先试验再推广。

- 落地大客户部：客户需求多，营销难度大。
- 落地片区／代表处：片区／代表处内共享，保证工作饱和度。

通过这种方式，不断发现和培养技术营销专家，为企业营销体系的建设打下基础。

二、前后方高效协同体系

企业初涉海外市场，为了支持市场一线的大项目，常常由公司副总裁任项目赞助人（Sponsor），担负起后台的资源协调等支持工作，通过整合公司资源拿下项目。这种"积小胜为大胜"的项目管理模式，对于在初期树立海外市场信心和积累海外拓展经验非常重要。然而，随着海外项目的增加，这种项目运作的方式效率不再高效，而且严重冲击着企业现有的管理体制。想要由个别项目的成功演变为项目群的成功，实现从量变到质变并达成整体国际化的目标，则需要不断通过项目推动国际化组织体系的建立和海外运作能力的提升，最终构建起流程型、高执行力的前后协同机制，实现全球化组织体系和运作方式的质变。华为经过对企业全球化的不断实践和总结，构建起了高效的前后方协同组织模式和协同管理机制，如图4-5所示。

（一）大平台支撑的一线"铁三角"组织结构

在这种组织结构下，一线以"铁三角"的形式，做到"一专多能"，具备敏锐的市场拓展能力；而对平台部门的要求则越来越专业化。华为早期的平台部门主要在总部，而随着对市场的不断拓展，华为在全球建立了八大片区。由于很多片区在市场需求、产品标准、客户特征上存在很大差异，

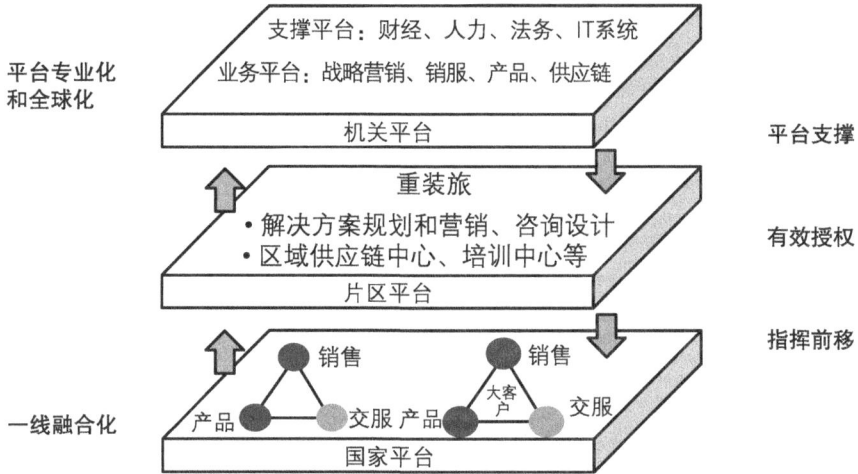

图 4-5　前后方高效协同机制

"一线向总部呼唤炮火"的反应时间变慢。为此，机关平台特别是产品规划、解决方案设计、交付与供应链等贴近一线工作的平台部门，要向片区平台下移，以便快速响应一线的需求。任正非在其讲话里曾多次提到所谓的"重装旅"，指的就是这些"机动部队"和后备干部资源池。有的企业也有类似的组织，因为在拓展初期，这些企业在部分市场区域里根本就没有常驻人员。这时可以先利用"机动部队"拓展市场，待市场基本成熟后再常设组织。有时由于企业高端专家资源稀缺，需要在总部或片区平台组建专家"重装旅"，并在片区或全球范围内保证资源共享。

为了服务好战略大客户，针对大客户对其发展战略、产品信息、业务规划信息和供应链信息等进行相对独立管理的要求，华为建立了极具特色的大客户营销及其支撑体系，即大客户系统部。前线"铁三角"组织资源独享，服务等级也更高。华为还在总部建立了专门的大客户解决方案"镜像"团队，在营销、产品客户版本开发、解决方案验证、供应链等方面，对一线"铁三角"进行高效的对口支持。

总之，要通过提炼一线业务的本质，总结出一线高效运作的工作步骤，从一线反向梳理和制定流程，并在该流程上建立流程型组织。不能增值的流程环节和组织要坚决砍掉，这是建立前后方高效协同体系的核心原则。

（二）前后方协同管理机制

除了组织架构以外，为了既保证一线灵活机动的作战机制，又发挥大平台支撑的效率和资源共享，企业需要建立一套行之有效的授权管理机制。

第一，价格授权机制。华为有三级价格授权体系，代表处、地区部和销售总部具有不同的权限。一线在授权范围内直接决策，产品行销负责报价，超出授权范围时，产品行销和代表处代表启动授权申请。而后期，报价已经充分授权到片区，总部仅管理定价，片区完全可以根据战略的需要自行决定报价，只要总体上符合公司对片区利润中心考核的要求即可。不同企业有不同的授权机制，但是授权一定要落到实处。

第二，需求承诺管理机制。该机制也是三层管理体系，分别是地区部需求管理团队、产品线需求管理团队和公司投资决策委员会。一线需求管理团队需要例行收集客户需求，仔细验证需求的真实性并分析需求对市场拓展的影响。特别是对于重大需求，一线需求决策团队需要进行讨论，并向机关提出书面申请。产品线需求管理和规划团队需要在全球范围内从技术、开发成本、市场 ROI 等多方面进行分析，并限期向一线反馈。存在争议无法达成一致时，地区部可以向更高决策团队 IRB 反馈。开发承诺由机关总部做出，但是一线有权提议和申诉，且对需求满足后的市场拓展要有明确的承诺。要让一线充分认识到"炮火是有成本的"。

第三，销售与交付计划 S&OP（Sales and Operation Planning）协同机制（如图 4-6 所示）。面对未来市场需求，销售部门在营销规划中应尽量准确地完成销售预测，并与生产计划部门和供应链部门一起，在公司层面完成供需匹配，输出《可执行的发货计划》。《可执行的发货计划》一方面可以作为公司整体运作的纲领性计划，保障各部门的步伐保持协调一致；另一方面可以让销售在前端作战时清楚地了解公司的供应能力，避免因盲目承诺交期而导致的后端供应混乱的情况发生。

S&OP流程图

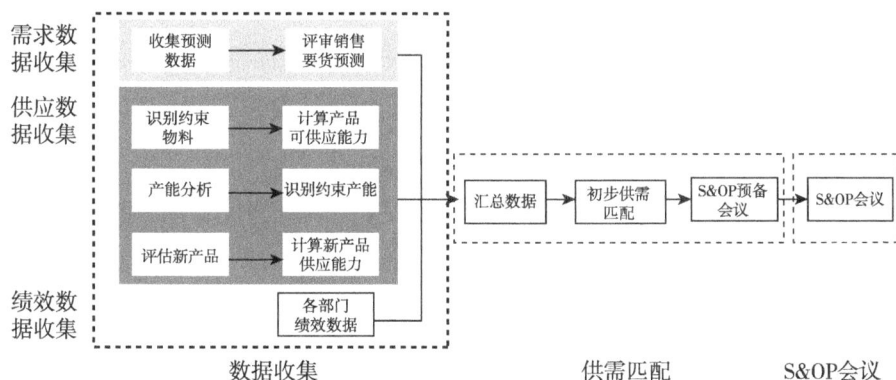

图 4-6 销售预测与交付计划的协同

（三）"人"是协同机制能否高效的关键因素

总部的中高层领导，掌握着资源，具有组织设置、流程设计和规则制定的权力。因此，不但要在思路上，关键是要在行为模式上以客户为中心、以市场为驱动。这就需要机关干部要能够深刻理解一线的业务和需求。为此，华为要求机关干部必须有一线的工作经历，要求机关干部深入一线，并将一线回流的干部大量补充到机关管理的岗位中去。通过这种双向流动，为"一线呼唤炮火，炮火能准确达到一线"的协同机制，奠定了"人"的基础。

华为为了更好地落实"少将连长"的变革，为了让一线具有更大的发言权，赋予了项目"铁三角"负责人更多的权力，让项目经理可以直接对项目成员（含总部人员）进行考核并决定奖金分配。这就需要很好的项目虚拟结算方式和强大的 IT 系统作为支撑，华为财务部门目前已经可以根据一线项目形成和管理 13 000 多个财务报表。通过 IT 系统，华为还能够准确地统计出员工在项目中的角色、工作时间和实际贡献等，为员工的任职资格评价提供准确客观的证据。一个高效机制的形成，除了要有好的思路和干部做保证外，还要有好的流程、组织、机制以及 IT 系统来支撑。

借鉴已有的成功经验，并结合企业自身的特点，在国际化初期就构建起适应全球化发展的项目管理模式、组织框架和管控模式，对企业在海外拓展过程中的不断丰富和发展，将起到事半功倍的效果。

第二节　走出"青纱帐"——海外营销能力的质变

中国市场经济经过三十多年的发展，市场和用户都发生了巨大的变化，主要体现如下。

- 客户经营方式逐渐从个体户向集约化发展，针对市场变化和大客户拓展市场，企业应关注如何从单兵作战向团队协作转变，优化营销组织和构建新的竞争能力；
- 客户要求越来越高，从购买简单产品逐渐向购买包含培训、服务咨询在内的解决方案转变，企业一线营销组织应关注如何主动把握客户深层次的需求变化；
- 跑马圈地式的市场扩展模式基本结束，行业开始洗牌，竞争从价格（性价比）竞争向价值竞争方向转变，企业应关注如何平衡集中管控和适当授权的关系，构建"一线呼唤炮火"的前后方高效协同组织，快速决策和响应客户的需求。

企业通过关系营销、"王婆卖瓜"式的推销，已经越来越不适应市场的需要。与很多企业的成长过程一样，华为在相当长的一段时间里都没有独立的营销部，营销的相关职能分别在销售体系的行销部、研发体系早期的市场技术处和后期的产品规划体系中发育和分担。即使在 2003 年成立了营销（Marketing）部，该部门也是在混沌中摸索着自己的定位。随着 IPD 流程特别是前端 MM 流程的持续推进，其管理精髓逐渐深入组织的各个环节，产品规划和上市流程的责任部门，以及流程间的衔接迫切需要进行明确。特别是 2004 年后，华为在亚非拉市场的布局基本形成。开始"走出青纱帐"，并全面进攻海外发达市场后，营销的作用显得越来越重要，对营销的需求也越来越高。华为在强大的销售平台的基础上，开始独立建立"营"的能力。

一、"对症下药"——企业营销能力评估

企业营销能力评估是诊断企业营销问题、有针对性地找出解决方案的前提，可以从八个维度进行评估，如图 4-7 所示。

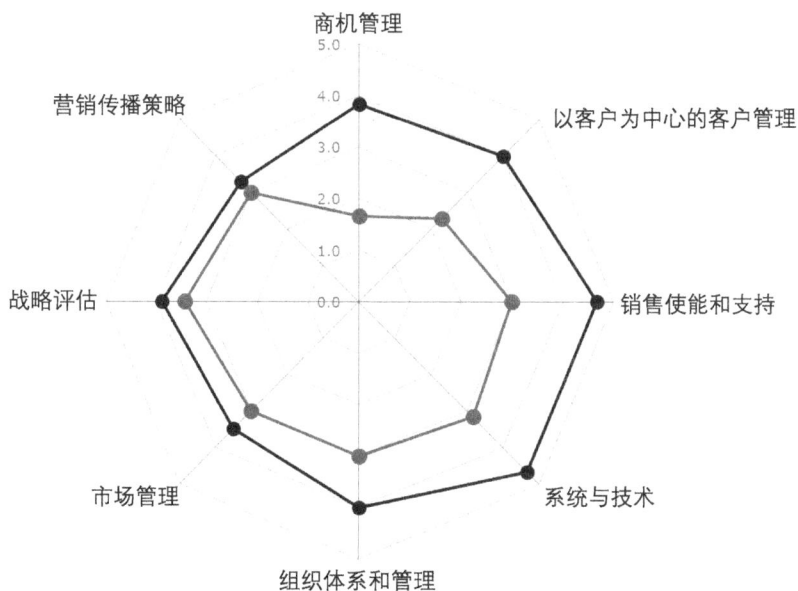

图 4-7　企业营销能力的评估维度

要素一：战略评估

这一要素是指企业营销战略制定能力的评估，包括以下几个方面。

- 是否例行制定市场营销战略和年度营销计划？是否进行例行化的复盘和更新？

- 是否有合理的营销预算？营销效果是否有清晰的评估方法？与行业标杆是否相当？

- 分析和辅助决策——有相应的分析软件、数据库、分析能力，并基于业务数据进行辅助决策，如收入预测、对所有项目需求进行合理的优先级排序。

- 营销与销售协同——销售和营销部门针对共同的商业目的，在提高营销 ROI 和销售产出方面，有不断优化效果的协同流程。

- 有营销测评工具，该工具定义了各种执行活动效果的仪表盘、计分卡和衡量标准，并有收集报告和评测的流程。

- 流程文件——针对所有关键营销流程，如市场洞察、营销活动执行、营销评估等，都能做到标准化和文档化。

- 营销在业务中的重要性——营销在董事会有一席之地，起到前瞻和战略性的作用，而不仅仅是完成业务需求的营销服务和支持。

要素二：营销传播策略

- 是否有清晰的品牌战略？

- 是否有正式的营销传播计划和策略？

- 内容营销——有负责制作营销内容的部门。为提高企业品牌感知度、亲和力和促进新业务推广，可以采用传统的方式，如案例、白皮书；也可以采用现代的方式，如信息图（infographics）等。

- 外推（Outbound）营销计划的合理性，如公共关系、媒体和分析师的覆盖率、线下活动计划等。

要素三：市场管理

- 市场定位——精心设计和提炼了企业的定位和价值主张，如领先、跟随、性价比、低成本战略定位等。
- 市场洞察——例行开展市场趋势分析，发现政治、经济、社会和技术变化对市场的影响，例行开展市场空间分析、市场细分和细分市场优先级排序等工作。在战略复盘和制定时，有确定的市场洞察方法和流程。
- 市场需求——营销计划基于对市场的真实数据与信息的收集、分析和洞察，有正式的市场需求文件，来推动产品和公司决策。
- 产品管理流程——具有标准的新产品开发和上市发布流程。
- 定价体系——营销进行正式的定价分析，以根据市场需求评估价格调整因素。

要素四：商机管理

- 广告与赞助——具有评估广告和赞助效果的工具，以便通过各种营销活动产生足够的销售线索。
- 展会、论坛等事件营销——能够通过 ROI、活动计划等管理方式，提高事件营销活动的效果。
- 数字营销的运用能力，如网站、搜索引擎、社交媒体、移动营销（有确定的移动营销计划）、视频等。
- 线上营销和线下营销的协同能力。
- 营销自动化 Marketing Automation——具有线索计分、线索孵化的自动化管理过程，对热/暖/冷商机有不同的管理方式和判断标准。

要素五：以客户为中心的客户管理

- 客户评估——例行跟踪客户流失率、客户生命周期价值（CLV）和客户获取成本等评价参数。具有一套测量和提高客户忠诚度的程序与方法。

- 客户满意度——委托调查公司或企业自己例行开展客户满意度调查，如采用 NPC（Net Promoter Score）计分衡量。

- 客户支持——基于服务等级制度（SLAs），对客户支持和响应时间进行管理。

- 客户交流方式——与客户的不同层级进行例行的交流，建立组织型客户关系。例如，高层年度战略沟通、互动，中高层联合创新沟通和创新中心建设，普遍客户关系的建立，以及日常拜访、年度用户大会等。运用新的交流方式，如利用在线客户社区提供的技术支持和对创新概念的收集增加客户黏度，小米的米粉社区和华为的花粉社区就收集了大量的手机改进意见。华为将范围延伸到了运营商的客户需求收集平台，提供了 200 万元的奖励基金，提供重大有效的产品需求的运营商客户，将获得 10 万元的奖励。

- 客户关系管理——具有成文的客户开发计划、建立客户档案（架构、角色、职责等）和客户关系数据库管理系统（CRM）。

- 客户推荐程序——具有正式的客户推荐程序，以带来更多的新业务，如客户样板点建设、客户营销活动支持、联合营销活动等。

要素六：销售使能和支持

- 营销材料——所有营销材料和资料都是及时更新过和准确的。

- 销售使能——具有在线销售平台，其中包括所有销售支持材料，并明确规定了哪些内容是可以被销售团队和渠道伙伴下载、浏览的。有明确的权限等级管理，如产品交底书、报价授权一般只对企业自己的销售团队开放。

- 销售培训——及时更新销售培训程序，并紧跟"业界最佳实践"。不同行业的培训方式不同，可以多种方式相结合。例如，华为的"春风行动"和"秋收行动"是配合销售目标送课下乡。随着互联网的发展，在线培训、移动 App 和视频等培训方式越来越流行。

- 销售工具——例行开发销售工具，如典型场景解决方案、竞争参考案例、建议书、配置工具、自动报价工具等。华为市场销售常用的竞争"一纸禅"，就是形象地通过"一页纸"的报告，简明扼要地告诉销售人员，如何突出自身产品的差异化优势，放大竞争对手的弱点，瞄准客户的痛点和需求，通过技术和商务等混合手段一招制胜。
- 销售流程——有与行业客户采购流程相匹配的销售流程。
- 合作伙伴——能够高效地管理合作伙伴，合作伙伴的新业务销售项目管道是可视的。

要素七：组织体系和管理

- 组织架构：有清晰的营销组织体系结构、职责和岗位描述，与其他体系的接口关系清晰、协同、顺畅。
- 任职标准和职业规划——通过技能分析，形成部门的所有技能要求和任职标准，例行进行任资资格评定，并针对差距进行改进。为营销人员提供职业生涯规划，帮助他们制订专业的发展计划、对他们进行脱产培训、为他们建立职业发展通道并开展相关活动等。
- 培训机制——有一套完备的营销培训和技能开发机制，如新营销人员可以很快熟悉各种营销流程和运用基本的有效营销方法。如果通过代理商销售，还包括了代理商培训机制。
- 最佳实践库——建立和维护"营销最佳实践"的模板、流程和案例库。
- 代理选择——有一套严格的决策工具，用以选择/替换代理商。
- 绩效评价——具有评估营销人员绩效的流程，可以通过该流程奖励优秀员工，识别低绩效者，并建立鼓励员工积极进取的机制。

要素八：系统与技术

- CRM 系统——具有全球客户关系管理系统 CRM。华为从 2005 年开始引进 CRM 系统，配合 LTC（从线索到现金）流程进行变革。企业网 BG 于 2012 年在 CRM 的基础上，针对非通信市场的特点，调整为 PRM 系统进行试点，试图将潜在客户（Prospect）纳入管理范围，并配合 LTC/MTL（从营销到线索）流程的试点和实施。
- 营销内容管理系统（CMS）——具有一套全球性的营销内容管理系统，以便易于在网站上对营销进行及时更新。
- 营销自动化——营销自动化 IT 系统可以自动登录网页，跟踪网站访问者的行为，进行线索捕获、线索计分、线索孵化等。
- 活动策划——具有一套全球性的活动策划或营销资源管理（MRM）系统。
- 项目管理——具有一套易于使用、及时更新的项目管理系统。
- 数字资产管理——具有管理企业创意资产和销售使能资源的系统。

这是一套完整的企业营销能力的评估模型。

该评估方法的八个维度，涉及营销战略、业务、流程、组织、考核和 IT 系统，提供了企业改进营销工作的全景图。但企业不能奢望一蹴而就，全面改进的想法将带来灾难性的结果。不同的企业要根据自己所处的行业特点、自身的发展阶段和所面对的客户群，对相关维度设置权重，通过评估发现当前营销最薄弱的环节，以确定最适合的改进计划。从众多企业的实践来看，可以分为三个类型。

类型 I：营销能力属于初级阶段，"营""销"组织尚未分离。此时，客户管理、为创造商机的营销活动管理、营销内容制作等，一般是工作的重点。对于 2C 业务，基本数字营销（网站、移动 App 等）渠道也需要提前建设。

类型Ⅱ：基础营销能力已经具备，"营"的能力急需提升。重点工作包括营销组织建设、营销战略和年度营销计划、市场管理等。

类型Ⅲ：全面提升营销能力和产出。重点工作一般是营销流程体系、营销使能和联动、营销数据库和营销自动化 IT 系统建设等。

二、营销能力的构建

很多企业刚刚建立营销组织，此时最紧迫的事是有一定基础的营销人员到位，并确定阶段工作的重点。在实际工作中，要从基本的行为管理、时间管理、计划管理和项目运作等开始，提高营销人员的基本能力。行为管理要求跑动管理，就是说华为要求一线人员在日常要尽量和客户在一起，或正在解决客户的问题。在时间管理上，华为要求对不同的客户分配不同的时间，特别是对关键客户和难点客户，需要投入更多的时间和精力，而不是局限于自己熟悉和投缘的客户。在项目运作和计划管理上，通过基本的PDCA（计划、执行、检查、行动）管理，可以提高项目的运作效率和质量。

具备基本的素质和技能之后，关键是提升营销的专业能力。一般来说，需要在客户需求的收集与分析、营销内容的制定和营销活动的策划这些方面进行提升，可以通过各种级别的培训、情景与行动学习等方式进行。专业营销的核心就是"在合适的时间，对合适的人，做合适的事情"。

（一）基于内容的精准营销

传统的广告、展会属于"轰炸式"营销，而精准营销才是专业能力提升的最终体现。实现精准营销的关键是所有营销活动必须符合客户的采购流程和决策模式。匹配客户采购流程的精准营销方式通常如图 4-8 所示。

最初，客户现有系统可能存在问题，或客户开始考虑系统升级甚至新建系统。此时，客户属于学习阶段，会从各种渠道广泛收集资料，掌握行业发展状况、技术发展趋势和竞争对手动态。在这个阶段，供应商不能急

图 4-8 匹配客户采购流程的精准营销方式

于推销自己的产品和解决方案，而是应该根据行业的特点，向业界和客户灌输本企业的先进理念、对行业发展关键点的认识，以及综合性的差异化优势。企业通常会采用专利、技术白皮书、标准组织提案等方式，树立企业的领先形象和市场地位。此时，最好以中立的角度进行先进理念的灌输，不要让潜在客户认为你在"王婆卖瓜"。比较流行的方式是借助行业第三方权威机构背书，如市场调研和咨询机构，其帮助企业进行营销的效果，远比企业自吹自擂的营销效果好得多。在 TMT 行业的 Gartner 的魔力四象限、IDC 的供应商行业地位矩阵、Frost & Sullivan 排名等方式中，Gartner 的魔力四象限分析最具代表性，直接影响到企业的品牌、市场定位，甚至员工招聘。笔者曾经在澳大利亚与前来应聘的当时供职于思科的员工进行过交流，他问华为的产品是否进入了魔力四象限，我说还没有。他失望地说："那我怎么卖？"直到现在，华为产品线营销工作中一个非常重要的指标就是争取进入魔力四象限。图 4-9 是华为的存储产品在 Gartner 魔力四象限中的位置变化情况，每年华为都会把产品地位的提升作为营销工作的考核目标之一。华为每年都要主办分析师大会，权威第三方的宣传对产品在全球的品牌提升和销售促进作用很大，往往可以达到事半功倍的效果。

Gartner 通用存储魔力四象限 华为存储 2010—2018 年

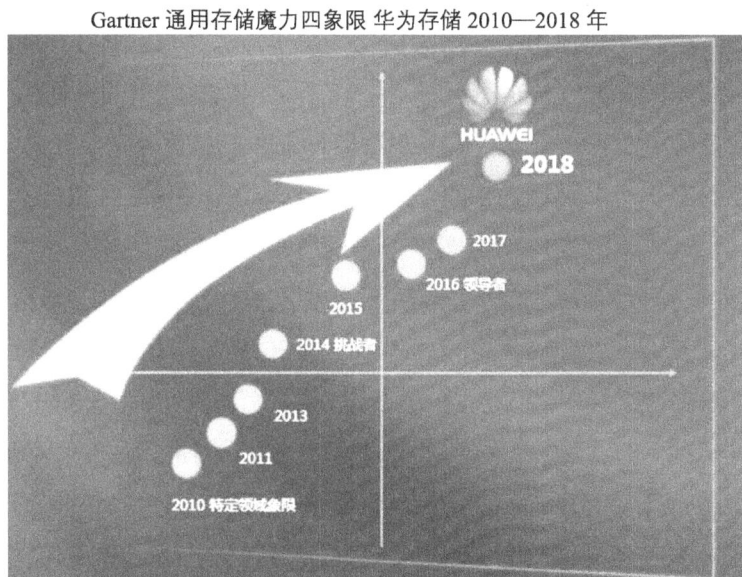

图 4-9　华为存储产品在 Gartner 魔力四象限中的提升情况

　　能源、金属及矿产行业的 Wood MacKenzie 评价，医药健康行业的 IMS 评价，都有类似的作用。

　　客户对行业整体发展有了深刻的认识之后，便会开始思考和分析自身存在的问题，构思未来的发展路径，并寻找解决方案。因此，供应商应该采用行业最有效的方法，将企业的整体解决方案集中传递给客户，如常见的产品发布会、展览会等。其中，华为比较有特色的是展车的传播方式。早年，华为在海外的知名度不足，很多客户经理进不了客户的门、见不到客户。通过学习业界的做法，华为将最主流的产品和解决方案集成到一个集装箱里，将"大篷车"开到客户家门口，通过实物演示、视频和图片等方式，向过往客户展现华为产品并建立客户关系。这种方式比展会更具有针对性和时效性，最高峰时期华为有 8 辆展车在全球巡展。随着互联网技术的发展，网络营销方式被应用得越来越广泛，特别是对海外市场、中小企业和个人。华为企业网 BG 的视频会议系统，品牌名称为"智真"。为了让更多中小客户在使用网络搜索时快速找到华为的智真会议系统，华为通过对搜索引擎的优化，使"智真系统"在主要搜索引擎如 Google、百度上的排名，超过了原来处于首位的《水浒传》中的人物智真长老，成为第一，提高了企业解决方案传播的效率。此时，客户常常只有痛点而提不出明确的需求，因此，供应商应该和客户一起，分析问题的根因和其对客户业务发展的影响。特别是领先的供应商，往往会在这个阶段帮助客户做业务发展规划，甚至协助客户制订标书，提前预埋自身的优势，为下阶段的投标工作打下基础。

客户明确了自身的问题，并收集了多种解决方案之后，下一步就是对解决方案进行比较和优选。一般是通过招标的形式，对多个供应商进行比较。此时，供应商提供的解决方案必须是针对客户的痛点和需求，且能够帮助客户发展业务、为客户创造价值。对于招标阶段才介入的厂商，像华为早期拓展海外市场时，除了要强调自身产品价格低廉、质量能够满足要求外，还应该充分体现自身的后发优势。例如，研发实力可以保证对标书中产品需求的满足，特别是对未来需求更改的快速响应，以及产品的差异化优点；战略的清晰和长期性，能够保证与客户在系统建设、运营和维护上的长期合作和共同成长。这里还需要通过商业成功的实际案例，进一步给客户树立信心。例如，华为智能网帮助泰国运营商 AIS 的业务从本国第二跃升为本国第一的案例，对华为智能网的市场拓展起到了很大的推动作用。

对于复杂的系统，在评标过程中，客户往往会构建一个简化的系统进行概念验证（POC），以确保方案是可行的。在德国电信（DT）下一代网络 NGF 的竞标过程中，德国电信选择了当时全球最领先的四家供应商——华为、爱立信、诺基亚和西门子，组建了四个项目组。每个项目组组长分别为不同的厂商，组员为其他三个厂商的代表，组员按照组长单位的方案，集成其他厂商的设备进行系统概念验证。这种方式既考验了组长单位的项目管理和集成能力，又考验了组员之间的产品互通性和合作能力，将德国电信未来下一代系统建设的风险降到了最低，而四个厂商形成了既竞争又合作的有趣场面。此时，企业除了要充分显示出自身产品和解决方案的优势外，还要显示出企业对客户的持续支持能力。这是因为在概念验证的过程中，很多需求会发生更改，研发的问题解决能力和快速响应尤为重要。这个阶段可以向客户传播企业的"红材料"，重点在以往给客户带来的商业价值；也需要在适当的时候提供竞争对手的"黑材料"，以便在客户对比不同解决方案时，影响客户的决策。例如，在三星手机NOTE7的爆炸事件中，三星（中国）为了减少事件对中国市场的影响，声明NOTE7在中国市场选用的是与爆炸手机不同的电池供应商。而业界却爆出，这次爆炸是深层次的手机设计问题，而不是电池的问题，因此，中国市场的NOTE7手机也存在爆炸隐患。这一结论不但让电池问题进一步放大，而且涉及企业的诚信和对中国客户不尊重的问题，成为三星手机在中国市场崩塌式沦陷的关键原因之一。华为在销售体系中为此专门成立了重大项目部（How to Beat和打X办），助推重大项目在激烈的竞争中获胜，通过竞争工具库、案例参考和现场指导等方式，为一线制定竞争策略提供方法指导。在与客户各个层级进行交流互动的过程中，营销资料（营销锦囊）必须保证信息的一致性，并对高管、中层管理者和技术层传播有针对性的关键信息（KM）。前文曾提到过，华为广泛使用了被形象称为"一纸禅"的销售指导书，即言简意赅地将产品的差异化优势、给客户带来的价值和竞争关键点，在一张纸上呈现，为一线作战提供简单实用、一招制胜的武器。

完成了技术和方案的验证后，客户一般会进行商务评标。此时，很多企业会陷入价格战的泥潭，杀敌一千，自损八百。很多企业想当然地认为客户只关心产品的交易价格，而一些客户在评标时也常常在满足技术要求的前提下，以出价最低者获胜为评标标准，为价格战推波助澜。但这样做往往是双输的结局，中标者无力保证质量和后期开发升级，项目常常成为"钓鱼工程"。更关键的是，我们所理解的"给客户的价格"和"客户承担的成本"不是一个概念，客户关注的往往是产品生命周期的成本即TCO。华为在1998年进行产品IPD变革时，就引入了客户需求$APPEALS模型，其中对产品价格有详细且全面的描述。2005年，英国电信的采购总监到深圳评估华为时，问华为最大的优势是什么，华为的回答就是产品质量可靠且价格便宜，可以帮助英国电信降低建设成本。但当采购总监追问英国电信如果选择华为，总体成本TCO是多少时，上到华为董事长下到各类专家，个个都面面相觑、不知所云。

客户在引入一个新产品时，不但会评估产品的报价，还会评估产品生命周期内的年平均价格，即CAPEX；以及每年产品运行过程中的运营费用，如人员培训费用、耗电、产品维护等费用，即OPEX；再加上资金占用成本，这几项共同组成了TCO。因此，深刻理解客户的商业需求，通过投入产出ROI等财务分析工具证明企业给客户带来的商业价值尤为重要。对于行业领先企业，更需要掌握TCO工具，通过研发实力、产品质量、服务能力、融资能力等综合优势，构建价值壁垒，摆脱竞争厂商的低水平价格战。对于相对标准的商品，针对中小客户，越来越多的企业在其网站上提供针对典型场景的产品组合、配置和报价工具，可以方便渠道和客户根据自己的情况，快速完成组合配置、方案设计和价格估算，使他们快速决策并做好财务准备。例如，在戴尔、宝马汽车、思科、华为企业网BG等企业的网站上，都有类似的供客户使用的配置报价工具。随着市场经济的逐渐发展成熟，企业都会认识到维持行业价值链健康成长的重要性。因此，越来越多的企业不再只为了自身的利益拼命压价，而使自己的供应商无法生存。

客户做出了最终的选择之后，供应商需要通过清晰的工作流程、完备的产品包和营销资料、线下线上的培训计划等，向客户展现自己职业化的合同履行能力，使客户对任务的完成充满信心。即使在这看似简单的最后临门一脚阶段，仍有丢失项目的可能性。笔者在做咨询工作期间，曾经服务过一家泵业龙头企业。在该企业开拓某个农村市场时，客户已经选择了该企业的产品，但由于客户是女性，对连接高压电缆心存恐惧，而产品说明书又描述得不够清楚，所以迟迟未投入使用。此时，本地小的竞争企业乘虚而入，派专人送货上门并协助安装，客户最终选择了新的供应商。该企业虽然是行业龙头、品牌好，但如果采取与本地供应商一样的服务模式，就会因成本过高而无法支撑。但为何不采用现在流行的营销模式呢？录制 1 分钟左右的安装视频，通过手机就可以轻松指导客户进行安装，这样既满足了客户要求，又节约了服务成本。因此，简明清晰的产品包资料，运用越来越广泛的线上线下营销和服务工具，是企业成功完成销售不可忽视的重要环节。

因此，从整个采购决策过程来看，最关键的一个环节是客户界面，需要找到正确的客户和客户的关注点。例如，在客户的高层领导中，CEO 更关注双方战略的吻合度以及经营指标的实现，CFO 更关注财务指标的改善，而 CTO 更关注技术的先进性、有效性和可持续发展；中层部门总监更关注部门业绩的提升和个人升迁通道；而执行层则关注工作问题的解决和自身能力的提升。另一个就是在正确的时候提供正确的内容，即基于客户价值导向的内容营销。因此，内容营销中关键信息（Key Message）的设计和传播非常重要，KM 体现出产品 / 解决方案带来的商业价值尤为重要。这里介绍一种简单实用的内容设计三段论。

"病"：行业发展的共性问题以及客户存在的主要问题。

"药"：供应商产品或解决方案的特点和差异化优势。

"效"：为其他客户可能带来的价值并附案例，即预期对客户的好处。

通过这种方法设计的营销内容，与从技术角度出发设计出来的内容有明显的差别，如图 4-10 所示。

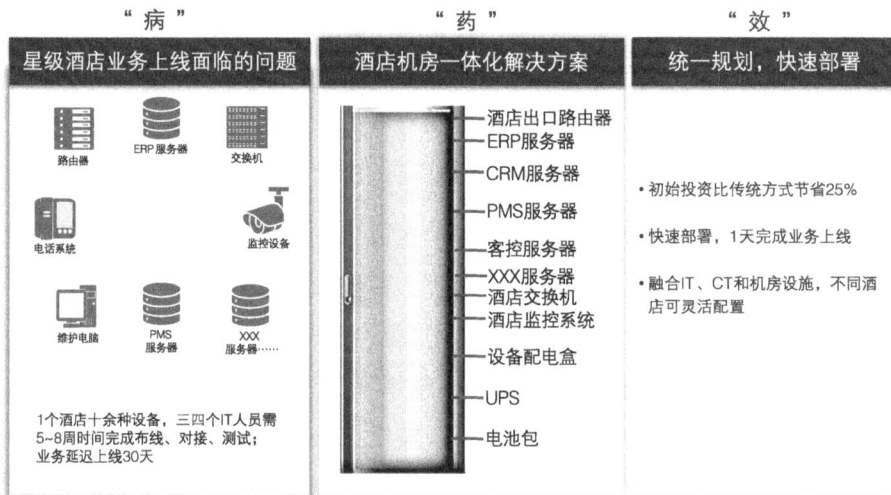

图 4-10　华为酒店解决方案营销宣传案例

早期从技术角度出发设计的 KM 为：

- 支持 Wi-Fi/CDMA/WCDMA/LTE 无线技术的接入；
- 支持电话、ADSL/LAN 宽带和视频的接入；
- 硬件系统紧凑、集成度高，并提供综合业务管理软件；
- 可随时随地开通业务，且安全快速，获得用户的一致好评。

而后期，要从客户的商业价值出发，把技术术语和"王婆卖瓜"式的推销，变成解决客户问题、为客户创造价值的内容营销。

总之，面向客户的高质量营销内容是营销执行的根本。针对不同的客户，制订不同的组合营销活动计划，"在正确的时间，给正确的人，提供正确的内容"，从而发现机会、促进销售。

（二）营销数字化是营销的发展方向

随着互联网经济的发展，B2C 业务以及中小企业（B2b）的采购过程和决策模式，与大企业 B2B 线性决策模式有了很大区别。互联网交互式的

146 —

购买方式，打破了传统的"认知—考虑—喜爱—购买—忠诚"的流水购买行为模式。线上排名、同行评价、意见领袖评论、朋友推荐、潮流动向等，任何一个点都有可能快速促成购买行为，如图 4-11 所示。

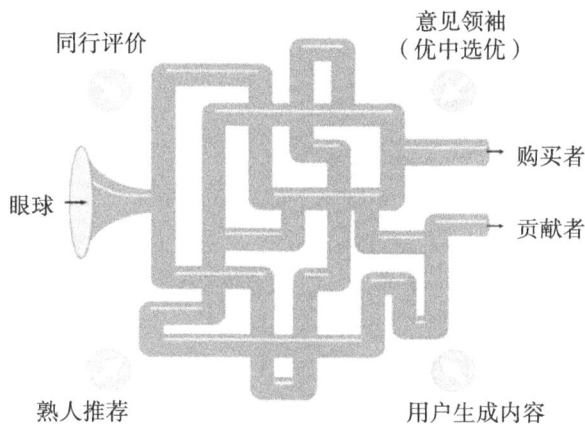

图 4-11　互联网模式下影响用户采购行为的因素

在这种模式下，最有价值的用户，不一定是买得最多的用户。总是对产品进行评价并给出评论的客户，被称为产品"贡献者"，他们的特征如下。

- 对有效产品需求的生成和产品的改进有更大的作用；
- 可能会影响周边 100 个人的购买行为。

因此，吸引广大客户的关注，并以最小成本将客户的关注转化为市场线索，并通过线索孵化活动，将线索转化为销售机会，是数字营销蓬勃发展的关键驱动力。

用户消费习惯的改变，促进了数字营销的发展。而互联网和 IT 技术的发展，又促使原来碎片式的线下营销活动和线上营销活动高效协同，这大大降低了中小企业的营销成本。营销的管理精髓，就是实现对各种营销活动的全方位管理，并通过有效的营销考核，实现闭环管理。营销全景如表 4-1 所示。

表 4-1　营销全景

战略营销	外推营销	内引营销	营销度量
市场研究	**广告**	**互联网**	**传统方法**
• 基本市场研究	• 印刷品	• Web2.0	• 定向电话调查
• 关联市场研究	• 广播电视	• 搜索优化 SEO	• 客户询问
• 聚焦客户群	• 在线	• 点击收费 PPC	• 广告调查
• 市场调查	• 品牌广告	• 微网站	• 数据库 /CRM
• 竞争分析		• 移动应用	• PR 信息剪辑
		• 网络直播	• 市场调研
			• 线索产生 / 管理
规划	**宣传**	**社交媒体营销**	**互联网**
• 战略计划	• 新闻发布	• 博客	• Web 分析
• 媒体计划	• 新闻分发	• LinkedIn	• PPC
• 预测、预算	• 文章	• Facebook、Youtube	• SEO 工具
• 销售分析	• 媒体关系	• Twitter、Google+	• 注册数
• 关联矩阵	• 新闻事件		• ESP 仪表盘
• 仪表盘			• PR 仪表盘
			• Google 快讯
战略	**事件营销**	**内容营销**	**社交媒体分析或排名**
• 产品	• 三展	• 手册	• LinkedIn
• 市场细分	• 演示	• 白皮书	• Youtube
• 渠道	• 培训	• 产品目录册	• Facebook
• 定位	• 峰会	• 研究报告	• Twitter
	• 电话营销	• 评估报告	• Radian6
	• 邮件		• Google+
品牌	**销售使能**	**直接营销**	
• 命名	• 销售工具	• 定向电子邮件	
• 标识	• 线索管理	• 数据库、列表管理	
• 形象、ID 标准	• 渠道营销	• CRM	
• 包装	• 促销 & 推销		
定价			

外推营销（Outbound）是一种相对传统的营销活动，而内引营销（Inbound）也叫集客营销，是新兴的数字营销活动。二者的营销效果对不同的行业和商业模式而言，表现有所差异。一般来讲，外推营销的平均响应率是 1%~5%，而内引营销的平均响应率是 20%~50%。内引营销的单线索平均成本不到外推营销的一半。有案例显示，营销方式的数字化，使可以定位的联系对象（客户）的年增长率超过 32%，对营销活动的反馈每年提高最高达 105%，生成的线索每年增加达 53%；直接营销的次数每年下降 8%，营销活动数每年下降 35%。但对于网络销售还未普及的地区，以及中大型的 B2B 业务，传统营销模式仍然重要。因此，企业需要将内引营销与外推营销有机地结合起来，实现线上与线下的组合营销联动。而这种数字时代的组合营销方式，又被称为"数字营销"。华为在 2012 年通过引进 MTL（从营销到线索）流程和 IT 系统，可以对大量的 O2O 营销活动、潜在客户信息、营销线索等进行高效、自动化的管理。

MTL 的流程框架和主要工作步骤，如图 4-12 所示。

（1）**流量汇聚**：无论是通过线下营销的方式，还是通过线上 SEO（搜索引擎排名优化）等方式，将吸引到的客户关注统一汇聚并引流到公司网站或目标登录页。

（2）**捕获线索**：根据客户的要求、问题和关注的营销内容捕获线索。

（3）**识别线索质量（建模与计分）**：捕获的线索可以分为热线索、温线索和冷线索。不同行业需要总结客户行为，对客户行为进行建模并计分，通过分值判断线索的质量。此时，要同时考虑内容计分和行为计分。以内容为例，客户打开电子邮件查看营销内容和将相关营销内容转给朋友，其计分差别很大。以客户行为为例，客户十天前参观了展销会展台，五天前访问了定价页面，昨天观看了产品演示，今天又下载了 RFP 样本，那么，说明这个客户非常活跃。而如果客户三个月前注册并参加了在线研讨会，两个月前观看了四个网页并下载了两个白皮书，一个月前又注册了新的在

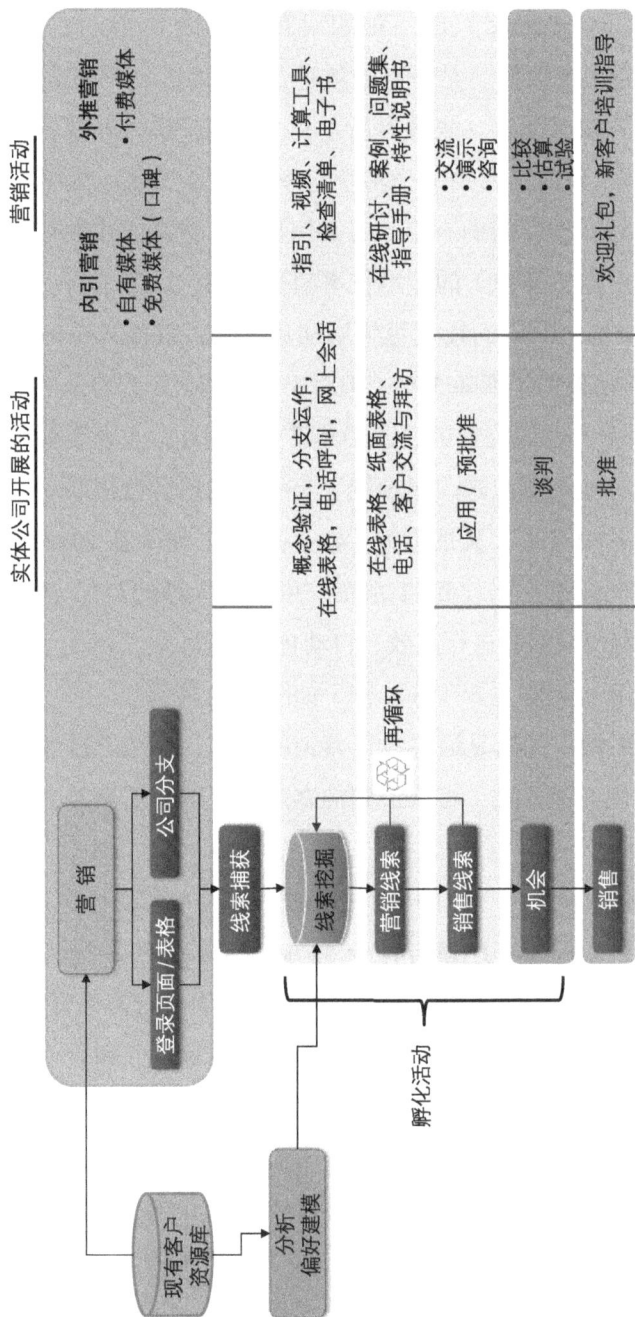

图 4-12 MTL 流程框架

线研讨会，在电子邮件中检查了链接并观看了三个页面，上周下载了一个白皮书，那么，说明这个客户处于半休眠状态，以上动作可能只是为了掌握动态或学习知识。

线索计分就是根据事先设定的模型计分方法，对潜在客户或线索的购买准备度和兴趣度进行排名。线索经历的每个活动都会获得一个得分，当得分超过了预设的门限，线索就被视为营销达标、预备销售和可转销售。

（4）**线索孵化**：当线索得分未超过预设的门限时，则需要通过必要的活动，在正确的时间提供正确的信息，加速线索的转化。对于转销售的线索要进行生命周期的管理，将客户信息纳入 CRM 系统，配套进行新客户礼包、交叉销售和客户挽留的销售过程。而长时间未能转化的低质量线索，要在数据库中保留相关信息，超过一定时间后再丢弃。

线索孵化是一个非常考验营销活动策划和执行能力的重要过程，需要匹配客户的认知过程和采购流程，并实现组合营销的联动。

（5）**线索分发**：通知销售人员线索的质量和优先级，并通过数据库，协助其了解和接触客户。客户接触和线索的后续跟踪活动，则由销售人员接手。

（6）**线索闭环管理**：将线索转为新增销售额，或者丢弃无效线索，并衡量整个营销过程的效率。

华为通过实行 MTL 营销流程和组织变革，提升了 O2O 的组合营销能力，构建了整套营销自动化系统。通过在欧洲区的成功试点和在全球的推行，华为的营销能力有了质的飞跃。

第三节　国际化人才管理和激励机制

国际化战略的制定和执行，关键就是人。如何获取和选拔适应海外市场的领军人才？如何建立海外人才资源池并加速培养？如何激励海外"将士"长期"浴血奋战"？海外人才缺乏是中国企业"走出去"普遍遇到的瓶颈。既懂公司战略和产品，又理解海外市场的领军人才，更加难得。因此，企业国际化的人才资源建设，必须做好以下三方面的工作。

一、破解海外人才困局、获取和选拔"将军"

海外领军人才的获取是企业国际化成功与否最关键的一环，特别是在初期。一些企业（以华为为代表）采用了以内部选拔为主，以"空降"为辅的人才战略。这种方式虽然在人才培养上所需的时间较长，但海外领军人物对公司战略的理解更深刻，在执行上不容易走样。而其他很多中国企业则采用了直接获取即"空降"当地领军人才的方式，快速开拓当地市场。这时，人才选拔标准、跨文化管理和激励机制的建立就显得尤为重要。首先，要制定清晰的海外目标，采用相对弹性的管控模式，如三一重工在德国充分发挥了本地领军人才在当地市场的作用；其次，制定合理的激励机制，如常用的股权、期权、华为特有的 TUP、新希望集团的基金合伙人制度等，这可以大大提高海外领军人才的归属感和责任感；最后，确立适应全球化发展的企业文化和融合的人才管理体系，从根本上解决海外领军人才的获取问题，并使他们可以持续发挥作用。

基于国际化领导力模型的对海外核心人才的识别和选拔是指先选对人，然后再培养，这将起到事半功倍的作用，战略思维、市场洞察、动员执行、持续动力是识别和选拔海外领军人才的关键要素。为避免业务骨干在海外水土不服的问题，对海外骨干进行素质评估，并为后备人才制订有针对性的培养计划，是中国企业国际化的必修课。

实战能力、战略思维和战略贡献，是华为海外领军人才鉴别和选拔的关键指标。干部获得提拔的充分必要条件，一是要能使所在部门盈利，二是要有战略贡献。如果不能使代表处产生盈利，那么这个干部将被末位淘汰；如果有盈利，但没有做出战略贡献，就不能被提拔。这两者是充分必要条件。"现在我们选拔干部，就要慢慢调整结构，从而使之走向更有利于公司的发展方向。"

二、"混凝土"式的干部培养机制和"7-2-1"海外人才"倍速"计划

按照 SPI 的理论，只有 20% 左右的人适合做销售。其中不足 10% 的人是销售"鹰才"，具有很强的推销技能和人际理解能力，可以长期保持高绩效。华为大量选用大学应届毕业生充实销售一线，在"胜则举杯相庆、败则拼死相救"的销售文化牵引下，不讲条件、不讲理由，以目标为导向，在平衡个人贡献和团队合作的高绩效考核政策激励下，通过"传帮带""压任务"和"火线提拔"等方式，不断优胜劣汰，使华为的销售队伍越来越有"匪气"，并保持着高昂的士气和取胜欲望，为海外市场的拓展建立了丰富的人才资源池。

"人到用时方恨少"，华为在初期按强制比例的要求，抽调国内优秀的市场代表奔赴海外一线，这曾一度影响了国内业务，引起国内客户高层的普遍抱怨，这需要过人的胆识和魄力。除了未雨绸缪地建立人才资源池外，快速使这些人员的能力满足海外市场的需要才是关键。

（一）"混凝土"式的干部培养机制

解决了基层销售人员的素质问题和能力问题后，销售部门领导干部的管理和培养就变得至关重要。华为的销售部门有一条不成文的规定，就是本地人不能担任本地销售主管，这主要是为了防止将企业的客户关系变成私人的个人关系，以及因为裙带关系而滋生腐败。不能不感叹华为对这一问题的先知先觉。笔者在咨询工作中接触过的很多企业，都存在销售"牛人"无人替代和不敢撤换的窘境。华为曾有一次要求市场部的领导集体大辞职，这需要很大的勇气，很可能直接影响销售。要做到这点，必须有足

够的人才资源池，以及很好的干部培养机制。例如，某涂料领先企业，其长期任职在主要"产粮区"的高层销售团队曾集体出走，带走了一大批客户——因为客户认的是人，而不是企业的品牌和产品。

即使是非本地人担任当地销售主管，如果时间过长，也仍然会形成利益圈子。即使不发生腐败问题，当一个人长期处于非常熟悉的工作环境中时，也会由于缺乏新鲜感和挑战性而产生懈怠。因此，华为会定期调换各区域主管和代表处负责人，让他们在不同的区域迎接不同的挑战，这样不但提升了他们的销售技能和管理能力，还杜绝了腐败的滋生。由于轮换大大改善了销售体系的管理水平，培养了干部，干部轮换制度逐步扩展到全公司。研发、供应链、财经等体系的人员定期按比例流向销售体系，销售体系的人员再回流到其他体系。这种一专多能的"混凝土"式干部培养机制，使平台部门的员工充分理解了"以客户为中心"的深刻含义和一线市场的运作模式，使企业所制定的流程更贴近业务需求，对一线的支持也更加到位。相应地，华为构建了一套独具优势的"由大平台支撑的一线精兵作战模式"和中高层领导培养机制。

（二）"7-2-1"海外人才"倍速"计划

实践证明，华为的"7-2-1"海外人才"倍速"培养制度[①]，可以大大提高人才培养的速度和效果。

在培训方面，华为非常重视内部案例、经验和教训的总结，并开发出了相应的培训教材加以充分利用。同时，华为有计划地培养内部金牌讲师，要求相关专家、领导都必须投入其中并给予相应的奖励。其中，《谁杀死了合同》《海外营销"九招致胜"》极具实战性和综合性，成为经典课程。华为无论是对基层员工快速适应市场环境的培养，还是对中高层管理者尽快

---

① 通过10%的脱产培训，20%的导师制的培养计划和发展反馈，70%的在岗行动学习和岗位轮换为人才赋能。

提升海外战绩的激励，效果都非常明显。很多企业每年都有不菲的培训预算，但课程的逻辑性不强，且多数是邀请外部讲师来进行培训，忽略了对内部资源的利用。**企业最大的浪费往往就是经验的浪费**。充分利用和发掘企业内部培训资源，是高效、低成本的干部培养方式。

"7-2-1"人才培养制度的关键点是加强经验和思想的交流，以及岗位轮换赋能。"一个地区成功了，成立教导队，大规模培养干部"；通过加强重装旅、重大项目部、项目管理资源池等各种战略预备队的建设，推动干部循环流动赋能，从而使整个队伍充满能量，提高干部的全球化视野和领军能力。

华为在初期为了鼓励员工到欠发达艰苦地区去工作，除补贴外，还明确规定了晋升机会。但由于欠发达地区的产品要求和商业环境往往低于中国的水平，因此，没有通过"7-2-1"制度培养而提拔上来的干部，常常并不适合做海外地区的领军人物。任正非曾说："常驻阿富汗的干部在那里一待就是好多年，为我们承受了很多痛苦，他们只能做英雄。即便现在想重用他，他也当不了'将军'，因为没有被循环赋以所需的技能。如果人员能够循环流动起来，我们就会给他赋能，他为什么就不能站起来呢？所以，我们推动队伍循环流动，进一步使基层作战队伍的各种优秀人员在循环过程中，能够'流水不腐'，形成整个公司各个层面都朝向一个胜利的目标，努力前进和奋斗。"

三、三管齐下，有效激励

在海外工作，需要面对来自文化、环境、工作、家庭的挑战，"以奋斗者为本、开放包容"的全球化文化价值观的建立，配合明确的干部提拔和职业发展政策、合理的短中长期激励机制等软硬制度的建立，是中国企业国际化成功的关键保障。

华为通过职业发展（升迁机会）、薪酬设计和组织氛围，三管齐下，激励员工扎根海外。

- 通过规划前移，提升"一线呼唤炮火"的组织能力，赋予一线更大的权力。
- 完善前后方协同机制，形成导向冲锋的组织体系和组织氛围。
- 增加职业发展（升迁）的机会，优先提拔具有海外成功经验的干部，特别是具有海外艰苦地区工作经历的干部。
- 坚持"以奋斗者为本"的企业文化，配合倾斜的薪酬和海外补贴制度，通过创新的 TUP 解决长效激励问题。
- 建立高效的海外工作和行政平台，解决员工工作和生活上的后顾之忧。
- 从文化和制度上，保证海外队伍的长期战斗力。

华为的国际化战略与执行，经过多年的实践和总结，就像《千手观音》的表演，"那些完全听不到声音的孩子，在没有任何音乐协调的情况下，形成那么整齐划一的动作，那么精美绝伦的演出，其中的艰辛和付出可想而知"。华为在全球化的过程中，不断否定和超越自己。"华为离成功还很远，在海外很多市场刚爬上滩头，随时会被赶回海里；产业和市场风云不断变幻，刚刚积累的一些技术和经验又一次面临自我否定。在这关键时刻，我们不能分心，不能动摇，不能背弃自己的根本，无论现在还是将来，我们除了艰苦奋斗还是艰苦奋斗。"

中国国力的不断增强，为中国企业"走出去"创造了越来越好的条件。经过三十多年的努力，中国在海外的企业已经超过 2 万家，完全可以从各自为战走向结盟同行，"一带一路"倡议为中国企业的国际化吹响了集结号。如果能学习华为的"神"，借鉴华为的"形"，做到"形神兼备"，立足本企业自身的特点，制定清晰的国际化战略，打造强大的国际化执行力，那么企业国际化的成功将指日可待！

CHAPTER

第五章

商业模式的转型与创新

　　"商业模式"之所以被大家不断关注和追捧，其主要原因是当今互联网技术的发展颠覆了原有的市场格局，跨界经营使企业管理边界和经营模式都发生了巨大的变化。一个个"独角兽"一夜成名，如老一辈的 BAT、乐视、小米等，新一代的 TMD（头条、美团、滴滴）、共享单车、拼多多等。据统计，仅 2018 年我国新增的"独角兽"就有 36 家，约占全球新增总量的 1/3。很多企业家或梦想着通过商业模式创新"一飞冲天"，或提防着竞争对手通过商业模式创新超越自己。"君子爱财，取之有道"是中国的古训，任正非在这波互联网引起的商业模式创新风潮中提醒大家：豆腐还是豆腐。其中的深意是什么？究竟什么是商业模式？而其实质又是什么？简而言之，商业模式就是企业赚钱的来源和方式，但其实质是，无论企业提供的是实体产品还是服务（统称为 Offering），都必须得到客户的认可。华为在其发展过程中的三次重要转型中，在商业模式上都发生了很大的变化。从初期的通过硬件产品的交易获得收入和利润，发展到通过硬件与软件组合产品的销售获取收益，在这个过程中华为发现，软硬件分离的销售模式，给企业带来了更多的利润，仅出口退税就有 17%。到后期，华为通过软硬件产品与服务的销售，以及包括咨询、设计、集成和项目管理等在内的解决方案的销售，不仅获取了更多的收入来源，还大大提高了用户的黏性；销售市场从国内市场拓展到了海外市场，客户群则从电信运营商扩展到了政府、电力、金融、交通等各行各业，客户来源涉及的范围也越来越广；而交易模式也从初级的"一手交钱、一手交货"，发展到多种形式。特别是在华为走向海外市场之后，客户提出了越来越多华为闻所未闻的模式，如交钥匙工程（Turn Key）、融资租赁与融资销售、收入分成（Revenue sharing）、移动基站共享（RAN sharing）、集成服务等，这些交易模式对华为的合同管理、产品形态，甚至组织体系，都产生了很大的冲击。

第一节　商业模式变化的驱动力

商业模式发生巨大变化的驱动力来自以下四个方面。

1. 宏观发展趋势

- 社会文化发展：趋于多元化、个性化、虚拟化。
- 技术发展趋势：国家创新战略形成，技术的更新换代速度加快。
- 法规变化：市场经济推动管制政策走向开放。
- 社会经济发展：互联网对人们的生产、生活产生了巨大影响。

2. 经济驱动力

- 经济全球化：更大的市场、更多的资源、更强的竞争。
- 资本市场：活跃的资本市场为创新注入活力。
- 经济基础设施："一带一路"倡议促进其全面发展。
- 商品和其他资源：商品极大丰富和稀缺资源短缺的矛盾。

3. 工业驱动力

- 价值链：企业之间的竞争演化为价值链之间的竞争。
- 股东：从关注近期利益到平衡近期与远期利益。
- 竞争对手（含垄断者）：各行各业出现行业"巨无霸"。
- 新进入者（颠覆者）：跨界经营者打破了行业壁垒。
- 替代产品 / 服务：信息技术高速发展，为客户带来了更多替代品。

4. 市场驱动力

- 市场问题：经济大幅波动，考验企业的应变能力。
- 需求和需要：客户越来越不满足于基本需求。
- 市场细分：需求个性化成为主流。
- 切换成本："三来一补"的低利润盈利模式逐渐成为历史。
- 收入吸引力：是企业家价值的体现。

其实，各行各业的商业模式一直都在发生变化。而互联网技术的发展，颠覆了很多与大众日常生活息息相关的行业，使大家不得不重视商业模式的重构，生怕自己变成"看不懂、学不会、跟不上"的落伍者。首先我们看看互联网对哪些行业的影响最大，美国学者研究发现，美国受互联网影响程度较深的行业如表 5-1 所示。

表 5-1　美国受互联网影响程度较深的行业

行业	替代指数 S	最大线上替代者
音乐	0.73	iTunes
图书	0.73	Amazon
家电	0.6	Circuit City
鞋类	0.47	Zappos
食品杂货	0.4	Safeway
汽车	0.4	eBay Cars
法律服务	0.4	LegalZoom
服装	0.33	本地 Yelp
租房	0.33	本地 Craigslist
医院医生	0.27	WebMD
餐饮	0.13	本地 Yelp
旅馆酒店	0.13	Priceline Expedia
美容休闲	0.13	本地 Yelp
家政维修	0.13	本地 Yelp
牙医口腔	0.13	本地 Yelp
运动健身	0.07	本地 Yelp

中国的情况与美国有些不同，日用品、服装和快餐类在中国受互联网的影响程度非常大，但总体趋势是类似的。越需要亲身体验的服务/产品，受互联网的影响程度越小。当企业正好处于受互联网影响程度较深的行业时，除了需要仔细研究如何利用互联网进行新商业模式的创新外，更重要

的是要牢记商业模式的本质——为客户提供更好的产品 / 服务，通过成就客户来成就自己。

以去哪儿网为例，其在被携程收购前，笔者曾享受过去哪儿网的服务。在去哪儿网上订机票确实可以通过对比价格，找到最低票价。若旅程一路按计划进行，那么没有问题。但由于台风的原因，我们的原定航班取消。我们通过携程网购票的同行朋友，在一小时内便完成了改签。而我们一行人则在消耗了三个多小时、打了二十几个电话后，才完成改签。在等待期间，我研究了一下去哪儿网。去哪儿网当时在纳斯达克上市后，已经累计亏损 50 亿美元，并传出即将被携程收购的消息。其创始人在他当时最新一期的微博中谈到，且不说去哪儿网对市场和客户的贡献是什么，他最自豪的是他使去哪儿网的 1500 名员工实现了财务自由……让员工实现财务自由是没有问题的，但手段和途径是什么？很多互联网公司都是以好的概念获得融资，通过融资快速获得在线客户数和流量，再通过客户数获得更大的融资，利用得到的资金做金融衍生品进行"圈钱"或上市后快速退出。其关键绩效指标就是客户数和融资额，而对于如何服务好已有用户，常常会将其放到工作和考核的次要位置，这类公司既不成就客户，也不成就投资人，而只是热衷于通过"商业模式"快速致富。随着互联网经济的发展和投资环境的逐渐成熟，这类公司将被市场迅速淘汰。

回归商业本质，Offering 对客户产生价值之后，确实也可以通过采用不同的商业模式，为企业带来不同的商业结果。评判商业模式好坏的标准就是盈利。

盈利 = 收入 – 成本

商业模式可以是满足客户的价值需求，以此来获取收入（Total Value Ownership，TVO），就像无人机，其激发了客户的潜在需求、满足了客户的价值取向，虽然产品成本高，但盈利更多。商业模式也可以是降低整体成本（即前面提到的 TCO），这是很多跟随型企业更容易采用的方式。

第二节　商业模式转型的典型案例分析和总结

商业模式的种类有很多，企业如何确定最适合自己发展的商业模式呢？下面我们通过几个典型案例来进行商业模式的设计分析。

一、零售业——苏宁电器到苏宁云商的商业模式转型

（一）苏宁电器危机的来源

一是传统的联营制模式：传统的联营制模式，使得零售商过度依赖商业地产模式，而他们又不懂产品、不懂消费者需求，消费者的话语权和注意力决定了零售商的命运。

二是品牌商积极触网：网络渠道使得它们可以夺回在传统零售商面前的部分话语权，同时又能够使它们在可以不选择黄金地段开设实体店的情况下，迅速触摸消费者的需求。

三是网络零售商的冲击：2011 年，苏宁还在大肆扩张，连锁店的数量同比净增加了 373 家；2012 年，形势急转直下，第一季度净利润下滑了 15%，全年下降近五成，关店数量达到 178 家，全年净减 20 家。而京东在 2012 年的营收达到了 600 亿元，阿里巴巴则突破了 1 万亿元。

（二）苏宁的变革之路

不变等死，变不好找死；不变一定死，变则可能有一线生机。

第一阶段，2010—2012 年：苏宁在其互联网之路的探索期里走走停停，没有大力度的实质性推进。**虽有明确的战略方向，但没有清晰的战略路径。**

- 模仿早期电商：线上线下相互割裂、冲突；
- 企业转型初期的常见现象：新业务没有发展成型，看不到现实利益，也看不到未来的价值，而老业务直接受损。

第二阶段，2013 年： 随着移动互联网的发展，O2O 被证明是传统店商向电商转型的可行路径。

- 确定"一体两翼"的业务模式："电商＋店商＋零售服务商"。
- 点面结合：面上整体布局，选择局部进行具体试点；做好转型的硬件和软件准备。
- 2016 年与阿里巴巴形成战略合作，2018 年线下收入首次超过老对手国美。

1. 紧紧抓住商业模式转型的实质
（1）"节流"——合理降低整体成本

通过分析苏宁自身的成本构成，并仔细比较纯电商标杆企业京东的成本结构，苏宁制定了全面降低成本的关键措施，如图 5-1 所示。

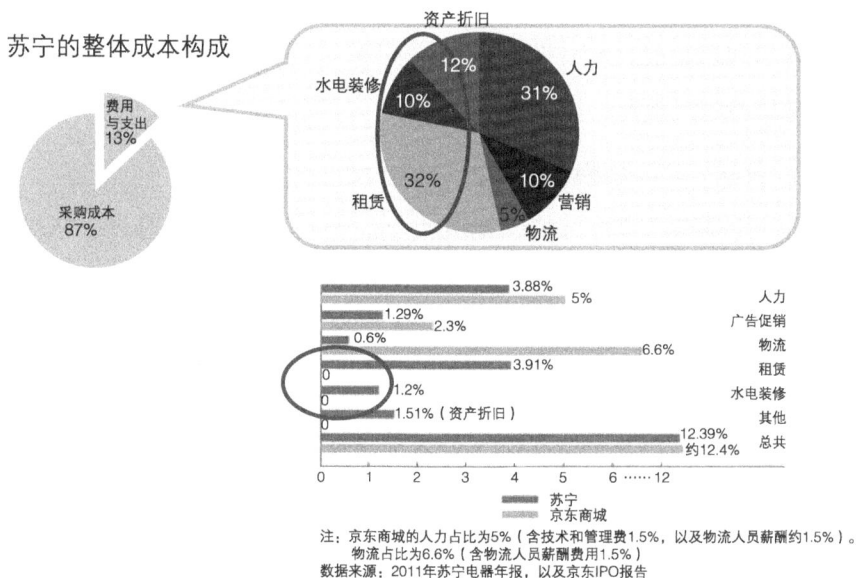

注：京东商城的人力占比为5%（含技术和管理费1.5%，以及物流人员薪酬约1.5%）。
物流占比为6.6%（含物流人员薪酬费1.5%）
数据来源：2011年苏宁电器年报，以及京东IPO报告

图 5-1　苏宁整体成本构成与京东的成本对比

措施一，优化与品牌商的关系：降低采购成本的出路就是做大销售量和优化与品牌商的关系。例如，在 2013 年年初，苏宁和海信签订了2013—2015 年三年销售 300 亿元的战略目标，双方通过产品战略、渠道拓展、供应链优化、组织对接及联合市场推广等协同举措，大力推进 O2O 融合的合作。

措施二，优化实体店面：1600 多家门店的租赁以及附属费用和资产折旧，是传统零售商与电商成本构成的最大区别，也是节流的方向。

- 合理布局：对一、二线市场，苏宁主要是升级旗舰店，关闭不合理的社区店，除非该店位于区域中心，或者承担物流职能；苏宁的发展重点在三线市场，作为物流布局的重要节点，苏宁势必会持续加大三级市场的开店力度，拓展 O2O 网络；而四线城市的圈际根深蒂固，苏宁不会花精力开店，而是选择用电商的方式突破。

- 把成本变成新的收入来源：苏宁开放了线下资源平台，实现资源市场化和社会化，形成第三方物流系统，使原来的巨大成本部分转化成新的收入来源。

（2）"开源"——增加收入来源

将苏宁电器改为苏宁云商，提出"全品类、全方位、全客户""服务是苏宁的唯一产品"的价值主张。

措施一，增加经营品类，打破线上线下的价格差异。

- 从家电、3C 产品拓展到百货、日用品、图书、食品、虚拟产品，打破了线上线下的价格差异，在全国范围内实现了同品同价，极大地推动了 O2O 的融合。

措施二，提供 3C 解决方案——智能家庭"苏宁私享家"。

- 涵盖智能系统解决方案、空气系统解决方案、水系统解决方案、影音系统解决方案，提供专业咨询、设计、采购、施工、监理和售后服务的整体解决方案。

措施三，尝试新的盈利模式——双线开放平台"苏宁云台"。

- 通过"苏宁云台"全面向社会开放，形成第三方开放物流系统。
- 高端信息增值服务：对大数据的挖掘向合作伙伴开放，从而集聚品牌商、零售商和第三方服务商的资源和智慧，提供丰富的商品选择、价格对比和个性化的服务体验。
- 实现商流、物流和资金流的整合，提供满足消费者和商户需求的金融解决方案。

2. 重构苏宁核心竞争力

- 上亿的客户资源、1600 多家门店、通达 2800 多个区县的高效且低成本的物流网络系统。
- 全渠道：将线上的展示和便利（如价格比较）与线下的体验和服务完美结合，丰富零售经营经验和供应链管理经验，更好地满足用户和供应链的需求。
- 通过"苏宁云台"，弥补自身短板，使苏宁也具备了互联网的优势。
- 支持新运作流程的先进 IT 系统和研发能力（POS 系统与网络系统的统一数据库、实时价目系统、实时供应链系统，以及苏宁易购手机 App 的开发）。

苏宁在独立拓展线上业务时，对互联网运营模式需要一个学习的过程，而阿里、京东等互联网零售商已经形成了客户资源的相对优势，并通过平台的黏性对传统零售商形成了强烈的冲击，苏宁的活跃客户数仍然是其很大的软肋。而互联网零售商由于缺乏线下资源，其物流成本又居高不下，迫切需要建立自己的线下资源。因此，苏宁与阿里巴巴、京东与腾讯通过结成战略伙伴关系的方式，迅速取长补短，形成了新的竞争优势。

二、制造业——从"富士康"到"富智康"

（一）富士康危机的来源

一是客户订单锐减：客户相对单一，过分依赖苹果、三星、诺基亚等几个超大客户。

二是成本上升：原材料成本上升、缺工现象严重，导致人工成本等综合成本上升；新劳动法的颁布，以及对员工增加工资、改善福利等要求的满足，进一步摊薄了富士康的利润。

三是竞争加剧、利润下滑：富士康现在的利润率已经从几年前的 6% 下降到 2%，而新出现的竞争对手和硕，采取了更低利润率（0.8%）的竞争方式，真是"没有最低，只有更低"。富士康亏损成为常态，毛利率跌破 1%。2012 年上半年，富士康总营收 25 亿美元，下滑 16.37%，亏损 2.26 亿美元；2011 年总营收 63 亿美元，净利润 0.73 亿美元；2010 年净亏损 2.28 亿美元。

（二）富士康商业模式转型的路径

1. 紧紧抓住商业模式转型的实质

（1）"节流"——降低运营成本

措施一，工厂向内地和海外更便宜的劳动密集地区迁移。

措施二，引进机器人，实现制造环节的智能升级。

由机器人承担繁重和重复的工作，实现生产线自动化和管理自动化；Foxbot 项目研发机器人，3 年有 100 万台投入使用。这样既能形成未来的竞争力，打通普通蓝领走向科技产业工人的职业发展通道，又能减少普通劳工的数量，大大降低人工成本，向工业 4.0 迈进。

（2）"开源"——增加收入来源

重整富士康通路事业群，开拓"万马奔腾"、"飞虎乐购"等五路渠道业务；加快向新能源、新材料、云计算等的转型。

措施一，"制造的鸿海"——从核心制造 OEM 向品牌经营转型。

- 2013 年富士康与台湾当地运营商联合发布了一款廉价的自主品牌智能手机 A5；
- "睿侠"品牌电视机试水家电市场领域；
- 组装业务向利润更高的配件业务延伸，生产自有品牌的传输电缆、耳机、键盘等；
- 新兴产业：光伏电池、锂电池、LED 等。

措施二，"科技的鸿海"——从经营产品向提供解决方案转型。

- 以 1.3 亿元人民币买下乐视网 20% 的股份，借助乐视 TV 的模式，以软件与硬件结合的方式，进入移动互联网、智能家居领域。
- 通过 OEM 服务器、存储、路由交换等设备，进行了大量的技术积累，并设计软件应用程序，提供云服务和物联网解决方案。
- 富智康不再固执地坚守制造，而是向"微笑曲线"的两端迈进。

措施三，"商贸的鸿海"——从独立运作转向将资源平台对外开放。
以下是其五大通路的建设。

- 线下：
  - IT 卖场赛博数码加速扩点；
  - 与麦德隆集团联手的电子产品卖场万得城；
  - 与异业结盟的店中店；
  - 以员工返乡创业为主的"万马奔腾"计划。
- 线上：
  - 电商网站"飞虎乐购"将传统平台与互联网平台的优点结合起来，打造新的开放型资源管理平台，开辟新的盈利模式。

（3）客户选择多样化

措施一，拓展客户资源，降低对少数大客户的依赖。

通过增加诸如小米、乐视、华为等新兴品牌厂商，填补产能。但代工模式毕竟要受制于人，客户多样性只是减少了依赖程度。

措施二，拓展客户的客户（最终用户），在增加收入来源的同时，准确把握客户需求的趋势。

- 拓展电子消费群体（手机、电视）；
- 拓展 B2B 企业客户（云服务、物联网面对的政府、企业和垂直行业客户）。

2. 扬长补短，构建"富智康"核心竞争力

（1）全球最短的 3C 供应链，做到 "982" （98% 的出货在两天内完成）

（2）核心制造和成本管理（含 13 个自动化生产和管理基地）

（3）研发能力和专利数，特别是全球领先的模具设计制造技术

- 全球专利数名列中国前三强。
- 鸿海建立了强力的模具开发管理系统 FRT，其他厂商通常需要 1 周设计制作的模具，鸿海 1 ~ 2 天就能完成。

（4）价值链整合与重构，掌握核心技术

- 以换股方式合并台湾第二大液晶面板公司奇美。
- 以 8.36 亿美元购得夏普 9.88% 的股份，成为其最大的股东，丰富了液晶屏幕生产线，更重要的是丰富了核心技术和知识产权。

2017 年，富智康的收入增长超过 80%，这得益于其在新兴市场大力拓展诺基亚品牌功能手机、智能手机的制造以及辅助物流和销售业务；也得益于中国和印度手机市场的带动作用，以及加入微软的供应链之后所产生

的效应。

三、餐饮业——海底捞商业模式解析

到海底捞就餐，客户真的会有"消费者就是上帝"的感觉，但同时又会心生疑惑：

* 中档餐饮采用高档餐厅的服务方式，成本能控制得住吗？
* 不断扩张，会"昙花一现"吗？海底捞的核心竞争力究竟是什么？

（一）海底捞怎么降成本

要降低总运营成本 TCO，餐饮行业典型的成本构成如图 5-2 所示。

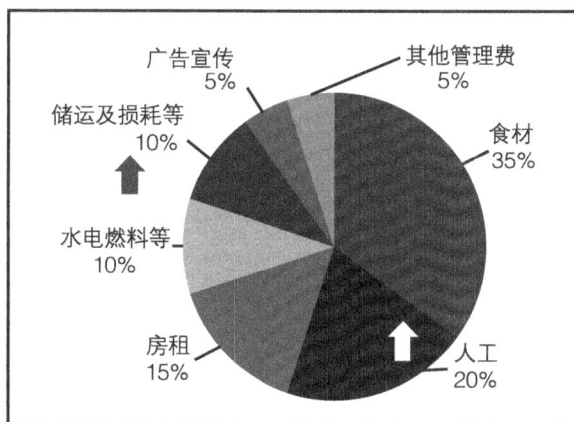

图 5-2　餐饮业的典型成本构成

通过分析餐饮业的一般成本构成和海底捞自身的情况可以发现：餐饮业总成本逐年上涨，增长最快的是人工费用、店面租金和储运配送环节的费用。随着经济的发展，全行业人工费用都在不断攀升，为了提高服务水平，又不得不招聘高素质的人员。因此，最适合挖潜的成本部分是租金和储运配送环节。

措施一，减少储运、配送成本和期间损耗。

- 与美国夏晖公司在北京、上海、西安、郑州合建配送中心，其"卫生安全""质量保鲜"得到北京残奥会认证，并被指定为配送中心；
- 其每个物流中心都有一整套先进的清洗、检验、冷藏冷冻设备，并组成了严格标准化的生产链条；
- 后台配送中心与前台各分店餐厅的计划用量管理高度标准化。

措施二，减少房租的终极目标："分店无后厨"。

- 创新的半成品保鲜技术；
- 火锅加汤设备、自动洗碗机以及点菜触摸屏等自动化技术的运用。

措施三，"非人性化"的标准流程。

- 后台"非人性化"的标准流程，保证了后勤体系的安全、高效、低库存、低店面成本。

这些措施的实施，不仅大大降低了运作成本，而且形成了公司的核心竞争力。

（二）海底捞的开源

措施一，餐饮业的收入比较单一，几乎全部来自于食客。

- 顾客忠诚度成为企业赢利能力和增长的主要驱动力，也是决定海底捞利润的一个重要因素。
- 顾客满意度和忠诚度要远比简单的利润加减法重要得多，但满意的顾客并不一定会成为忠诚的顾客，发掘与餐厅理念契合的顾客并了解他们的需求是海底捞的"顾客经"。

措施二，不断探讨新的收入来源。

- 海底捞底料和蘸酱料陆续开始在超市出售，共分 3 大系列 17 个品种。
- 参考洋快餐商业模式（连锁加盟特许费用、房地产等）。
- 开放餐饮物流平台。

为落实门店的服务导向、提高客户满意度和忠诚度，海底捞对门店考核只有两项——顾客的满意度与员工的努力程度，财务指标则从来不是海底捞考核体系中的重点。

（三）"海底捞"根据细分客户群需求，构建核心竞争力

餐饮业的基本需求是干净卫生和味道上乘。但火锅对烹调技术的要求较低，特别是川味火锅，厨艺水平对火锅餐饮的影响很小，客人又自行搭配调料，食材的准备也相对简单。因此，竞争的关键点在于食材的质量和服务的水平。海底捞的菜品以干净、新鲜以及分量适宜而著称。

1.海底捞的市场定位和客户选择

- 市场定位为中档餐饮。
- 客户细分：重体验而非效率、对时间不敏感的客户。"对时间过于敏感的顾客不会选择吃火锅，也就不会选择海底捞。"

2.海底捞的价值主张

餐饮业的风格特点大致有便利廉价、流行时尚、亲友聚会、商务洽谈和优雅高端这几种。海底捞准确地将自己定位为"为家庭、朋友聚会提供优质服务的场所"。

- 良好的体验，使客户主动利用新媒体为海底捞免费宣传；是长期占据新浪微博粉丝数、平均被转发数、平均被评论数、粉丝活跃度前十强的餐饮企业。

- 针对目标客户等候区的免费服务，使冗长的等待变成一种口碑，将营销成本转换成效益。
- 利用视频会议系统，创新地为顾客远方的亲人、朋友或同事提供"天涯若比邻"的聚餐服务。这种方式虽然存在争议，但却充分体现了公司的价值主张。

3.海底捞的核心能力构建

（1）前台的人性化服务

- 服务创新成为差异化的代言人；客户感到"受宠若惊"，感慨"终于找到了当'上帝'的感觉"。
- 服务培训，经验分享。
- 创新的"师徒传帮带"模式和考核体系。

（2）后台"非人性化"的标准流程和自动化

- 保证了后勤体系的安全、高效、低库存、低店面成本。
- 减少了前台员工的体力劳动，更好地为客户提供优质服务。

（3）产品和技术的创新

- 海底捞计划每年推出 1~2 款有影响力的火锅品种。
- 每季推出 5~10 种新菜品。
- 自创的"鸳鸯无渣锅底"和"蹄花三鲜锅底"等，成为传统四川火锅的补充。
- 创新的初加工以及切片工艺，保证健康并方便使用。

海底捞的商业模式是将成本尽量向供应链的后端迁移，实现规模化管理和效益，海底捞的未来目标是完全省略门店的后厨功能。为此，其在配送中心布局、采购管理、配送中心设备、配送中心加工流程、物流配送及盘点管理等各环节，实施了全面改进和数字化管理，以保证完全加工好的菜品在最新鲜的状态下到达各门店的餐桌，也就是将门店后厨的工作不断迁移到配送中心，将生产和服务剥离开来，分别实现标准化和人性化管理。在加盟点的拓展激励机制上，为防止出现传统的"教会徒弟，饿死师傅"的现象，海底捞参考传销模式，发展了加盟店的门店可以对加盟点进行抽成的模式，实现了多赢的局面。由此可见，一个企业的商业模式可以进行多商业模式的混合设计，以达到效益的最大化。

从以上案例可以看出，商业模式转型变革的实质，就是以为客户创造价值为基本出发点，重建企业的核心竞争力，通过增加产品种类、细分客户种类等方式，为增加盈利"开源"；或者通过成本的结构性优化，为增加盈利"节流"。

第三节　商业模式设计架构

从以上典型案例可以看出，商业模式决定了企业的特质和经营模式，企业的商业模式相对稳定、不易改变。从整体来看，商业模式可以从以下方面理解。

对外表现企业气质。

- 选择什么市场，选择什么客户（客户细分）？
- 企业做什么，不做什么？赚什么钱，不赚什么钱（产品和解决方案，相对聚焦或多元化）？
- 如何构建价值链，如何确定自身在生态链中的位置（价值链定位）？
- 销售模式：直销，ODM/OEM，自有品牌等。

对内反映流程模式（Process Model）。

- 业务规划和执行：企业开展工作的方式、组织和流程。

- 采用何种关键活动构建企业竞争力？
  - 产品创新领先策略。
  - 兼并与收购。
  - 成本结构和盈利模式。

- 流程模式随着市场环境和技术的发展而变化，特别是信息技术和互联网，对组织和流程的影响尤为显著。

一、新商业模式简介

互联网对商业模式的冲击越来越大，这也催生了越来越多的商业模式。不同行业可采用不同的商业模式组合，很多行业有相对专属的模式。现将比较流行的商业模式（狭义）进行总结，如图 5-3 所示。

- 专业开源模式（如Linux，Andriod）
- 双面模式
- 产品服务化商业模式
- 会员制商业模式
- 增值转售模式
- 收入分成模式
- OEM/ODM模式

- 廉价航空模式
- 设备租赁商业模式
- 垄断商业模式
- EPCO模式
- BOT模式
- 交钥匙模式
- 融资销售模式
- Pay as You Grow（PAYG）

- 网购模式
- 按用量（次数）、时长收费模式
- 在线拍卖模式
- 直销模式
- 分销模式
- 免费模式（报刊）

图 5-3　常见的商业模式（狭义）

中小型的产品：一般会采用分销、网购等销售模式。

　　比较大型的设备：一般会采用直销的销售模式。针对大型机械设备一般会选择融资销售或租赁等采购模式，这样可以提高设备的利用率，还可以保证使用单位的轻资产结构；PAYG、收入分成和按"用量 ÷ 次数"收费等交易模式，常常用于新兴业务（如云应用业务），该模式可以减少初期投资，供应商和运营商双方共担经营风险、共同发展客户。

　　工程建设项目：交钥匙工程、EPCO、BOT 被广泛采用。主要驱动力是业主减少管理复杂度，解决融资问题或减少经营风险的需要。

　　增值服务和服务平台：其商业模式组合的形式较多，免费模式、按交易次数模式、双面模式常常被用到。但由于商业政策和管制的原因，商业模式在不断地变化。淘宝的双面商业模式运作得非常成功，一方面通过淘宝交易平台收取网店的店面个性化设计、广告与排名、交易提成、信用管理等费用；另一方面通过分析交易大数据，向厂商准确提供产品的需求信息、通过热销排名与广告等方式收取增值服务费用。而 ofo 共享模式，其实就是利用租赁模式甚至早期的免费来降低准入门槛，从而大量地获得客户，实现双面乃至三面的盈利模式。但由于管制的原因，大量的押金不能用于金融衍生产品的获利。而客户的大数据分析没有太多的商业价值，仅能作为支付宝用以增加新用户注册的来源，同时却造成用户使用不便的问题。预想中的商业模式无法运转，企业便会陷入经营艰难的窘境。

　　通过上述分析，无论是在客户的选择上还是在产品的选择上，无论是营销模式还是交易模式，无论是节约成本还是增加收入，都需要有完整的模型来帮助企业家设计企业的运营模式和商业模式。

二、商业模式设计架构

　　亚历山大·奥斯特瓦德（Alexander Osterwalder）和伊夫·皮尼厄（Yves Pigneur）在《商业模式新生代》中提出的商业模式画布（Business Model Canvas）给出了商业模式的设计架构，如图 5-4 所示。

企业运作基础		产品、解决方案与服务		客户界面

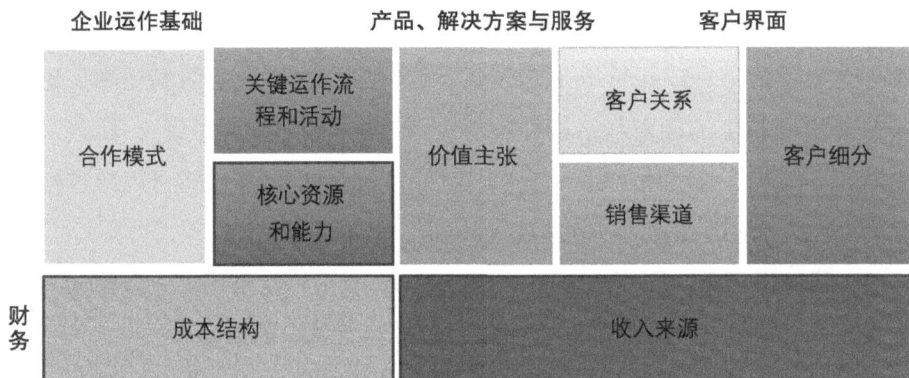

图 5-4　商业模式设计九宫格

该架构主要分为 4 个部分 9 个模块（九宫格）。

1. **企业运作的基础：关键运作流程和活动、核心资源和能力（竞争力）、价值链合作模式和战略伙伴关系。**企业内部运作的关键流程和活动，对华为等泛制造类企业而言，主要包括围绕客户的产品研发流程、营销和合同管理流程、生产制造和供应链（含采购、交付）流程等主业务流程，而人力资源管理流程、财经管理流程、固定资产管理流程，以及变革和 IT 管理流程等属于重要的支撑流程。核心资源和能力是企业有别于行业竞争对手的关键要素，特殊的客户和社会关系、拥有稀缺的资金或自然资源等外部资源虽然也能确立企业的竞争优势，但一般有时限性。而构建内在的别人无法复制的核心竞争力，如华为的研发能力和公司的治理结构、阿里巴巴的平台能力、大疆的创新和产品领先能力，才能使企业在竞争中保持优势地位。

2. **产品、解决方案与服务**（Offering）：企业通过其所提供的产品、解决方案或服务，不但能满足客户的基本需求，还能满足有别于竞争对手的更高价值的需求，实现企业对客户的承诺和价值主张。

3. **客户界面**：包括客户细分、销售渠道和客户关系三个子模块。企业确定适当的行业，并在行业中选择合适的细分市场和细分客户，通过一定的渠道和销售模式与客户建立关系，最终实现销售。

4. **财务**：包括成本结构和收入来源两部分。企业通过优化成本结构实现"节流"，并通过增加收入来源实现"开源"，优化整体盈利模式，提高企业的财务水平。

三、商业模式设计案例

根据该模型，可以对前面三个案例的商业模式设计进行概要性的总结。其中，从苏宁电器到苏宁云商的全渠道商业模式，如图 5-5 所示。

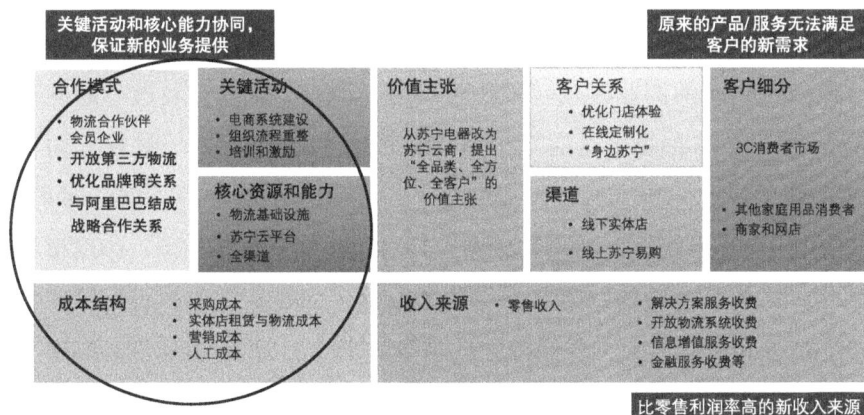

图 5-5　苏宁的商业模式总结

在苏宁商业模式重构的过程中，虽然涉及的模块较多，但核心是重构了企业运作的基础，在内部构建了 O2O 全渠道平台。这样做，一方面使可销售的产品、可服务的客户群大大增加，从而增加了收入来源；另一方面，可以只保留少量的旗舰实体店，而不减少与客户的接触面，从而优化了实体店的布局和利用率，大幅降低了运营成本。而在与淘宝建立战略合作伙伴关系之后，苏宁的市场占有率和盈利情况得到了实质性的改进。

富士康商业模式转型前后的对比，也可以概括总结为图 5-6。

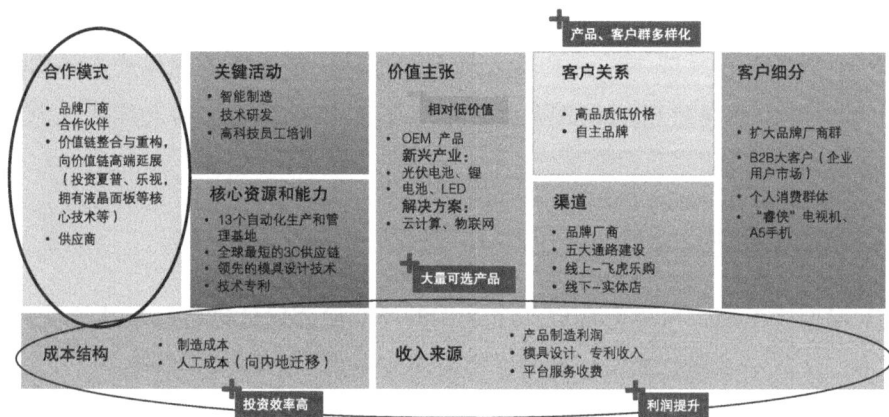

图 5-6 富士康的商业模式总结

虽然富士康的商业模式转型几乎涵盖了所有方面，但经过不断的尝试之后，富士康在商业模式的三个方面做得较为出色。一是财务方面，特别是在优化成本结构方面，效果明显；二是在拓展客户群方面，对华为、OPPO/vivo、小米等客户的拓展减少了其对苹果的依赖，中国、印度市场的不断增长，使富智康的财务状况得到了改善；三是富智康回归到了"自身的核心资源和能力"上，在保持原有全球最短的 3C 供应链和核心制造与成本管理的基础上，加快了智能制造的产业升级，加强了研发能力和模具设计能力，并通过价值链的整合与重构，向价值链高端延展，意在未来的工业 4.0 时代，构建企业新的核心优势。

海底捞的商业模式则如图 5-7 所示。

餐饮业的客户需求表现出了更复杂的多样性。海底捞在"火锅"这一细分市场，商业模式相对来说较为简单。其主要是通过优化后台内部流程和合理布局供应链的各环节，实现了"店面无后厨"的目标，根本性地改变了成本结构；同时，提升了前台人性化的服务水平，提升了客户的满意度和客户关系，践行着企业的价值主张。该商业模式的持续优化，使海底捞能够在竞争中保持一定的优势。

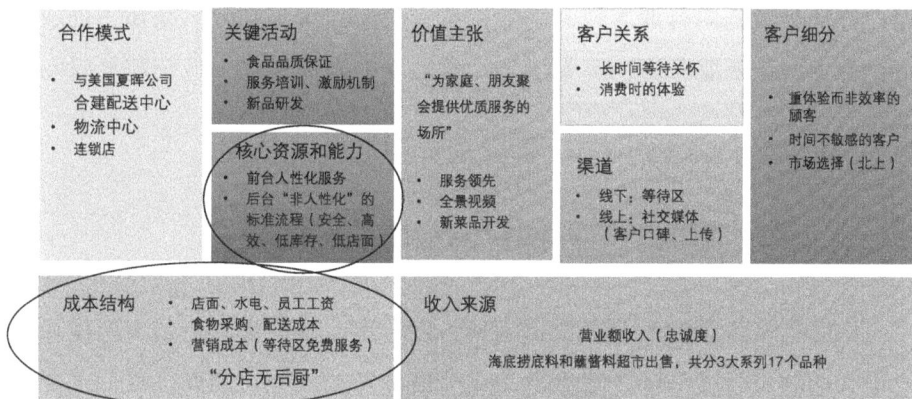

图 5-7　海底捞的商业模式总结

在充分理解了商业模式的设计架构之后，华为看似复杂的商业模式，就很容易归纳了，如图 5-8 所示。

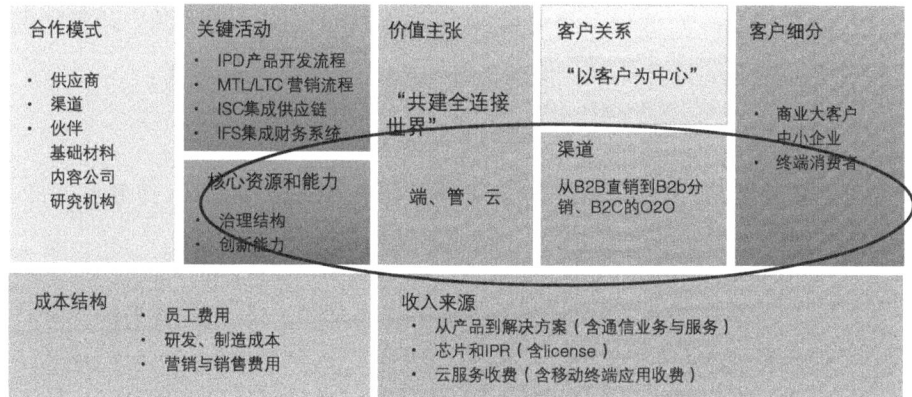

图 5-8　华为的商业模式总结

虽然华为"五年一大变、三年一小变、不变很奇怪"，但其商业模式却相对稳定。由于华为的"聚焦主航道"战略，华为的商业模式主要还是在通信与信息领域，将产品和解决方案从通信设备拓展到了手机终端和云服务上，形成"云、管、端"端到端解决方案；市场范围从国内拓展到全球，客户群从运营商向行业客户和一般消费者拓展。华为在收入来源方面，正在努力尝试从云服务走向运营服务，增加新的盈利模式，但仍需要时间来检验。

第四节　如何打造成功的商业模式

从这些著名企业的商业模式创新可以看出，商业模式中的 9 个模块一般不会同时进行变革，一般会从 1~3 个模块开始发生。因此，我们选择最重要的 4 个模块进行重点分析和详细设计。

一、通过成本结构分析，实现全流程降成本

（一）TCO 分析

我们在产品战略部分曾经分析过产品的 TCO，这里则强调企业整体的运营成本，两者的计算类似，但含义有些差异。TCO 的构成为：

$$TCO=WACC（CAPEX+OPEX）$$

注：WACC 为融资成本权重，CAPEX 为资本支出，OPEX 为管理支出。

- CAPEX 在产品中属于一次性设备采购成本，而从企业整体的角度看，属于一次性的固定资产和基础设施投资，二者都需要按年进行折旧和摊销。

- OPEX 属于每年例行的技术支持、运营、保障、维护、培训、人工费用、税收等支出。

- 单个产品和整个企业的 OPEX 的区别在于其所涉及范围的广度不同。

- 无论是 CAPEX 还是 OPEX，所有的支出都需要占用资金，资金成本用 WACC 系数来体现，由融资渠道决定。众筹就是一种典型的降低融资成本的模式。

福耀玻璃之所以在美国建厂，就是对在美国建厂的 TCO 进行了仔细分析之后做出的选择。福耀玻璃发现，美国除了人工比中国贵之外，为建厂而买地的钱通过政府的各种补贴，都可以收回，能源价格和综合税负也比较低。

税务成本的合理降低是提高企业盈利比较常用的方法。一般企业会选择税率比较低的地区进行企业注册以合理避税，典型代表就是苹果公司，其通过爱尔兰销售公司的设立，每年合理避税达 380 亿美元。另一种模式就是将设备的软硬件分开销售，典型代表是 IBM 公司。IBM 利用自己服务器软件技术的优势，将中低端服务器的利润水平控制在 40% 左右。这样做，一方面在销售上打击了华为、浪潮等以硬件设备为主的厂商，使它们失去了价格的优势或降低了它们的盈利水平；另一方面，通过软件的高利润销售，使整体利润维持在合理的水平。而国家对整机、硬件和软件的税收比例是不同的，软件税率仅是整机和硬件的税率的三分之一左右，从而进一步提高了软件产品的利润。在出口退税方面，软件产品也受到政策更多的扶持。

因此，企业需要在国家 / 国际各种政策指导下，进行盈利模式的设计，合理降低各种成本。

（二）成本转移趋势

为了更好地降成本，必须从全流程的角度考虑问题，而不能从局部角度出发。华为早期曾走过弯路。在一次降成本运动中，研发部门为了降低某设备成本，把原来设计的自动检测电路、远端监控和诊断功能模块全部裁剪，只保留了核心业务功能模块，从研发角度大大地降低了成本，但却给后端技术支持和运维带来了很多麻烦，大大增加了后端的服务成本，还影响了客户满意度。因此，这样做反而从总体上增加了成本。在结构性降成本这方面，目前出现了几大趋势。

1. 公司层面：轻资产公司

- 通过生产外包，减少生产线的投入。
- 通过租赁设备和场地，减少 CAPEX 的投入。

比较典型的是小米公司，其生产几乎全部外包，这在企业发展的初期是非常流行的方式。这样做，一方面可以减少初期的资本投入，另一方面可以集中资源在关键领域，一旦市场不接受上市的产品，企业可以灵活进行调整。但企业发展到一定阶段，一般会在自产和外包之间形成一个平衡，以保证对产品的快速验证、对市场的快速响应和增加商务谈判的筹码。

2. 运营层面：CAPEX 向 OPEX 转移

- 弥补初期的资金不足。
- 常常是为了满足财务报表和经营表现的需要，如稳定股价。
- 投资决策模式的变化，如电信运营商集采后的小额采购。

3. 产品层面：硬件资产向软件资产（含设计）转移

- 充分发挥企业的竞争优势，如 IBM 服务器以低于 40% 的毛利销售，打击华为、浪潮、联想等以硬件为主的低价厂商，而通过服务器软件销售实现高利润目标。
- 适应税收政策，软件产品税收低、出口退税高。
- 全流程降成本：分析营销、研发、生产、交付、技术支持、管理各环节的成本结构和相互关系，制定相应的降成本措施。华为通过研发芯片和关键模块，使光网络产品在行业内只有 40% 利润的情况下，达到超过 60% 的利润。而其麒麟芯片套片的使用，不但大大降低了华为手机的成本，还降低了供应链的管理成本，提高了供货安全。福耀玻璃则通过改进生产工艺和优化制造流程，在行业平均利润率只有 5% 的情况，做到了 40% 的利润率。

二、"为客户创造价值"，优化盈利模式

参考马斯洛需求层次理论，产品越能满足高层次的需求，对客户来讲价值就越大。特别是对于客户潜在需求的挖掘和激发，或对关系客户生死存亡的需求的满足，对客户价值越大，溢价能力越强，其盈利模式反而越简单。例如艾滋病的鸡尾酒疗法，一年的费用为 30 万美元，远远高于单个药品价格的总和。这往往需要敏感的市场洞察和巨大的研发投入。因此，在设计商业模式时，首先应该回答的核心问题是：产品为客户创造了什么价值？客户愿意支付多少钱？在此基础上，优化收入方式、收费模式和定价机制，实现商业价值的最优化。

（一）常见的收入方式

- 有价物（实物商品或服务）的销售；
- 有价物的租赁；
- 知识产权许可费或软件授权费；
- 运营收入分享；
- 会员费/加盟费；
- 特许使用权费（如品牌使用等）；
- 辅助/补助资金（如政府补贴、退税等）。

确定了收入类型，收费模式也可以进行多种组合。

（二）常见的收费方式

- 一次性收费；
- 按时长收费；
- 按使用量收费；
- 分期付款；
- 用后付款；

• 多面收费模式（最终消费者、厂商、渠道商）。

根据产品的市场定位和独特性，还可以制定更合适的定价机制，增强产品的盈利能力。

（三）常用的定价机制有

• 固定定价。
  - 目录价
  - 依赖产品特性的定价
  - 依赖客户分类的定价
  - 依赖数量的定价
  - 绑定销售定价
• 动态定价。
  - 谈判
  - 效益管理、实时市场调节
  - 竞拍
  - 心情价（Pay As You wish）

（四）盈利模式的演变

通过对收入方式、收费模式和定价机制的组合设计，确定企业最合理的盈利模式。不同行业根据自身的特点，常常会采用特定的盈利模式。互联网衍生出很多新的商业模式，为商业模式创新提供了典型范例。常见的互联网商业模式有如下 4 种。

1. 长尾模式

典型代表是亚马逊网上书店。

• 可以卖原来不能卖的小众产品，且利润很高；
• 高成本的传统店面被低成本的仓储方式代替。

2. 免费模式

典型代表是腾讯微信。

- 免费引入流量，通过其他方式盈利，如广告、大数据挖掘基础上的增值业务。

3. 平台模式

典型代表是苹果 iTunes。

- 商家和个人开发者身兼双重角色，既是用户又是合作伙伴（内容提供商），即双边盈利模式（Two-Side Model）。

4. 跨界经营

跨界经营常常是"外行"进入某一领域后，不遵守原来的行规，反而会引发商业模式的颠覆和创新，异军突起。

- **史玉柱从保健品到网游《征途》**：颠覆了传统游戏按时长付费的模式，采用免费玩游戏、按道具付费的新模式；不但免费玩，还给玩家付工资；后被多数网游、手机游戏模仿。
- **奇虎 360 杀毒大战瑞星**：瑞星采用传统的软件（硬件也类似）销售模式，一手交钱、一手交货（光盘或 license）。360 通过杀毒软件免费模式，聚集人气占领客户桌面，通过 360 安全浏览器、搜索、导航等盈利，收益超过了之前杀毒行业总和的数倍。
- **淘宝和 eBay**：eBay 的商业模式是"付费开店模式＋门户网站排他广告"。淘宝根据中国市场的特点，推出了创新的商业模式，即"免费开店模式＋草根网站推荐＋信用担保"，降低了商家的准入门槛，充分发挥了数字营销的精髓（增加用户基数和关注时长、社交媒体、

SEO/ 自然排名 ），不断创造商业奇迹。

三、构建企业核心竞争力

要构建企业独特的竞争优势，首先要回答三个问题：一是企业需要什么物资、装备、资金和资源；二是哪些是需要自身于内部构建的，哪些是需要通过外部获得的；三是企业有什么特殊的竞争力。成功的企业通过市场竞争，不断进化出自己的独特优势：

- 客户基数和客户黏性 / 关系，如淘宝；
- 品牌影响力，如可口可乐；
- 智力资源，如麦肯锡；
- 技术专利，如高通；
- 核心技术，如三星的液晶屏和 flash RAM 等；
- 核心设计能力和装备，如富士康模具技术、"天鲸号"特种装备；
- 特殊资源，如资金、土地、政商关系；
- 公司治理能力，如流程与 IT 对于 IBM，从应用工具变成竞争力；
- 创新的盈利模式。

从这里可以看出，盈利模式创新只是构建企业竞争力的一环，而且商业模式常常易于模仿，不能持续为企业带来竞争优势。回归商业本质即以为客户创造价值为宗旨，构建长期内在的核心竞争力，这才是最好的商业模式。无论是创新还是构建核心竞争力，"以客户为中心"、打破常规和逆向思维是重要的思维模式。

基于《蓝海战略》一书中提出的逆向思维设计四元法，笔者将其重新归纳为 RICE 四元法，如图 5-9 所示，企业可以尝试使用。其要点为：分析企业所处行业的关键变量，可以是细分客户的需求要点、解决方案、竞争要点、投资要点或价值链要素等多维度的变量，以下举例说明。

- 竞争要点：行业是关注优越的客户价值（功能、性能、质量等），还是相对低的 TCO。
- 市场表现：行业关注企业的客户基数、活跃用户数，还是客户满意度、忠诚度、市场份额、利润。
- 资源优势：行业优势的建立是基于实体资源储备，还是优越的技能和知识、优越的智力资源和业务流程等。

企业可以采用四元分析法进行核心竞争力的设计或重构。

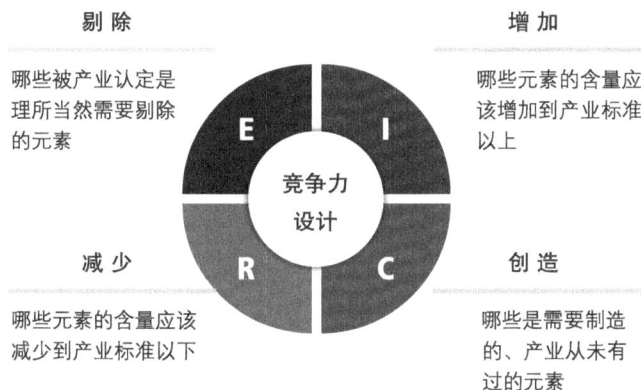

图 5-9　创新四元分析法（RICE）

四元分析法的第一元是剔除（Eliminate），即哪些元素被产业认定是理所当然需要剔除的元素。这常常是行业协会为维护利益链而建立起来的行业规定。

第二元是减少（Reduce），即哪些元素被要求减少到产业标准以下。这有时甚至是领先企业为防止竞争而在技术标准上构建的特殊准入门槛。

第三元是增加（Increase），即哪些元素被要求增加到产业标准以上，而其基础一定是满足客户需求。

第四元是创造（Creative），即哪些是需要制造的产业从未有过的元素，可以为客户创造价值和挖掘客户潜在需求。

我们以"山寨机"——双卡双待特色手机的创新设计为案例，分析一下 RICE 四元分析法的思维过程，如图 5-10 所示。

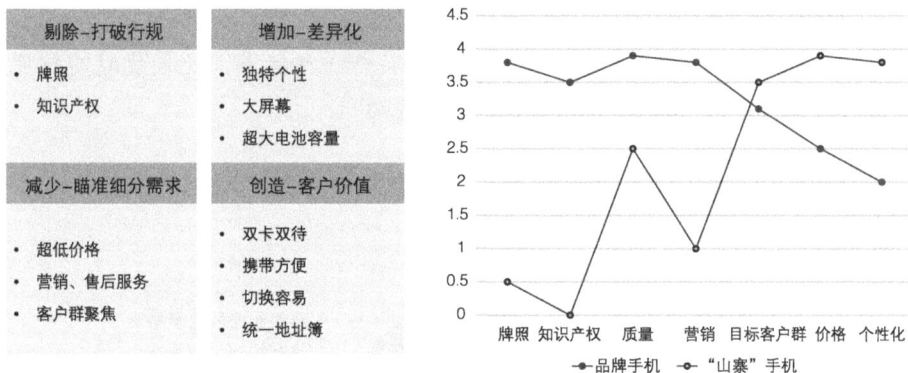

图 5-10 "双卡双待"RICE 创新设计案例

1. 剔除——打破行规

手机在早期属于运营商包销模式，处于垄断销售的地位。手机厂商要销售手机，必须取得运营商的手机入网证，且一般仍是通过运营商渠道进行销售。随着市场的逐步开放，特别是到了 3G 时代，由于 3G 手机极度缺乏，严重影响了 3G 业务的发展。独立销售的品牌手机厂商越来越多，为刺激厂商研发生产 3G 手机，运营监管也有所松动，技术逐渐被更多厂商掌握。在新法规尚未出台前，诸多特色厂商利用技术手段绕过监管，促进了手机市场的繁荣。

由于早期国内品牌手机多是由模块组装而成，除了国内标准 TDM-SCDMA 外，核心知识产权其实很少。因此，众多山寨机成功地打破了固有行规，在当时夺取了不小的市场份额。随着市场的逐步规范化，经过"优胜劣汰"的市场选择过程，生存下来的手机厂商开始重视研发投入、专利申请和知识产权保护。如果不这样做，即便是小米这样的公司，要想走出国门，也是一件相当不容易的事情。

2. 减少——瞄准细分客户的需求

针对低端用户人群，可以通过选取低成本芯片和设计方案等手段，大幅降低手机售价，在智能机成为潮流时，使手机成为"日常消费品"。在保证基本质量的情况下，厂家基本放弃了营销和售后服务，而完全由电子市场和维修门店来负责销售和服务。

3. 增加——差异化

当时的品牌机，除了品牌和外形不同之外，鲜有惊艳之处。而在山寨机中却出现了针对游戏爱好者的大屏幕手机，以及针对晨练和收听广播需求的大扩音器手机、针对智能手机耗电问题的超长待机时间手机。虽然多数山寨机都如昙花一现，但这些弱势厂商紧贴客户需求形成差异化优势并获得一定市场的做法，值得其他企业认真学习。魅族和传音是其中的典型代表，特别是传音，在完成"第一桶金"的积累之后，它抛弃了先前粗犷式的发展模式，但仍然保持着以客户需求为导向的差异化竞争模式。在非洲市场，其根据非洲人肤色深和喜欢舞蹈的特点，在拍照功能和扩音功能上进行改进，形成了差异化优势，赢得了客户的认可，完成了华丽的转身。

4. 创造——为客户创造价值

中国用户为了享受不同运营商的资费优惠，或由于朋友圈和商务的需要，不少人都拥有多个运营商的手机，携带起来很麻烦。例如，华为的销售人员在拜访联通客户时，需要携带联通手机；而在拜访中国移动客户时，则需要携带中国移动的手机；经常出入境时，需要不断换卡，操作非常不方便；且不同手机的地址簿也要不断地同步和更新，费时费力。制造山寨机的企业率先推出了"双卡双待"手机，体现了其极快的响应速度和创新能力。双卡双待技术不仅被华为、三星等众多品牌厂商采用，这些厂商还在该技术原来的基础上完善了切换控制、统一地址簿和云同步等功能。2018年，苹果公司针对中国市场双卡双待的需求，不得不低下其高傲的头，发布了iPhone XR/XC手机。

无论是领先企业还是后进厂商，以客户为中心、构建核心竞争力是商业模式设计的本质。在产品层面可以用扩展$APPEALS模型构建产品的竞争力，而在公司层面则可以在逆向思维RICE四元分析法的指导下，通过确定行业的竞争要素（或是客户选择企业的判断要素），选择最主要的竞争对手，找出构建差异化核心竞争力的具体方向。不同行业有不同的竞争要素，在TMT行业，一般的竞争要素包括产品功能和性能、品牌、产品种类和解决方案、产品质量、客户关系、销售渠道、技术支持、市场覆盖、创新能力、融资水平、供货周期等。在竞争对手中，企业要区分出主要学习标杆、主要打击对象、次要竞争对手，针对主要竞争对手，要找出差距，构建起差异化的竞争优势和核心的竞争力。

在图5-11所示的案例中，企业确定了客户在选择供应商时的主要评价维度，并针对两个主要竞争对手进行了对比分析。案例中的公司作为后进企业，其品牌认知度差是必然的。最好不要将品牌要素纳入后进企业的关键竞争要素，因为它常常会被作为借口。品牌认知度特别是美誉度，不是靠宣传就可以提升的，而是靠在市场上"打出来"的。另外，该企业在产品质量、产品种类和方案，以及创新能力方面，与竞争对手差距明显。深入分析研讨可以发现，该企业在研发方面的投入长期偏低，且研发转化率低。因此，通过加大研发投入、改进研发管理和考核，可以比较快地提高产品种类和解决方案的齐套性，功能和性能上的差距也可以较快地得以弥补。产品质量提升则需要较长时间，并需要设计、研发、试制、生产、技术服务等部门的综合改进措施。而创新能力，除了加大研发投入外，更需要在创新思维、关键人才、创新机制和战略定力等方面，持续改进和变革，这样才能真正构建出企业的核心竞争力。

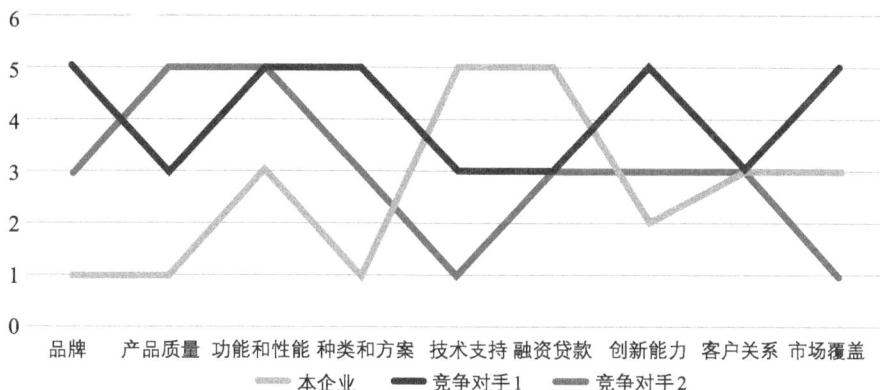

图 5-11 企业差异化竞争优势的构建案例

核心竞争力的构建原则，还与企业自身所处的行业和市场定位有关，这与创新战略的选择类似，参见表 5-2。

表 5-2 与企业定位匹配的核心能力构建

业务活动范围		成本低	成本高
	目标市场或产品线宽	成本领先 • 价值链整合与重构 • 管理体系	差异化领先 • 核心技术 • 品牌
	目标市场或产品线窄	聚焦成本 • 客户关系 • 优化制造工艺与流程	聚焦差异化 • 局部领先（做到极致）

若企业处于产品单一和低成本领域的行业，企业要保证产品质量和成本优势的生产工艺与制造流程，商誉和客户关系就是核心竞争力。若企业处于产品单一但产品差异化要求高的行业，企业将产品做到极致的创新和制造能力，就是企业的核心竞争力，如德国为高铁提供永固螺钉的百年小型工厂。若企业处于产品线很宽或客户种类多而产品差异化要求又偏低的行业，企业对外部价值链和生态链的把控能力，以及对内不同业务板块的管理能力，就是核心竞争力。由于涉足的领域太宽，常常需要"以点带

面"，逐渐把各领域做强，若只是"做大"，容易陷入机会主义的泥沼。例如，浙江很多家族式制造企业从原来的"什么赚钱就干什么"、追求销售额的扩大，逐渐转型为将企业"做强"和多元化协同发展的模式。若企业处于产品线很宽或客户种类多而产品差异化要求高的行业，企业加大创新力度和产品研发的投入，保证多产品的差异化领先优势，就是构建核心竞争力，但这需要长期的资金投入和战略定力。GE 的战略就是"前三名"原则，对做不到行业前三名的业务线坚决关停并转。

四、客户细分和客户选择

华为"以客户为中心"的文化，曾经困扰过一些刚到一线的销售人员，好像客户说什么都要满足。任正非解释说，如果"客户"整天想占你便宜、漫天砍价不顾你死活、总吃霸王餐，那他就不是客户，你为什么要以他为中心呢？因此，对客户进行细分并选择客户，满足客户的需求，实现双赢，是商业模式设计的基础。其核心问题如下。

- 企业为谁创造价值？
- 怎么细分市场和客户，以便更好地满足客户需求？
- 服务哪些客户，忽略哪些客户？

业界细分市场的方法大同小异，常见的细分市场要素见表 5-3。

表 5-3　市场细分要素

细分类型	描述	举例（变量）
地理信息	根据不同地理位置来细分市场	国家、区域、城市，市区、郊外、偏远地区
人口统计	根据不同人口统计变量来细分市场	年龄、性别、收入，教育、社会阶层、宗教
公司统计	根据公司特殊变量来细分市场	员工数量、公司规模、大企业、SME

（续表）

细分类型	描述	举例（变量）
行为取向	客户购买和使用产品的方式	网购、价格敏感、老用户、首次使用、非用户
场合（场景）	根据产品需求、购买和使用方式来细分市场	例行场合，特殊场合如婚礼、生日、庆祝活动等
心理取向	根据生活方式和个性来细分市场	羞涩、爱表现、户外、单身、运动
利益获取取向	根据对产品特性的不同要求来细分市场	方便性、经济性、质量、形象提升、刺激、品味
行业特点	根据不同行业来细分市场	政府、金融、能源、教育、零售

　　B2B 与 B2C 市场细分的维度差异较大，B2B 市场一般更多根据产品、行业、国家、客户规模大小进行市场细分。而 B2C 市场则复杂得多，一般按地域、性别、年龄、职业、收入、教育程度等来进行市场细分。企业在市场细分过程中，需要对不同客户进行分类和排序，发现价值客户，根据不同的客户等级实施不同的服务等级，包括需求响应的优先级。

　　可以用客户吸引力和企业在客户心目中的竞争地位这两个维度对客户进行细分和排序。客户吸引力包括市场空间（采购量）、业务增长率、盈利能力、地点、采购方式和流程、客户财务状况和信誉等；企业竞争地位包括产品品类、产品性能、服务质量、价格、特殊服务（如技术咨询）、品牌形象、体验、销售人员素质、客户关系质量、现有供应商及竞争强度等。案例公司（如图 5-12 所示）经过对客户的长期跟踪发现，其客户分为以下四类。

　　关键客户：占客户总数的 10%~20%，为企业带来了 80% 的毛利。客户决策链上的关键人物基本都支持该企业，特别是决策关键人物——董事长和总经理。从投资计划看，客户在五年内都保持着中高速发展，而且有成为细分市场领头羊的强烈企图。这类客户属于企业的价值客户，因此，需要优先满足这些客户的需求。在客户关系上，可以通过双方高层的例行战略沟通和联合创新，逐步构建战略伙伴关系。

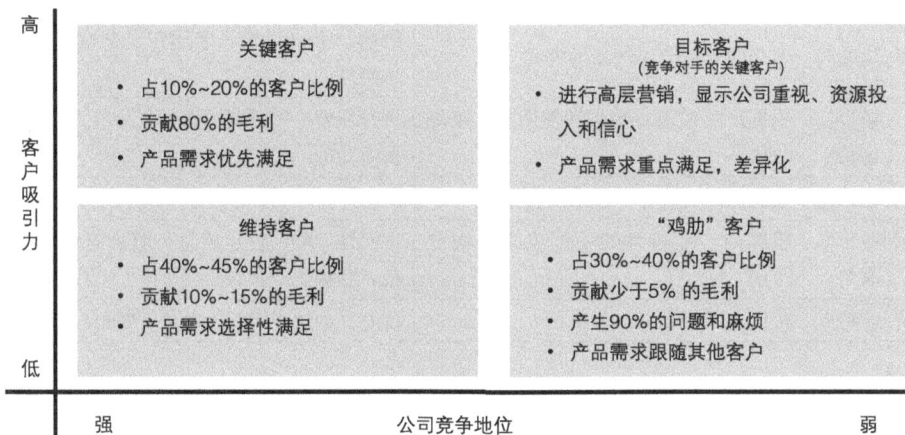

关键客户 • 占10%~20%的客户比例 • 贡献80%的毛利 • 产品需求优先满足	**目标客户** (竞争对手的关键客户) • 进行高层营销，显示公司重视、资源投入和信心 • 产品需求重点满足，差异化
维持客户 • 占40%~45%的客户比例 • 贡献10%~15%的毛利 • 产品需求选择性满足	**"鸡肋"客户** • 占30%~40%的客户比例 • 贡献少于5%的毛利 • 产生90%的问题和麻烦 • 产品需求跟随其他客户

纵轴：高 客户吸引力 低；横轴：强 公司竞争地位 弱

图 5-12　客户细分案例

维持客户：占客户总数的 40%~45%，为企业贡献了 10%~15% 的毛利。这类客户的销售排名经常发生变动，需要发现和培养可能成为价值客户的苗子。通过共同分析行业变化、分享价值客户的成功经验，可以选择性地满足客户需求，以便客户在竞争中构建差异化能力。与有潜力的客户结成利益共同体，长期合作、共同成长。部分潜力一般的维持客户可以通过集成商、ISV 等渠道进行营销，以节省客户管理和销售成本。

"鸡肋"客户：占客户总数的 30%~40%，贡献少于 5% 的毛利，却制造了从合同管理、技术支持和投诉，以及交付到回款的 90% 的问题和麻烦。这类客户的需求跟随其他客户的需求，不做特殊开发。对问题的产生原因进行排查，对于属于企业方责任的问题要有序改进。营销模式更多地采用间接模式，可通过集成商、增值分销商、分销商甚至网络的形式进行营销。

潜在价值客户：可能是竞争对手的价值客户或企业尚未拓展的大客户。这类客户一般投资大，经营情况良好，但竞争也激烈。由于企业处于相对弱势，因此需要投入更大的营销力度。因此，需要仔细甄别这些客户，做到"门当户对"。应选择重点进行投入，优先满足重点客户的需求，构建与现有供应商差异化的竞争能力。

对客户进行细分，有助于企业集中优势资源构建产品和营销等方面的竞争优势，有利于提高产出和降低成本，提高优质客户的服务水平和满意度，从而保证商业模式的有效运作。

虽然本节没有重点讨论合作模式，但企业合作模式以及生态链的构建，在现代企业发展过程中的重要性越来越高。与投资方、价值客户、关键渠道、核心供应链建立战略伙伴关系，甚至有时与部分竞争对手结成联盟，都可以抵御经济波动，降低企业经营风险，并在竞争中处于有利位置。苏宁与阿里巴巴、京东与腾讯结成的战略伙伴关系，基本决定了零售行业的格局。而华为与京东方在 5G 新一代手机项目上的战略合作，已经使苹果和三星感到了巨大的压力。小米的生态圈更为复杂，其涉及的产品和合作伙伴众多，这成就了小米今天的发展，也考验着小米未来的走向。总之，价值链合作在商业模式中是很重要的一个模块，企业需要具备开放合作的思维，制定出清晰的合作策略，从而构建起健康的企业生态链。

企业经营就是本章商业模式展示的这九种方式的混合体，商业模式是一个蓝图，定义了企业的整体运营模式和特点。同时要注意，成功的商业模式设计，一般是先从 2~3 个模块开始的，而不是全面展开。有学者将目前在中国取得成功的企业的发展模式大致分成了五种类型：专业化模式、多元化模式、国际化模式、平台化模式和生态化模式。不管是什么模式，都给企业家提供了制定和优化企业商业模式的思维框架。

商业模式的变化，意味着企业经营理念的改变。因此，商业模式需要企业战略为其指明实现的路径，并通过经营计划逐年落实。商业模式的变化常常需要对企业原有的流程体系和 IT 系统进行再造。在金融行业的面向一般消费者的 2C 业务上，IT 系统已经是其新商业模式能否实现的关键使能工具，是其核心竞争力的体现；而对于企业数字化、智能制造的升级等，

IT 往往决定了其转型的成败。例如，GE 的工业互联网平台 Predix 不仅支撑了 GE 内部的数字化转型，在对外开放后，还成为了其新的收入来源。商业模式的变化同样需要组织再造，并能对企业的目标牵引和考核激励机制进行重大变革。

CHAPTER

第六章

华为的战略规划体系

第一节 华为战略管理体系和战略制定的系统框架

一、战略为什么常常难以落地

企业规模小的时候，"活下来"就是最大的战略。但很多发展超过十年、年收入稳定且超过 10 亿元的公司，都没有像样的企业战略。一些准备上市的公司，在进行上市路演时，会请国外知名的咨询公司做商业计划，目的是为了讲一个很好的"故事"，以提升股价。甚至一些上市公司，常年聘请咨询公司或财务公司协助其制定战略，但该战略从来都不是真正用来指导业务发展的。战略不落地的一个最主要的原因是企业根本没有真正的公司战略，很多企业习惯用"战术的勤劳来掩盖战略的懒惰"。一些即便是制定了战略的企业，企业家也时常抱怨企业的发展战略只有企业家自己在思考，而多数高管不理解自己的思路，战略无法落地执行。随着企业的不断发展壮大，管理跨度的不断增加，如何用战略指导企业的日常运作并将自己从繁杂的事务中解脱出来，一直困扰着很多企业家。据统计，中国 90% 的企业的战略无法落地，主要原因有以下几点。

- 在制定战略的过程中，领导层花费在讨论战略上的时间少，**没有在高层达成战略共识**。因此，战略制定和执行的过程往往是"三拍"，即企业家制定战略目标时"拍脑袋"；高管领命时为表决心而"拍胸脯"；战略目标无法达成时，各级人员又以各种借口推托，而企业家也知道原来目标的制定缺乏依据，主要是用来鞭策大家的，因此，最后"拍屁股"，大家都没责任。
- **战略制定的质量不高，关键举措的可执行性和可衡量性差**。战略目标与战略执行不能重合，缺乏有效的行动举措的支撑和战略解码；一些企业喜欢定大目标、采取发散型策略。多数企业战略中最明确的是财务目标，但如果过分重视财务指标，却不能将资源预算与目标有机地结合起来，就会出现"又要马儿跑，又要马儿不吃草"的现象，战略也起不到对外"布局"和对内"布阵"的作用。很多企业的战略往往不够明确和聚焦，常常把战略愿景当作企业战略，或过于简单，或面面俱到。一般而言，近70%的企业有比较清晰的战略愿景，超过50%的企业为达到愿景目标制定了比较明确的战略，但只有约18%的企业认为本企业的战略得到了比较有效的执行。

- **缺乏战略管理体系和组织的支撑**。战略制定的流程不合理，时间仓促，逻辑次序混乱或组织责任缺位；战略制定中的客观依据不足，缺乏重要的外部与内部信息的日常积累，影响战略研讨的质量和效率；由于是临时搭建的班子，在战略执行的过程中，没有例行的监督、反馈和修正；战略分析的方法、工具和模板等基础能力没有得到积累和优化，战略分析缺乏简明、实用的工具，照搬照套所谓的"经典模型"，战略不能实现可视化，华而不实。

- **战略目标和考核环节脱节**。除了财务目标的摊派外，很多企业还缺乏具有逻辑性的战略解码过程，特别是非财务指标部门。只有约25%的经理人将企业战略与部门目标相连接，企业内更是缺乏部门与部门之间为执行企业战略而达成协同关系的概念。战略执行层面的基层员工，只有5%的人理解企业战略，以及个人考核指标与企业战略、部门目标的关系。

二、华为战略管理体系的艰难发展过程

华为战略制定与执行的过程，与中国的很多企业一样，走过很多弯路，经历了战略体系的发展三部曲。

第一阶段——无战略。公司的少数高层通过开会讨论来制定战略，且每年都超额完成指标，充满着"快乐的烦恼"，因此他们认为是否有企业战

略并不重要。以空降兵为主的"产品战略规划办"成了"鬼话办"。

第二阶段——有形而无神。古人云："人无远虑必有近忧。"而"人无近忧必有远虑（忧虑）"恰恰印证了"快乐的烦恼"后面紧随的战略危机。在经历了小灵通战略决策、GSM 与 CDMA\TD-SCDMA 战略摇摆以及公司高层出走等"内忧外患"之后，华为仓促制定的公司三年战略"801 计划"和成立的公司战略部，不过是通过制订商业计划完成企业 100 亿美元估值并引进战略投资的短期行为。战略并不是真正为指导业务发展服务的，因此，战略、战术"两张皮"也就成为了必然。战略部为了证明自己存在的意义，在各种高层会议上申请议题。公司三年战略的报告审议，也缺乏最高领导的参与和认可。

第三阶段——从战略到执行的闭环管理。为提升战略规划的能力，华为引进了 IBM、埃森哲、Merce 等企业的方法、工具和模板，再将这种能力通过种子人员输送、培训等多种方式，结合产品线的实际和区域实战的要求，将战略组织体系建设延伸到区域作战单元，实现战略与战役的结合、目标与资源的结合、目标与考核的结合，使战略与执行形成闭环管理。战略的功能也发生了巨大的转变，从早期的趋势情报类分析，发展到中期为总部机关提供研发投资、人力资源规划、供应链预估等决策的参考意见，再到后期实现了从总部到产品线、一线区域的协同战略规划。战略规划和经营计划有效进行衔接，战略目标与关键措施通过战略解码分解到最小作战单元和个人，使全员朝着公司的战略方向"齐步走"。战略制定成了一把手工程，也成了提升领导干部领导力的关键手段。一级部门总裁战略行为习惯的逐渐形成，使整个公司能够更好地平衡短、中、长期利益，战略目标的考核也更加清晰，并奠定了"一线呼唤炮火"战略转型的组织基础。

华为的三年战略规划主要是针对主营业务的规划和运营进行分析，投资战略与主营业务战略有协同关系，但相对独立。公司战略规划的业务范畴如图 6-1 所示。

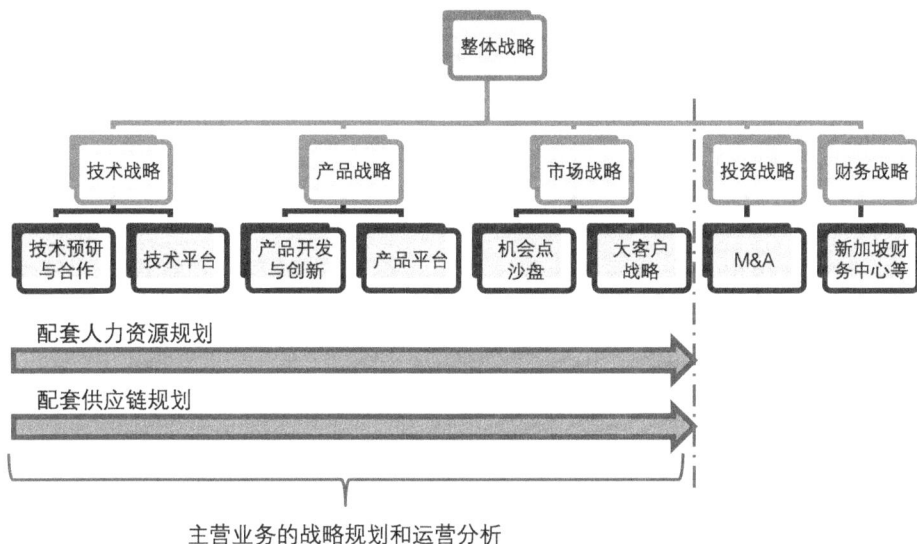

图 6-1 主营业务的战略规划范畴

聚焦主营产品战略和市场战略，以及配套的技术战略、供应链规划和人力资源规划。

战略制定与执行的第一步是制定高质量的企业战略。为此，必须具备以下三个必要条件。

1. 稳定的团队

必须定义固定的角色来承担公司战略的组织制定、能力建设和例行管理，成员包括核心成员和外围成员。在公司规模较小的时候，可以根据不同企业的组织设置情况，在企业发展部、经营计划部或总裁办等部门设立专门的战略规划角色。当公司达到一定规模后，应该成立独立的战略部门。战略部是公司战略规划委员会的秘书机构，负责战略的例行管理工作。战略规划项目组由战略部、营销管理、产品规划、人力资源、运营管理或财务部门的代表组成核心规划团队，根据需要增加生产、服务、供应链等部门的固定代表作为扩展成员。

2. 先进的方法

"工欲善其事，必先利其器"，战略规划的方法论、工具、模板有很多，华为在融合了 IBM、埃森哲、Merce 的方法，甚至是借鉴了微软的模板之后，最终选择了与华为有类似设备制造经验的 IBM 的业务领先（BLM）模型作为战略制定的理论框架。但这是一个帮助企业构建战略思维的系统模型，不能直接用于战略报告的制定。一些企业直接照搬 BLM 模型，导致战略报告成为面面俱到的"大杂烩"。而华为在该模型的基础上，总结出了"五看（看市场、看客户、看趋势、看竞争、看自己）三定（定策略、定目标、定核心控制点）"的战略制定关键步骤，使战略规划更加贴近实际和突出重点。除了制定公司战略外，中国企业特别需要将战略与经营计划和目标考核紧密结合起来。因此，在战略解码的方法上，比较主流的有 BSC（平衡计分法）和 BEM（战略执行模型）的解码方法，二者的核心思想相似，但 BSC 的层次更清晰，BEM 的结构更系统。

3. 丰富准确的信息来源

华为引进了上述先进方法论后，在实际应用中遇到了中国企业普遍存在的问题，那就是缺乏必要的市场数据、竞争数据等信息，使得看似可视化的很好的图形、工具形同虚设。要解决这个问题，一方面需要使用第三方数据，如权威的市场研究公司的数据、投行的分析和咨询公司的分析等；另一方面需要建立起内部的市场情报体系，这是一个可持续的且最准确的数据来源；第三方面，需要反过来优化战略规划的方法和工具，可以采用定性和定量的方法，使其适应中国企业的现状。这也需要稳定的组织体系和 IT 作为支撑，以保证长期的能力和数据的积累。

经过多年的演进，华为构建起了较为完整的战略组织体系，如图 6-2 所示。

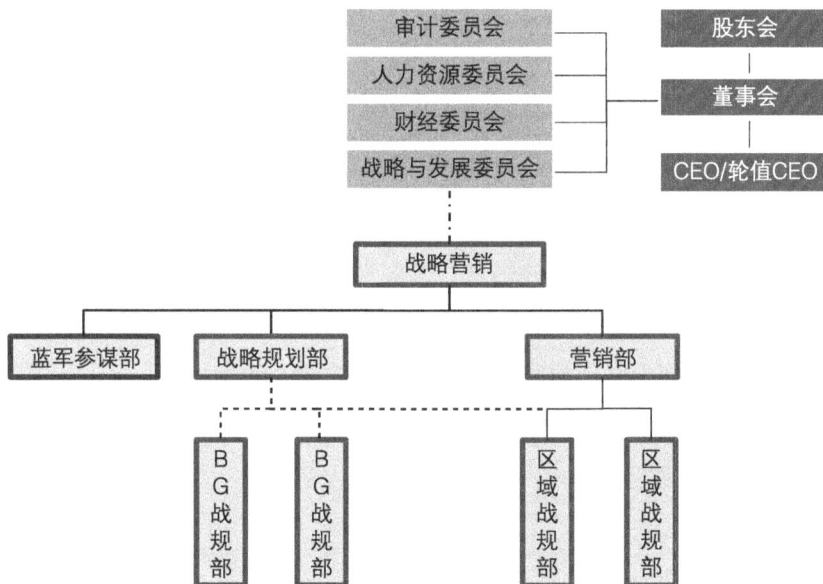

图6-2　华为的战略组织体系

华为的战略管理体系分为三级，最高的决策层为公司的战略与发展委员会，第二层的战略营销部是战略与发展委员会的日常秘书机构，负责与战略规划相关的高层务虚会、战略规划、战略解码和战略执行过程中管理的组织与实施。在这一层中，战略规划部是战略规划日常管理的实施主体，而蓝军参谋部作为战略规划的 B 角，可以从不同的视角发现公司在战略制定和执行中存在的问题和重大风险，为主营业务的健康发展保驾护航。第三层的战略组织则深入到了三大 BG 和各大市场区域。再下一层的产品线和市场部也有相应的角色，其行政隶属于产品规划部和区域营销部，业务上接受战略规划部的指导。这样的三级组织，实现了自下而上的信息的有效反馈，以及战略从上到下的贯彻执行。

三、战略制定的系统框架

任正非强调，要砍掉高级干部的手和脚，只留下他们的脑袋用来仰望星空、洞察市场、规划战略、运筹帷幄。要建立战略性思维，首先要进行战略六问：

（1）是否预见了未来的趋势和变化，并有深刻和独到的洞察？

（2）是否明确了细分市场 / 客户，并发挥了自身的优势？

（3）是否平衡了战略决断与科学规划的关系？

（4）是否考虑了不确定性因素，并客观评估了备选方案？

（5）是否有清晰的行动计划和资源规划？

（6）是否建立了坚定执行的体系和随机应变的纠偏机制？

为了提升战略制定和执行的能力，华为引进了战略制定的业务领先 BLM 模型，其系统架构如图 6-3 所示。

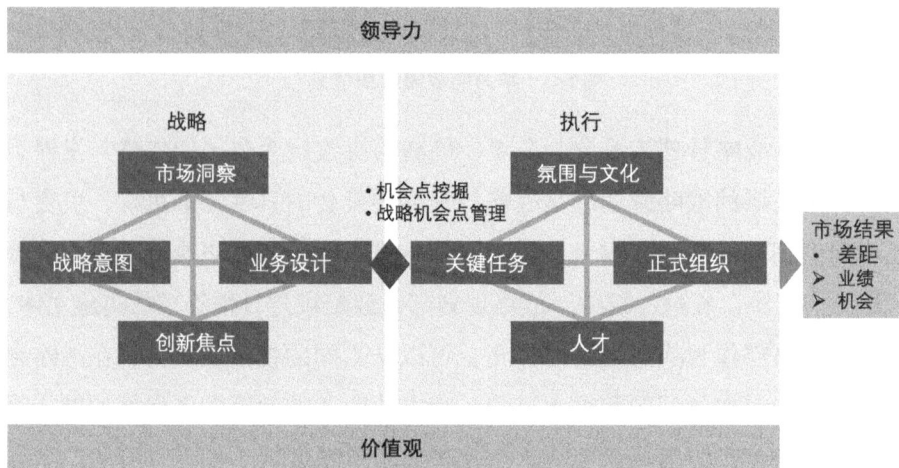

图 6-3 业务领先模型 BLM

这个模型涵盖了管理的主要方面，几乎可以用于任何业务单元的工作规划，上至文化（氛围）与价值观，下到关键任务的梳理。BLM 定义了企业战略制定和执行的八个相互影响、相互作用的方面，它们分别是战略意图、市场洞察力、创新焦点、业务设计、关键任务、正式组织、人才、氛围与文化。

第一，战略意图是战略思考的起点，一般包括企业的中长期战略愿景、战略纲要以及具体的战略目标。这些战略目标要根据上一年战略执行的市场结果，包括业绩完成情况、与目标和竞争对手的差距、重大机会点的变化等进行适当的调整。战略目标除了财务指标外，还应包括市场地位、品牌价值等指标。好的战略规划，始于好的战略意图的陈述和战略目标的表达，这是战略规划的第一步。

第二，市场洞察力决定了战略思考的深度，它可以从宏观形势、技术与市场趋势、客户需求变化、竞争情况等多个维度进行分析。这样做是为了清晰地知道企业未来的机遇和可能碰到的挑战与风险，理解和解释市场上正在发生着什么以及对公司未来的影响。

第三，创新焦点就是根据企业的战略定位，确定创新的重点是产品领先创新、客户亲近创新、卓越经营创新还是品类革新创新。其目的是为客户创造价值，在满足客户需求上形成本企业的差异化竞争优势。"以客户为中心"的"开放式"创新是中国企业最好的创新模式。

第四，业务设计是战略思考的关键落脚点。要在市场洞察、创新焦点的基础上，选择合适的客户、合适的产品／服务、合适的盈利模式。好的业务设计要回答两个基本的问题：新的业务设计能否建立在现有能力的基础上？如果不能，那么能否获得所需要的新能力，做到扬长避短？

第五，关键任务是衔接战略与执行的关键环节，它给出了战略执行中的关键任务事项和时间节点，内容包括战略机会点的拓展机会、客户层面的关键活动、内部运作效率和流程改造的具体要求、智力资源开发的关键任务等。战略机会点的识别和战略沙盘的制定是这部分内容的核心，所有措施和重要任务都是围绕着战略机会点展开的。任正非非常重视战略沙盘，他认为华为不能笼统地看待战略制高点，而是要把这些制高点分成很多个阵地，对其进行分析，拿出策划、找出措施来，实事求是地寻求成功。公司的各个层面都要聚焦到机会窗。将来华为不仅在销售上要对标战略制高点，也要允许代表处自己来规划战略机会点。他希望各级领导紧盯战略机会点，并拿出短、中、长期的措施。

第六，正式组织是执行的保障。由于企业战略的优化和调整，组织体系也需要根据新业务的展开进行相应的调整。不仅要保证人力和相关重要资源的投入，在领导班子和人力资源结构上，也要根据新业务的特点进行精心的设计。同时，还要建立起相应的组织结构、管理制度、管理系统以及考核标准，否则执行的结果会大打折扣。

第七，人才要具备相应的技能去执行战略，包括对技能的描述，以及对获得、培养、激励和保留人才的措施的制定。华为在其三次重要战略转型的过程中，对重点人才都有不同的需求和定义。第一次是产品战略转型（以 IPD 为标志），重点需要产品经理、产品规划专家和系统工程师。第二次是全球化转型，重点需要具备跨文化管理技能的中高层干部。第三次是商业模式转型，在企业网 BG，重点需要渠道管理专家、行业专家和解决方案专家；而在消费者 BG，工业设计、O2O 营销、渠道与店面管理是人才补充的重点。人才规划不仅在执行中扮演的角色越来越重要，而且应当前移，在战略制定初期就应提前介入。

第八，氛围与文化。大到整个企业，小到单个部门，都需要管理者的关注，常见的管理风格有强制式、身先士卒式、教练式和授权式。在知识密集型的经济时代，大多数成功转型的企业，最终都形成了开放、授权、共享的氛围和文化。但在制定战略的过程中，切忌面面俱到，相关内容可以在关键措施和考核方式变革中体现出来。

随着战略组织体系的建立和逐步完善，通过顾问公司的辅导和对战略工具、方法的实际应用，华为的战略制定能力有了明显的提升。相应的战略制定步骤、流程和 IT 系统也逐渐得到完善，这使得战略的制定和执行被有序和安全地推行开来。其战略管理步骤和管理要点如图 6-4 所示。

图 6-4　战略制定的主要步骤

华为于每年年底启动公司战略务虚会，会上由战略营销部、投资合作部、未来网络研究部门等主要参谋体系进行必要的形势分析和引导，各主要业务领导根据自己掌握的信息在会上充分讨论，形成年度战略规划指导思想和重大调研项目。公司战略规划部正式启动年度战略规划并颁布年度规划工作日历，提供年度战略指导意见和报告模板（含步骤、工具和方法）。各业务单元战略部分别启动和组织业务部门的三年战略规划，并在外部市场分析、竞争分析、内部核心控制点设计等主要节点设置战略评审点，由部门一把手主持评审并确定最后的关键举措。评审修订后，形成年度战略规划基线（SP），公司在此基础上制订年度经营计划（BP），并经过战略解码，逐级承接战略目标，形成年度考核指标。公司一般在第一季度完成业绩目标的签署。战略报告在年中会有一次大的刷新，而经营计划则在月度会议上被持续监控，每季度进行必要的刷新和调整。战略规划与经营计划的制订与执行管理，成为各主要领导例行的工作内容。通过不断地复盘、战略与经营计划制订、过程监控、结果审视、再复盘，战略制定不再是耗时费力的突击性工作，各种市场数据和竞争数据不再是临时"拍"出来的。战略规划准确性的提高，能够使后端的研发布局、投资标的寻找、人才规划、供应链计划的制订更具目的性和效率，将战略和战术结合得更加紧密。

华为在其发展的过程中，经历过大大小小的战略和战术性错误。但在

"以客户为中心"经营理念的指导下，华为制定了一套从战略制定到战略执行的纠偏机制，保证了华为整体战略的成功。企业家不是神，建立适应企业发展阶段的战略管理体系至关重要。

第二节　战略决定了企业发展的方向

很多企业都自称有战略，但经过梳理之后常常发现其中会有很多缺失。什么是战略？战略就是企业首先要明白自己在市场中的位置，未来的目标是什么，通过什么路径实现目标，和其他竞争对手的差异点是什么。战略是组织达成其愿景与使命的方法，包括一系列的目标和资源的分配。迈克尔·波特对战略作了如下补充。

- 确定组织独有的价值定位（产品领先、卓越运营或客户亲密度），并确定清晰的盈利模式。
- 对客户、产品／服务、区域进行清晰的抉择。
- 基于竞争地位，制定竞争和差异化战略。

企业发展到一定规模之后，战略制定重在"略"，需要具体明确企业有所为，有所不为。华为的战略就是"主航道"战略，强调阶段性聚焦和压强原则。

如何制定一个好的战略，一直困扰着很多企业。特别是当企业处于转型期或遇到发展问题时，仓促上阵赶制战略，那么战略制定的视角往往是如何使企业尽快摆脱困境，这恰恰犯了战略制定的大忌。企业战略制定的出发点必须是为客户创造价值，通过成就客户来成就自己。为客户创造价值无非就是两点，要么降低客户的整体运营成本，要么为客户创造新的价值。在确立战略制定的基本点后，选择合理有效的战略制定方法和工具，可以很好地帮助企业系统地对战略进行梳理和思考，有逻辑性地输出关键执行措施，避免战略盲区。华为在比较和融合了多家咨询公司的战略规划方法论后，在原来市场管理 MM 流程的基础上，将 BLM 方法论融合进去，作为战略规划的主要工具。但 BLM 过于大而全，战略的制定既需要系统思考，又需要突出重点。通过总结华为和其他中国企业战略制定的经验，我们可以归纳出企业战略与经营计划制订的主要工作步骤，如图 6-5 所示。

整个步骤又分为战略分析、战略决策、排兵布阵（资源规划）、战略与经营计划匹配四大部分，下面分别进行详细论述。

一、战略分析

企业在制定年度战略时，首先要清晰描述企业的战略意图。

（一）战略意图

在企业愿景的指导下，通过对往年战略执行的复盘总结，结合战略务虚会形成的年度战略指导思想，初设一系列的战略目标，作为战略制定的重要输入。

苹果就是凭借其创新领先者的地位，不追求市场份额最大，而是保持其利润水平，抢占了智能手机市场利润的 80%。三星则凭借其芯片、显示屏、存储器等产业链全的优势，努力保持占据全球智能手机市场份额第一，保证了企业的整体收入和盈利水平。

1. 战略愿景和目标的一般描述方式

相对于这些国际领先企业，中国很多企业立足于自身的发展现状，一般都会采取下述方式来描述企业的战略意图和业务愿景。

- 长期发展目标是"保持公司健康、可持续发展"。
- 未来三年的发展目标是整体业务要有明显提升，三年内年销售收入达到 100 亿元人民币，主营业务的市场占有率达到 18% 以上。
- 到 ×××× 年，在战略重点市场的产品的竞争力达到国内领先水平，在

业务领先模型（BLM）将战略规划转化成可执行业务计划的工作步骤

第一步：战略分析	第二步：战略决策	第三步：排兵布阵	第四步：经营计划匹配

战略意图
- 愿景
- 战略目标
- 战略复盘

市场洞察
- 宏观环境
- 行业/客户
- 竞争对手

创新焦点
- 核心竞争力
- 可用资源
- 组织效能和灵活性

业务设计
- 多种战略组合方案
- 竞争力重塑

关键任务
- 战略机会点
- 关键举措

- 财务目标预测
- 主要资源规划
- 组织优化

- 战略澄清与解码
- 年度目标分解和业绩签署
- 资源配置
- 考核和管理方式

战略从制定到解码、执行、闭环管理体系（DSTE）

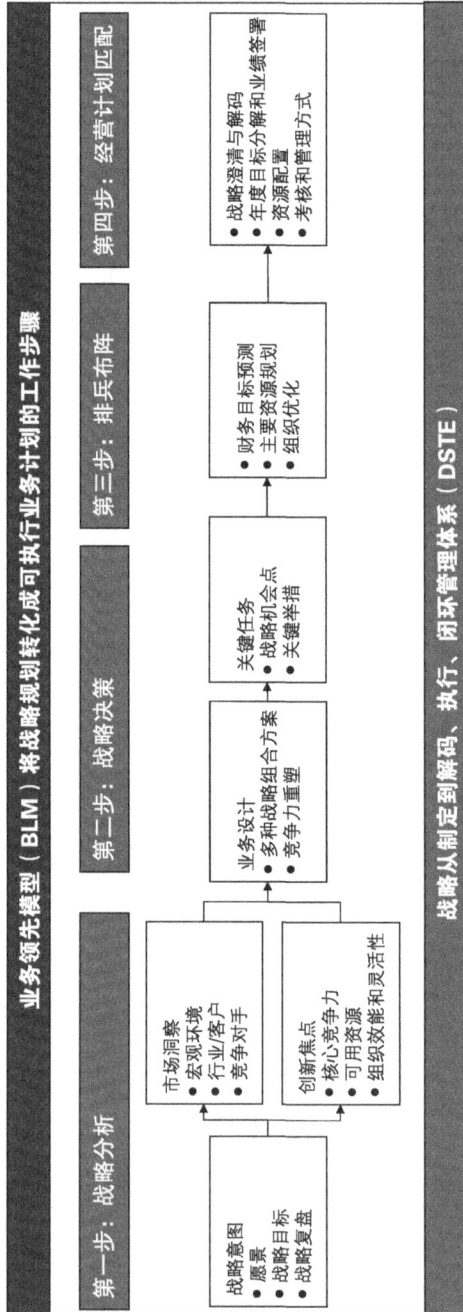

图 6-5　企业战略和经营计划制订的主要工作步骤

×××和×××行业的销售额做到第一的位置，成为国内企业第一品牌。

在这个过程中，战略复盘是非常重要的。企业要通过检视上一年的战略达成情况，通过根因分析的方法深入剖析产生问题的原因，在新的年度战略规划中制定改进措施，并规避战略风险。

2. 战略复盘——结构化的根因分析

企业在对过去的业绩进行总结和复盘时，经常会陷入对财务指标的罗列和比较之中，没有对形成这些财务指标的根本原因进行分析。因此，在这里介绍一下 BSC 即平衡计分卡分析法。BSC 是由哈佛商学院的罗伯特·卡普兰和戴维·诺顿发明的一种管理工具，也是一种解决问题的思维方式，旨在从财务、客户、内部运营和学习与成长这四个维度找出公司在经营方面的不足和关键改进点，以此作为关键战略举措的重要输入，不断促进战略的落地和企业的健康有序发展。图 6-6 展示了在战略复盘过程中利用平衡计分法对战略目标未能进行根因分析的过程。

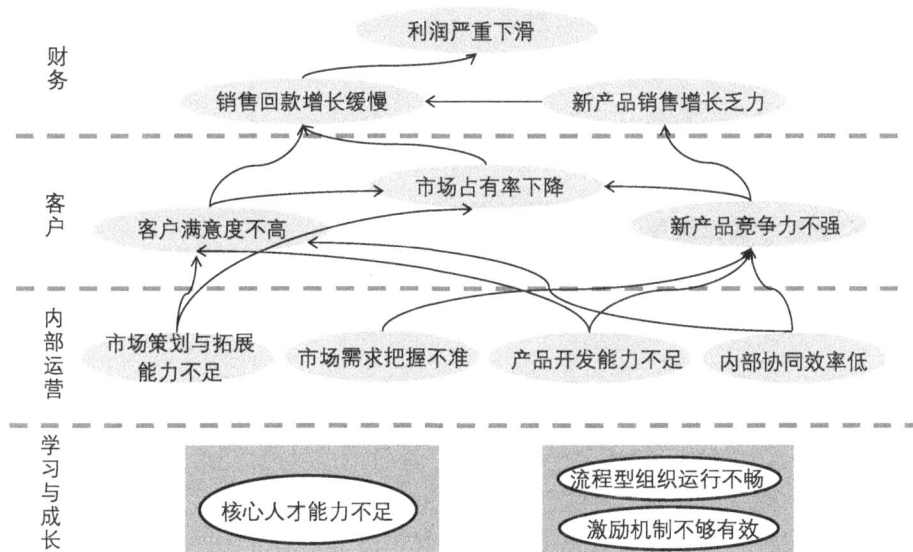

图 6-6 战略复盘中的根因分析案例

案例公司从显性的财务指标来看，公司利润下滑严重。通过 BSC 根因分析可发现如下问题。

- **财务维度**：指从财务层面出发，找出对公司的经营发展起到关键性作用的重要财务指标。从财务维度看，利润下降的原因是新产品销售增长不及预期、产品验收延迟造成的销售回款增长缓慢。

- **客户维度**：从客户层面出发，找出公司重要财务指标未能完成的主要影响因素。由于产品竞争力不足，客户满意度不高，造成客户不愿大规模采购，市场占有率不高；加上新产品质量问题多，功能不够完善，造成验收延迟、回款拖延。

- **内部运营维度**：从内部运营角度出发，找出是由于哪些流程的不完善影响了公司财务目标和客户目标的完成。新产品竞争力不足的原因，在前端是由于需求收集、分析和决策环节缺乏责任部门，没有长期关注和分析客户需求，造成对市场需求把握不准，无法形成差异化的竞争优势；在中间产品的开发过程中，是由于对销售额没有可靠的预测，关键技术积累不足，造成研发投入不足，产品功能和质量没有竞争优势；在后端上市销售时，是由于缺乏必要的营销资料和新产品销售的激励措施，使得一线销售人员不会也不愿销售新产品。

- **学习与成长维度**：从学习与成长的角度出发，找出是由于哪些能力、动力不足，造成无法支撑公司有效运营，进而影响了客户目标和财务目标的完成。通过对以上原因进行分析，在战略规划的关键措施中，要明确建立从一线销售到研发的三级需求管理机制和 IT 系统，且将营销部的产品规划组织作为需求管理、产品规划的第一责任人。在销售和研发之间形成双向承诺，即一线对需求获取和销售任务做出承诺，研发对产品功能和质量做出承诺。同时，公司要对新产品的销售给予特殊的激励政策。在人力资源规划中，要明确产品规划专家、关键技术专家和新产品上市营销专家这三类人才的培养和获取计划。

通过根因分析，找出对策，将其作为业务设计和关键任务制定的重要输入。

（二）市场洞察

1. 市场趋势分析

一般通过四个维度进行分析。

（1）**宏观环境分析**：通过对宏观环境的变化进行分析，识别其对整个市场产生的影响，主要是对 PESTEL 各维度进行分析。不能简单地罗列人口、GDP 等宏观数据，要在同样的宏观环境下，写出针对不同领域的不同分析内容。如表 6-1 所示样例，同样是印度市场的宏观环境，对通信和高铁设备商的影响是完全不同的。

表 6-1　PEST 分析样例

内容 PEST	与案例企业相关的因素	变化及趋势	影响（机会/威胁）	可能的对策
政策	鼓励外商投资，但通信系统关系到国家安全，受政治影响大；通信标准参考西方，要求较高	中央政府对各邦的控制力度逐渐加强	标准高，国会、军方经常会质疑安全问题	开放英国的第三方实验室给印度的相关监管部门
经济/人口	经济快速发展，GDP 增长超过 7%，人口数量位居世界第二	年轻人群众多，喜欢追求现代通信技术，但购买力不强	低价竞争严重	低成本解决方案规划落地印度

（续表）

内容 PEST	与案例企业相关的因素	变化及趋势	影响（机会/威胁）	可能的对策
社会/文化	英语国家，但文化多元化	需要结合本地文化和习俗需求	应用开发的多样化	充分利用印研所开发本地应用
技术/自然	本地通信技术落后，在本地没有很强的竞争对手	政府扶持本地通信厂商的意图明显	合资企业可能获得更好的竞争地位	与 Reliance 合作

（2）**价值链变化**：通过分析整个价值链上下游各环节正在发生的变化，判断其对整个市场产生的影响。价值链分析是市场趋势分析的核心内容之一，对新市场、新产业、新产品尤为重要；分析的目的是确定市场的参与者、优劣势、定位、价值流向、正在发生的变化，以预测最终可能的结果。

（3）**技术趋势**：通过对领域内相关技术的未来发展趋势进行分析和跟踪，评估其未来可能给市场带来的影响和变化，把握节奏，预测颠覆性技术。颠覆性力量分析的思考架构仍是经典的波特五力，但要根据新的形势赋予其新的内容。可从行业中正在发生的用户体验、商业模式、技术和产品、营销与上市模式、组织、定位、价值链等单个或组合创新中，分析其可能对客户和竞争造成的影响，以及行业进入门槛的变化、可能形成的新产品和带来的新竞合对象，以便提前制定对策。

（4）**市场细分和空间分析**：B2B 与 B2C 有不同的市场细分方法，B2B模式更多的是根据产品、行业、国家、客户（按大小）对市场进行细分；而 B2C 更多的是从年龄、性别、收入水平、教育程度、地域、宗教等角度进行市场细分。应对现有的已知的细分市场，将其整理成清单，并进行年度刷新与维护，执行已有的营销活动、当前策略或产品线的延伸，确定存量市场动态，评估现有策略和计划的成果。通常，当市场发生了巨大的变化，企业从现有客户身上识别出了新的需求，或当企业进入一个新市场、制定新战略或规划新产品时，需要启动新的市场细分活动。细分市场的目的是尽量准确地预测该细分市场的规模和增长率，以确定企业未来在该市场的发展潜力，为决策提供关键依据。

市场空间分析可以采用"自上而下"（TOP-DOWN）和"自下而上"（BOTTOM-UP）两种方式，使之相互验证以达到最佳。自上而下的市场规模确定方法就是通过定义一个全局市场，再使用各种过滤条件，持续地对全局数据进行消减，直接得出企业可以参与的市场规模的统计数据。数据来源可以是专业的咨询公司、市场研究报告和其他财经研究报告（如Gartner、IDC等）、行业协会的统计数据、政府期刊、政府采购数据、海关进出口数据等。而实际上，公司内部长期积累的销售或生产统计数据，市场一线有组织的例行市场分析，对市场的分析更加准确。自下而上的市场规模确定方法就是通过收集每个市场参与者的数据，得出市场的整体规模。然而，如果市场高度分散，那么通过收集每个市场参与者的数据来预估整体市场规模，将会十分困难，成本也很高。这时，通过收集市场中有代表性的企业数据，并采用加权综合的方法更有效。数据来源包括有代表性的友商年报、一线答标项目调查，以及主要客户群年报、客户投资计划、客户调查、渠道合作伙伴调查等。

在分析市场空间时，人们常常犯的错误是为了达到立项的目的，过分夸大市场空间。因此，至少应该通过产品和区域这两个维度，对整体市场空间和企业可参与市场空间进行区分，如图 6-7 所示。虽然美国市场几乎占了全球通信设备市场的将近一半，但华为在 2008 年以前并没有把美国市场空间作为市场目标预测的依据。因为华为当时无论是在客户关系还是在产品方面，都不具备参与竞争的条件。

我国××行业的市场规模情况（单位：亿人民币）

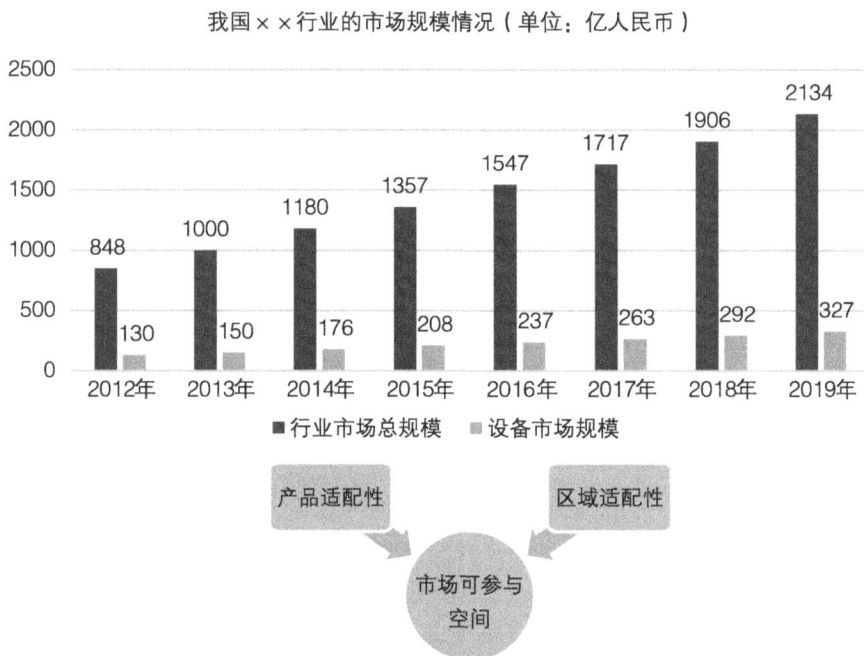

图 6-7　市场可参与空间的收敛过程

2. 客户分析

通过分析客户在商业运营及解决方案需求方面的变化，可以识别其对整个市场未来的影响。

（1）**客户细分**：对客户群基于机会（客户吸引力）和企业竞争力的二维法进行分类。客户吸引力可以从客户投资额和投资规划、增长率、盈利能力、行业影响力（产品牵引、品牌价值等）、采购方式和流程、企业已有销售、客户商誉甚至地点等多个角度进行衡量，企业竞争力则可从本企业的产品范围、产品能力与体验、服务质量、价格、特殊服务（如咨询）能力、品牌形象、销售人员素质、客户关系质量，以及与其他供应商的竞争地位比较等多方面进行分析。通过对这两个维度的综合评估，可以对客户进行细分、识别关键客户，并制定出针对不同客户的拓展和营销策略。

（2）**客户行为分析**：包括客户采购行为、客户交易行为和客户购买倾向的变化分析。基于客户的历史交易记录，分析客户采购行为中决定性因素的权重，根据客户的采购偏好决定营销策略和投入。客户采购的决定因素一般是与产品相关的"硬"能力（如产品性能、质量和价格），以及由客户内部的关键决策链、外部关键影响要素（如投资人）、产品交付与调试、生命周期成本和服务管理能力构成的企业或产品的"软"能力。产品的"软"能力特性可以构成客户采购设备决定因素的60%~80%的部分，可以用 $APPEALS 方法辅助验证客户采购行为的特征。因此，企业的产品能力要从简单的价格竞争，上升到产品的差异化优势竞争，要具备设计出解决客户问题的集成方案的能力，进一步甚至还可以帮助客户进行业务规划和设计咨询，做到与客户战略形成高度匹配，从而达成战略合作伙伴关系。

分析客户交易模式。客户选择的交易模式意味着合作意愿或是可能的进入壁垒的高低。当客户选择收入分成、"Pay As You Go""Pay on Demand"等避险性质强的交易模式时，说明客户对供应商不够信任，对业务发展信心不足，处于试探阶段；当客户选择 BOT、交钥匙、融资租赁等交易模式时，说明客户合作意愿强，但资金不足或投资谨慎，希望供应商能够提供更多的方案选择；而当客户选择运营外包、联合创新、知识产权共享等交易模式时，一般显示客户与供应商双方已经不是简单的买卖关系，而是进入到合作伙伴的层面。因此，要充分理解客户的要求，设计出能够实现双赢的盈利模式。

客户购买倾向性分析需要识别客户的采购倾向，分析产品在市场中所处的生命周期的位置，按照市场节奏选择合适的客户，制定出合理的产品拓展策略，并在不同阶段使用不同的营销策略和手段。对于追求市场领先的客户，向其优先推荐成长型业务；对于追求稳健的客户，向其优先推荐成熟型业务；而对于相对落后、对成本敏感的客户，可以结合盈利模式的合理设计，向其推荐成熟型业务和延长衰退型业务。

（3）**客户痛点和价值分析**：通过对客户投资行为的解码，收集内外部对客户发展趋势进行研究的分析报告，预测企业的市场机会。

对内部收集客户战略痛点分析报告，并对基于该报告提炼出的客户业务运营演进趋势加以总结。

对外部收集并听取行业分析师 / 友商 / 客户自己对业务运营演进的分析和判断。

需要从商业运营和解决方案这两个层面汇总归纳出客户的关键演进趋势，通过分析这些趋势给市场带来的变化以及给客户带来的影响和挑战，给出客户价值分析和相应的与业务相关的洞察建议。

（4）**客户体验度量**：包括成为供应商之前的供应商认证评估，以及成为供应商之后的客户满意度（包括客户关系满意度和交易满意度）调查。大客户一般都有供应商认证流程，如英国电信、NTT 等客户，他们对华为进行了 360 度的战略供应商认证，对于华为深刻理解客户、提高企业内部管理和外部供应链管理起到了关键作用。客户还会对现有供应商进行年度例行的满意度调查和排名，这样做同样可以使企业更深入地理解客户的价值导向和自身存在的问题，改善管理并做出策略调整。

（5）**客户舆情分析**：通过社交媒体分析，在更广泛的范围内了解客户对公司和公司产品的看法，在问题完全暴露之前制定出防范措施，提高客户美誉度。在互联网时代的今天，这在 2C 业务中的应用越来越广泛。而对于商业用户而言，则可以通过建立用户社区、参与 O2O 用户大会和对 ITR（从问题到解决）系统进行建设等手段，增强与客户的互动性并提高解决问题的能力。

3. 竞争分析

只有创新能力很强的行业龙头企业，才可以较少地考虑竞争，如乔布斯时代的苹果公司。因此，竞争分析是战略制定中一个非常重要的环节。

竞争分析需要对行业的竞争强度、是否形成了垄断格局、企业自身在行业中的地位、竞争焦点、主要竞争对手的情况等进行全面的理解。但由于不少中国企业缺乏经验的积累，常常无法做出合理的判断并制定出相应的竞争策略。

以图 6-8 所示的两个案例为例。中国视频监控行业有很多第三方分析报告可供参考，比较容易进行行业竞争分析。而智能电网这种二次设备市场，由于电力行业比较封闭且属于高度管控行业，因此，多数企业都无法获取全面的投资计划和较完整的竞争对手信息。由于电力设备采购金额较大，按国家规定需要进行招标，而行业的主要参与者都会参与其中，因此，可以通过统计分析中标情况，间接地得出行业的竞争情况。

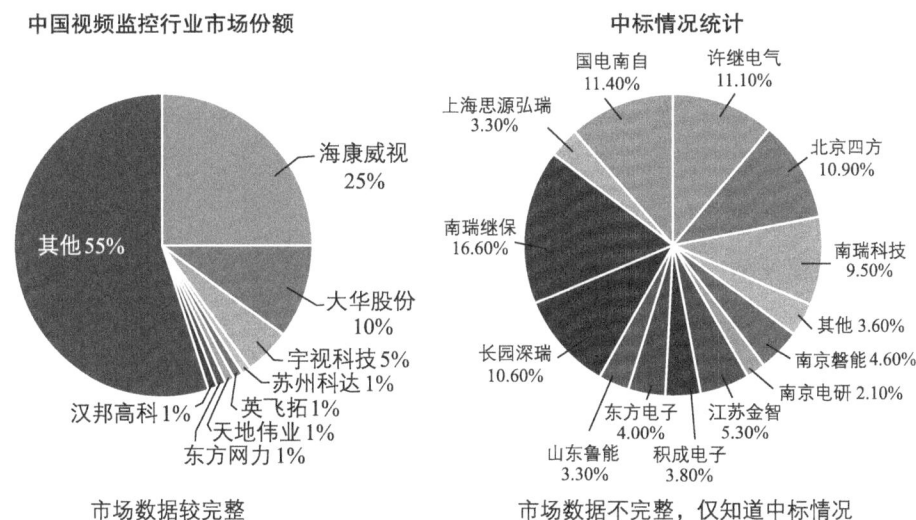

中国视频监控行业市场份额

中标情况统计

市场数据较完整

市场数据不完整，仅知道中标情况

图 6-8 行业竞争分析案例

行业竞争分析的目的是拿出竞争策略，为制定战略提供输入。因此，就上述案例的两个行业来看，一个已经形成了头部企业，而另一个市场还处于"群雄割据"的状态。忽略其行业的特征，如果是一个新进入者，该选择哪个行业呢？几乎所有的竞争理论都会选择第二类市场，因为还没有形成垄断企业，说明竞争门槛较低，这对新进入者是合适的。然后，必须根据企业自身的特质和优势，才能做出正确的选择。段永平就会选择第一类市场，因为他的战略是"敢为天下后"。第一类市场有头部企业产生，说明该市场比较成熟，对于OPPO/vivo蓝绿军团这种具备后发优势的企业，更能发挥特长、占据合理的市场份额，而不是去"洗盐碱地"。而第二类市场群雄割据，这有可能意味着行业还不成熟或是处于无序的竞争状态，如智能家居、绿色能源行业等。因此，任何竞争理论都要和企业的实际相结合。

企业对竞争对手的分析，要长期、持续地进行，可将竞争对手划分为四类：主要、次要、可选、可能的新进入者，对竞争对手的例行监控可从九个维度进行。

- **公司战略**：包括业务战略、营销战略、产品/服务战略等。
- **财务**：季度财务分析与市场份额、收入和利润来源、商业模式。
- **生态系统**：联盟与生态链。
- **营销策略**：品牌＆形象、市场定位、关键信息传递。
- **产品上市策略**：产品上市动态与营销方案、直销网络覆盖、主要渠道伙伴、客户的区域和行业细分与覆盖。
- **组织**：高管情况和决策链、组织结构、人才管理模式。
- **客户信息**：客户名单、客户定位和份额、客户关系关键节点。
- **战略方向**：公司战略、产品战略和投资战略等，预计对本企业制定的策略、做出的反应和行动。
- **薄弱环节**：通过SWOT分析，发现关键依赖关系，寻找可让本企业获益的途径，识别本企业及合作伙伴的销售机会。

围绕选定的细分市场，对竞争对手进行例行监控，输出竞争对手专题分析和竞争对手重大事件警报，并制定相应的竞争策略。

好的工具确实能提高战略的可视化，但前提是要有足够的市场情报和数据积累。图 6-9 的样例是通过 Mekko 工具显示的日本通信市场在 2007 年的全景图，图中清晰地显示了当时日本通信市场各产品领域的投资占比，以及不同产品领域的主要设备制造商的市场份额和竞争情况，同时显示出日本市场是个开放的市场，华为只要使自己的产品更符合日本市场的需求，增长潜力就是巨大的。而用同样的工具分析韩国市场后发现，韩国市场全景图非常"干净"，每个产品领域只有约 3 个厂商，除了韩国厂商无法提供的产品，如高端路由器、高端光网络，其民众会选用欧美厂商外，民众的选择几乎是"清一色"的韩国本土厂商，华为只在低成本的光传输产品上占有少量份额。在市场选择的决策过程中，连对技术几乎不懂的前 CFO，都能轻易做出"韩国市场不做重点投入"的决策。而事实也证明了这一点。华为后来在日本市场的收入超过了 20 亿美元，而韩国市场则由华为的日本代表处代管。

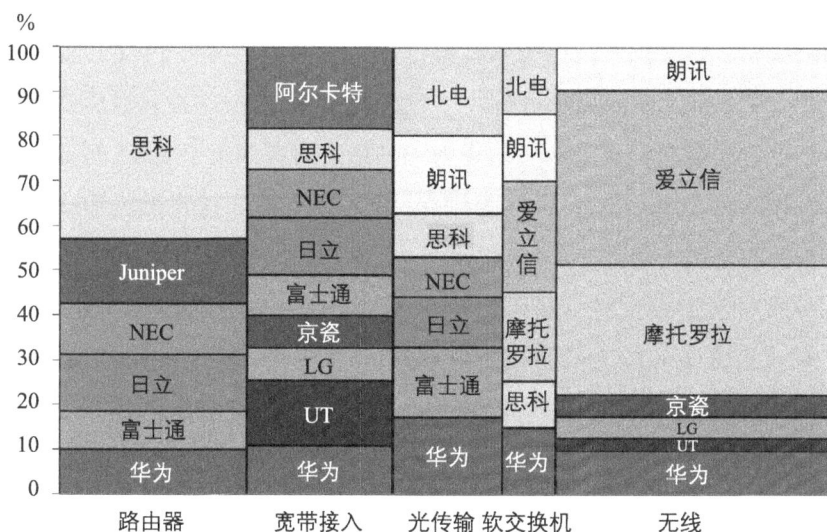

图 6-9 Mekko 全景竞争分析样例（日本电信市场）

（三）创新焦点

首先要明确企业在行业中的市场地位和战略导向。行业内的领先企业一般会采用相对激进的产品领先模式，并逐步构建起综合性的竞争优势。跟随型企业一般会通过构建平台优势和提升运营效率，快速抢占市场份额。同一个企业针对不同的业务类别，也可以采用不同的创新模式。成长型业务一般采用产品领先模式，即通过技术创新，快速抢夺市场先机，拉开与竞争对手之间的距离。成熟型业务一般有两种创新模式，一种是客户亲近模式，通过扩展产品种类、升级产品性能等方式，满足更多的客户需求、提升客户满意度，并通过营销模式创新如顾问式营销，以及体验式创新如操作傻瓜化与智能化等，来增加客户的黏性；另一种是运营和管理模式创新，实现卓越运营，包括 E2E 成本优化、流程创新、管理创新、集成模式创新、向价值链高端迁移等。而对于衰退期的业务，可以通过延长其生命周期如拓展欠发达市场、盈利并退出等模式来实现。

在明确创新焦点后，有效地衡量企业的创新能力是非常重要的。一般采用研发资金投入 / 研发人力占比和新产品收入占比来衡量企业的创新决心和创新效率。研发投入占比可以参考行业平均水平，其在 TMT 行业的占比一般在 8% 左右，在传统制造行业一般为 3%，而研发的投入也反映了企业的战略定位和走向。大家热议的华为和联想，两者都属于 TMT 行业，华为的研发投入在 10%~15%，而联想则保持在 3% 左右，这自然就形成了今天大家看到的差别。

在确立创新模式时，还可以借助经典的 VRIO 分析模型（见表 6-2），通过对公司资源和能力的价值（Value）问题、稀有性（Rarity）问题、可模仿性（Inimitability）问题、组织（Organization）问题的回答，反映产品或企业的优势或劣势。

表 6-2　VRIO 分析模型

一种资源或能力……						
有价值的	稀缺的	模仿成本高的	组织是否采用	优势或弱点	竞争意义	经济绩效
否	—	—	否	弱点	竞争劣势	低于正常
是	否	—	↕	优势	竞争均势	正常
是	是	否		优势	暂时竞争优势	暂时高于正常
是	是	是	是	优势	持续竞争优势	高于正常

通过这一工具，企业可以对组织现在具有的资源和能力进行客观评价，结合战略复盘，根据企业自身的特点，进行业务设计。

二、战略决策

在战略分析的基础上，企业可以通过业务设计确立战略控制点；可以进一步通过产品市场组合分析，形成多种业务组合方案；可以借助 SWOT、SPAN、FAN 等分析工具，实现战略决策并形成关键举措，以保证战略目标的实现。

（一）业务设计

价值驱动的业务设计（VDBD）是业务设计的关键思考工具。其核心思想就是通过对行业价值转移趋势的敏锐洞察，选择好客户、好产品、好盈利模式，为客户创造价值。业务设计的六大要素如下。

- **客户选择**：主要产品是为满足哪类客户群体的？哪类客户群体不在服务范围内？怎样协调现有市场群体和新兴市场群体？
- **价值定位**：以哪些高价值客户机会为目标？企业有哪些独特的客户价值定位？企业怎样能赢得竞争性差异？
- **盈利模式**：企业怎样赚钱？是传统的产品销售、服务协议、许可证、使用费，还是知识产权销售？在你的商业领域主要通过什么来获得利润？主要竞争对手有哪些？企业扮演什么角色？你为企业设计其他盈利模式了吗？

- **战略控制点**：企业如何更好地确保为客户提供长期持续的价值增值？企业是否很好地定位于引领开放标准的实施？企业对价值捕捉的定位是否有效？企业如何从干扰或先发制人的业务行动中获益从而增强竞争优势？

- **业务活动范围**：你取得了多大的增值？你对共同获利的合作伙伴的依赖性有多大？如渠道合作伙伴和供应商。你还设计了哪些其他的盈利模式？合作伙伴对它们有多大兴趣？他们的满意度有多大？对风险的认识有多少？

- **风险管理**：如何保证对不确定因素的识别、理解与管理？其背后的根本原因是否被理解？管理的风险是独立的还是系统的？我们如何通过更好的风险管理在增加成功的可能性的同时降低失败的可能性？我们如何利用公司的其他业务部单元或职能部门更好地进行风险管理？

由此可以发现，VDBD其实与第五章介绍的商业模式设计九宫图的思考模式非常类似，除了风险管理部分外，九宫图更加系统。其实，战略思考的方式都是互通的，在实际应用中需要融会贯通。业务设计的核心要点就是，发现和创造企业可持续发展的战略控制点。华为在运营商市场选择了大客户战略，通过对客户的深刻洞察、长期持续地研发投入和进行管理变革，构建了难以复制的产品创新能力和管理能力，形成了独特的战略控制点。

（二）制定增长策略，发现市场机会点

管理大师韦尔奇曾经说过，公司最大的战略就是实现有效的"持续性

的赢利增长"。企业可以通过图 6-10 的 ANSOFF 组合分析矩阵，针对四种典型情况，发现新的增长机会，并形成不同的增长模式和执行策略。

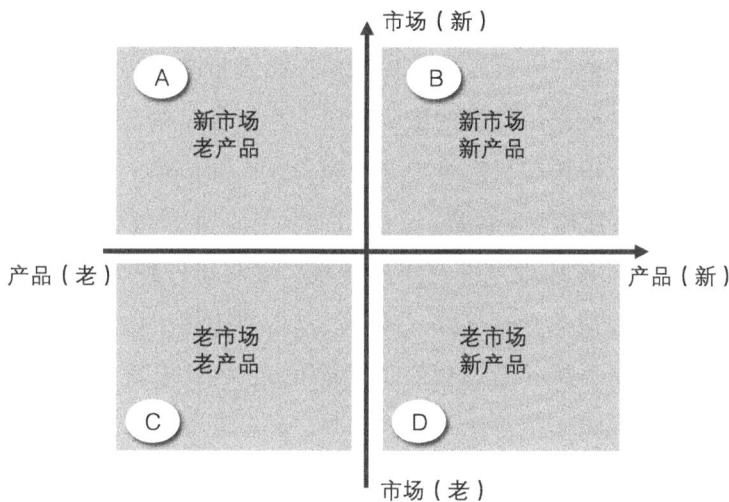

图 6-10 ANSOFF 组合分析矩阵

针对 C 区域：产品已经在市场上取得了一定份额，品牌和客户关系已经具有了一定的基础。因此，需要不断扩大市场份额来增加收入。但客户在选择供应商时，为减少供应商风险，一般会采用多供应商策略，不会让供应商一家独大，因此，市场份额的增长是有天花板的。新的机会一般包括如下几个。

- 存量经营：通过对设备生命周期情况进行分析，是否发现有搬迁再建的需求和可能的销售机会？是否有升级换代和智能化改造的需要？是否有零部件销售？是否有维保期外的服务销售？
- 组合销售：对于新版本增强型产品的推广，除了当前的产品，客户是否需要集成解决方案以及 EPC、代维、运维或咨询等专业服务？
- 竞争对手设备搬迁：分析竞争对手的设备生命周期，引导客户尽早实现更换和搬迁。

• 卓越运营：通过降低综合成本提高利润率。

针对 D 区域： 企业可以在现有市场利用已有的品牌和客户关系进行新产品的拓展。客户对新产品的接受往往需要时间，且新产品常常存在质量问题，因此，为了抢占市场先机和促进新产品质量快速提升，特别是对战略新产品，常常需要采用特殊的激励政策。在销售策略上，应侧重市场增长率，以及对目标市场和目标客户的突破；在产品策略上，应强调产品质量的提升并构建差异化竞争优势。

针对 A 区域： 该区域是现有产品在新区域、新行业对新客户的拓展，此时没有品牌和客户关系作支撑，而且产品本身也要根据客户需求进行适应性调整，特别是在海外市场和不同行业市场，在产品准入标准、资质和行业特性方面往往需要进行比较大的调整，产品开发战略也需要与其相匹配。在销售策略上，同样侧重对市场增长率，以及目标市场和目标客户的突破。特别是针对战略大客户，往往需要很长的拓展周期。而在此期间，没有销售业绩，却要派精兵强将攻坚，这考验着企业的战略决心和定力，需要必要的战略投入政策和考核激励政策。华为在 2002 年开始尝试突破发达市场的第一个桥头堡——英国电信时，前三年"颗粒无收"。成为英国电信的战略供应商之后，直到现在，华为在英国电信都在持续地实现着销售的稳定增长，特别是在 5G 采购中，英国电信给予了华为极大的支持。

针对 B 区域： 这是最难的一条增长路径，由于缺少品牌和客户关系的支撑，再加上企业对新产品涉及的行业规则不熟悉，新产品有待市场检验，因此全新的产品想要在全新的市场实现增长，是很难的。企业在组织管理、研发投入、市场策略、考核激励方面，都需要进行精心的设计。容忍一定程度上的失败，通过摸清市场规律、选择好细分市场或友好客户，实现市场突破，形成市场样板点是该区域的重点工作。很多传统企业为了实现产业转型，经常会通过自主创新和收购兼并的形式，快速切入"风口"行业。

此时，需要对新产业采用相对独立的管理运作方式，但在质量管理、规模化生产和营销平台方面，形成协同效果是最佳的选择。例如，浙江西子联合集团旗下的杭州锅炉集团在进行产业转型升级的过程中，为新产品／新行业组建了独立事业部，打通了市场、研发、生产、交付和服务的各个环节，事业部能够根据市场需求情况快速做出决策并组织力量把握市场机会。同时，在产品质量、营销平台等方面，能够与大系统协同运作。集团初期对新事业部采取了一定的战略补贴政策，使新事业部能够顺利克服二次创业期的困难，经过短短三年时间，新事业部的收入占比已经接近集团的50%。而有些企业，要么采用旧办法管理新业务，"一管就死"；要么完全放任，由于新业务无法利用大平台的优势，所以形成了几十个人的新业务部门对抗竞争对手整个公司的局面。

因此，企业需要通过对增长方向、细分市场和市场空间的分析，挖掘和发现市场机会，并对机会点进行分类排序，对不同类别的机会采取不同的投资策略和拓展策略。

（三）选择和确定关键策略

在战略分析环节中，企业已经对市场机会和风险、自身优势和劣势进行了清晰的描述。因此，可以采用经典的SWOT分析法进行关键措施的制定和提炼。

SWOT分析本来是很经典的分析方法，但在很多企业的实际应用中，经常会出现一些基本的错误。典型的错误是前面的机会与风险、优势与劣势的分析，与后面的措施没有逻辑关系。常常是措施早就有了，市场分析却只是走了个过场。另外一种情况是通过SWOT分析形成的策略过多，收敛比较困难。因此，需要回归战略制定的目标，在把握机会和防止风险两个方向进行策略的组合和收敛。而在SWOT分析中，通过优势获得机会（SO）和防范风险（ST）的策略一般比较容易推导，而通过弥补劣势把握机会（WO）和防止风险（WT）的策略，一般需要仔细研讨。图 6-11 以华为在海外发达市场面临质量和信息安全质疑时形成的策略为案例，演示了WT 策略的形成。

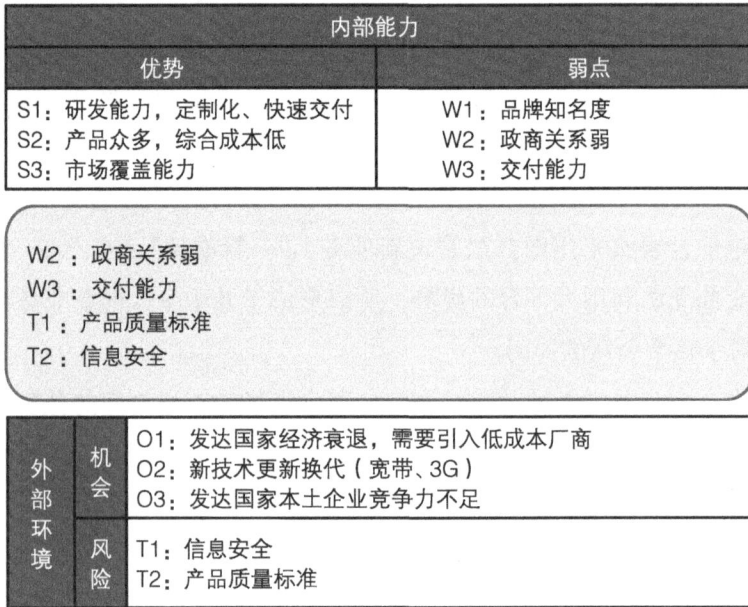

内部能力	
优势	弱点
S1：研发能力，定制化、快速交付 S2：产品众多，综合成本低 S3：市场覆盖能力	W1：品牌知名度 W2：政商关系弱 W3：交付能力

W2：政商关系弱
W3：交付能力
T1：产品质量标准
T2：信息安全

外部环境	机会	O1：发达国家经济衰退，需要引入低成本厂商 O2：新技术更新换代（宽带、3G） O3：发达国家本土企业竞争力不足
	风险	T1：信息安全 T2：产品质量标准

图 6-11 华为对发达市场的 WT 策略分析

在华为突破海外发达市场的过程中，英国第一大电信运营商英国电信（BT）是第一个桥头堡。其具有高端客户的典型特点，对价格不太敏感，对产品创新与持续发展能力、产品质量与服务，以及产品的安全性方面则具有极高的要求。而华为当时的品牌知名度很低，客户关系刚开始建立，更别提高层政商关系了。同时，受政治因素和当时中国制造业发展程度的影响，英国政府、军方与安全部门等方面对引进华为是持怀疑态度的。华为在充分发挥自己优势的同时，制定了快速弥补短板的风险管控（WT）策略。首先，华为聘用了当地行业内的意见领袖，如华为全球网络安全和隐私官约翰·萨福克（John Suffolk），他曾担任英国政府的首席信息官

（CIO），在华为突破英国电信市场时，他作为英国政府的信息安全主管，对华为进行了严格的认证。之后，他在 2011 年接受了华为的聘请，成为华为首位全球网络安全主管。其次，积极与标准组织和第三方独立测试机构合作，开放源代码，任何对华为持怀疑态度的人都可以通过正规的渠道去查证，由合作方帮助澄清；同时，华为还在英国建立了覆盖欧洲的行政中心、财务中心、本地研发和交付团队，大大提高了对客户需求、质量标准的理解和交付能力。这为后来大多数欧洲国家采取与美国不同的对华为的政策打下了基础。

在制定关键战略执行措施时，必须保证企业的研发、产品、销售与服务、供应链等主要业务单元在面向细分市场时，形成产品和解决方案组合策略，并形成互锁的考核目标，而不是各单元单打独斗。

下面以某企业拓展海外市场为例，来说明制定产品和解决方案组合策略的重要性。该企业的产品线非常强势，而区域销售组织却相对薄弱。在战略优化之前，产品线各自为战、画地为牢。经常出现的情况是，同一个客户，由该企业不同的产品线去拜访；或者客户明明对企业其他产品线的产品有需求，而该产品线却强推自己的产品，没有考虑公司的利益，没有建立客户关系的平台，没有清晰的产品组合策略。后期，公司在制定战略执行措施时，主要业务单元经过充分讨论，形成了图 6-12 所示的产品组合策略。在区域 1，通过本地建厂的方式，重点拓展甲产品；在区域 2，根据当地的气候条件和工程要求，重点完成产品的定制化开发，满足当地大客户的需求；在区域 3，则通过收购本地品牌的方式，快速切入该发达市场，并争取将来的组合产品销售机会。在考核指标的设计上，区域销售经理的考核指标是在该区域销售指标的基础上，加上其他中长期业绩要求和组织建设考核要求，这样就保证了战略与战术的一致性。

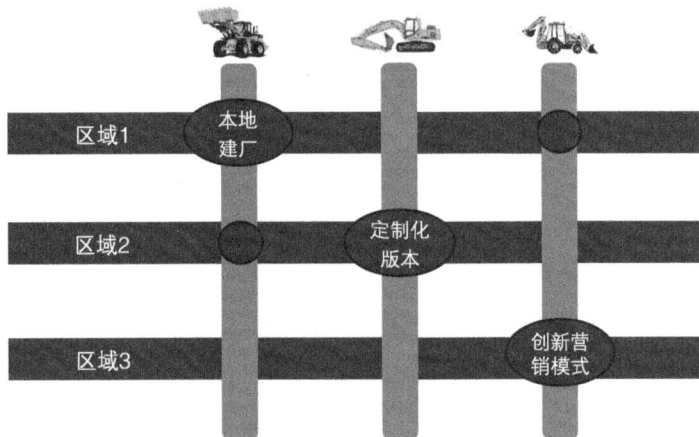

图 6-12　产品和解决方案组合策略案例

（四）战略决策工具的应用和案例

完成了前面的内外部分析、核心控制点构建、细分市场的组合策略制定之后，在这个环节，管理层需要对产品策略、市场拓展策略等关键战略举措进行选择和决策。很多企业把战略汇报当成情况通知会、下级思路汇报或头脑风暴，这是不对的，战略汇报必须包含决策。要做到正确决策，除了企业家敏感的直觉外，还有一些工具可以辅助企业家进行科学决策。下面介绍几种常用的工具。

1. 用于业务组合策略决策的波士顿矩阵

波士顿矩阵可以帮助企业确定哪些业务适宜投资，管理哪些业务容易获取利润，应该从业务组合中剔除哪些产品，从而使业务组合达到最佳。其原理如下。

- 针对公司各项业务收集其年销售额、年市场增长率及其竞争对手年销售额的数据。

- 计算相对市场份额，即公司某一项业务的收益除以其最大竞争对手的收益。

- 将各项业务按相对市场份额和市场增长率标于矩阵上，建立市场增长份额矩阵（以业务在二维坐标上的坐标点为圆心画一个圆圈，圆圈的大小表示每项业务的销售额，有时也可以用来表示利润额，如图 6-13 所示）。

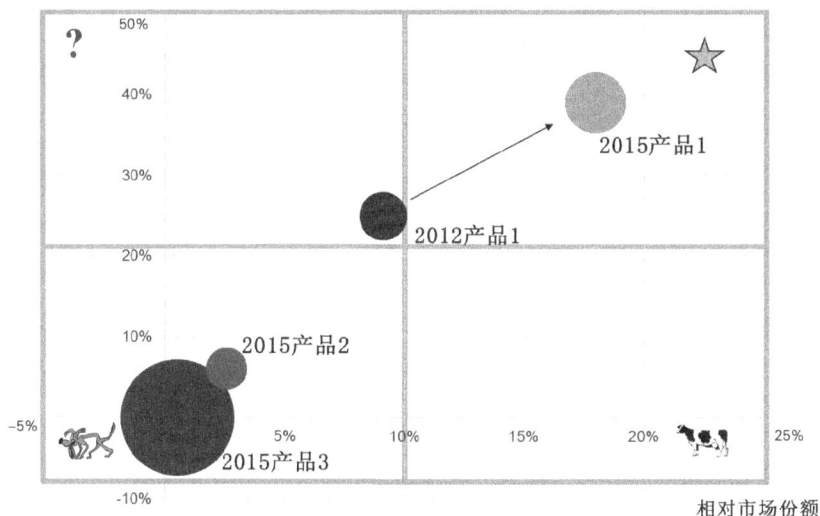

图 6-13　波士顿矩阵分析案例

- 根据波士顿矩阵中重要参考年度的位置变化情况，对公司业务组合进行评估。位于明星区域的产品，企业需要重点投资，争取产品领先和处于市场领导地位。位于现金牛区域的产品，则要保证财务指标的最大化，同时，进行合理的投资，通过版本升级或产品换代，或通过开辟新的市场，争取实现业务的增长。位于问题区域的产品要重点关注，其虽然业务增长快，但相对市场份额却不高，最可能的情况是行业整体发展较快或空间较大，而企业自身的产品竞争力不足。这就需要加快建立产品的差异化优势，缩小与最大竞争对手的差距，争取将产品发展为明星产品。而处于瘦狗区域的产品，则要考虑关停并转，改善产品发展现状。

案例公司在分析了其三类产品的表现后发现（如图 6-13 所示），产品 1 经过多年的努力，保持了快速增长，而且与最大竞争对手的差距越来越小，属于明星产品。而产品 2 和产品 3 属于瘦狗产品。产品 3 的市场空间最大，公司很早就投入了研发。但"起了个大早，却赶了个晚集"，几年下来，产品的市场地位非但没有提升，反而逐渐恶化。其原因归根结底是公司对投入不坚决，采取了试试看的态度，没有清晰的产品战略和市场策略。通过分析可做出决策：对产品 3 维持投入，先聚焦于产品 1 已经取得的优势市场，以产品 1 与产品 3 形成的组合解决方案方式，对产品 3 进行拓展；统一营销平台，形成公司合力，快速取得市场的成功和客户的认可，通过市场的检验加速产品 3 的成熟，待产品 3 在功能、性能和质量上获得市场认可并形成独特的差异化竞争优势后，再逐步使之独立发展；产品 2 则由于行业整体发展空间不大，其所处的市场存在无序竞争，公司遂决定放弃该市场，将资源聚焦在产品 1 和产品 3 所在的行业。

在实际工作中，经常会出现由于销售部门能力不足，缺乏市场数据，无法获得竞争对手的实际市场份额等信息的情况。但一般都能获取关于投标项目中标率的信息，因此，也可以用类似波士顿矩阵的分析方法，进行辅助决策。

2. 用于组合策略决策的 SPAN 分析工具

SPAN 分析方法如图 6-14 所示，通过分析不同市场的吸引力和企业在市场上的竞争地位，形成不同的组合策略。对于具有高吸引力和高竞争优势的市场，无论是产品研发还是市场拓展，都需要增加投入，以获取最大的收益；对于具有高吸引力而竞争优势不明显的市场，则需要尽快找到形成差异化竞争优势的方面，实现市场规模的突破；对于竞争地位高但吸引力不足的市场，则需要进一步细分市场，找到有价值的客户，实现企业的有效增长；对于竞争地位低且吸引力不足的市场，则应考虑退出，将资源聚焦于高价值市场。

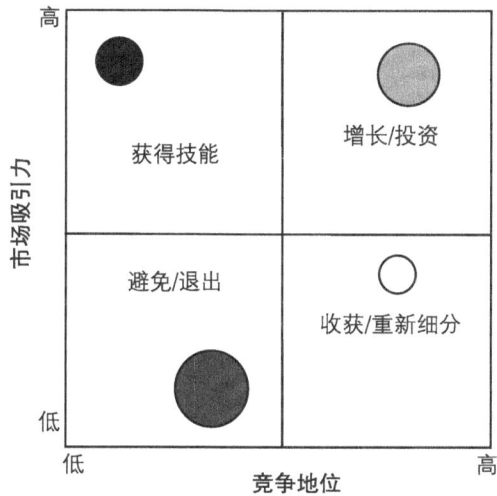

图 6-14　SPAN 分析方法

市场吸引力可以根据以下因素的"加权和"来确定。

- 细分市场空间；
- 细分市场增长率；
- 获利潜力：直接 / 间接竞争强度、进入门槛、客户 / 供应商压力、客户信誉度等；
- 战略价值：进入该细分市场对公司的战略价值；
- 采购方式和流程，甚至地点等。

而竞争地位的确定主要是根据公司与业界最佳竞争对手在 $APPEALS 上选取关键因素的"加权和"来确定，一般包括如下内容。

- 产品种类、功能性能、质量；

- 服务能力、专业服务（如技术咨询）；

- 价格、生命周期成本；

- 品牌形象、体验；

- 销售人员素质、客户关系质量等。

对处于不同象限的产品，可以进一步细化行动计划，特别是在营销活动策划、销售与渠道管理、市场定价策略制定、成本控制等方面，还可以将其用于优化投资、生产制造、运营、研发和产品策略。图6-15给出的样例具有很好的参考价值。

	为增长投资	保持市场地位赢利	选择性投入	获取现金	寻找进入机会
分销	扩大分销渠道	维持目前渠道	细分市场	减少渠道	有限覆盖
成本控制	控制-寻求规模经济	产能削减成本-可变成本	严格控制	严格控制成本	控制-适当冒险
生产	扩大投资	产能利用最大化	提高生产率	释放产能	投资
研发	扩大投资	重点放在一些项目上	有选择地投资	无	投资
市场份额	保持优势	保持或为了收入略微减少	有选择地保持，细分市场	放弃份额，赚取利润	有选择地投资，获得份额
产品	差异化，产品线拓展	精简，在主要细分市场形成差异优势	强调产品质量-差异化	大量削减	扩展差异化的产品线
价格	领先-为获取份额采用具有攻击性的定价	稳定价格/提价	维持或提价	提价	用攻击性价格获取份额
促销	大力促销	有限促销	有选择地保持	最小化	大力促销
人员	在核心领域提升人员素质	保持、奖励效率，严格控制组织	人尽其用	削减组织	投资
投资	增加投入	限制固定投资	有选择地投资	机会主义投资最小化或不投资	增加投入
运营资本	减少过程赊账	严格控制信贷-减少应收账-提高库存周转率	减少	大量缩减	投资

图6-15　市场组合行动计划参考样例

3. 有限资源情况下的战略机会点排序和决策

在有限的资源条件下，为聚焦资源、保证战略机会点的夺取，需要对市场机会点进行合理的排序，避免出现"爱哭的孩子有奶吃"的情况，把握住战略发展机会。

机会点优先级排序方法如图 6-16 所示。具体做法是首先对机会点的市场吸引力、竞争地位进行 SPAN 分析，然后，对这些机会点所需要的研发投入成本、可能带来的销售收入和利润等进行财务分析（FAN），再将二者的数据加权求和，根据最终的分值进行排序。权重则由机会点所处的 ANSOFF 矩阵的象限决定。对于老产品、老市场区域，财务权重高；对于新产品、新市场区域，机会点的未来增长和战略价值权重高；对于老产品、新市场区域，需要平衡二者的关系，偏重竞争地位；而对于新产品、老市场，也需要平衡二者的关系，但偏重收入增长。

对排名前 20% 的机会，需要重点投入，保证战略机会点的获取；对排名次之的 30% 的机会，要保持投入，争取最大收益；对排名再次之的 30% 的机会，则要限制投入，并密切观察运作情况、适时调整；对排名在最后的 20% 的机会，在有空闲资源时或通过远程（电话、邮件等）的方式，对之适时关注。

三、排兵布阵

这里包含了对流程、组织、人才、知识、资金、特种装备和产能等有形与无形资产 / 资源的规划和布局。

- 组织能力规划：执行战略所要求的动员和维持变革流程的组织能力，包括对组织战略理解的一致性，对文化认同、能进行高效协作的组织体系与管控模式、核心业务流程（营销和客户管理流程、创新管理流程、集成产品开发流程、集成交付流程、卓越运营流程）、能够将组织成员导向主动与敬业的激励体系等。
- 人力资源规划：包括具备执行关键战略活动所要求的技能、才干的人才数量和质量，以及优质专业资源在整个组织中快速引进、传递

机会点排序

项目	分数	分组
项目 22	85.33	1
项目 31	83.22	3
项目 12	80.25	2
项目 18	73.33	2
项目 3	72.8	4
项目 1	67.43	1
项目 15	66.55	3
项目 8	64.35	4
项目 82	60.22	2
项目 20	58.33	3
项目 17	52.06	1
项目 7	51.22	2
项目 10	48.08	1
项目 13	43.44	3
项目 16	42.11	4

投入
持有
观望
卖出

ANSOFF

	产品	
	现有产品	新产品
现有市场	第1组：市场渗透	第2组：产品开发
新市场	第3组：开拓市场	第4组：多样化

SPAN

	增长/投资	收获/重新细分
	获得技能	退出/退出

竞争地位：低 — 高
市场吸引力：低 — 高

FAN

利润预测与分析

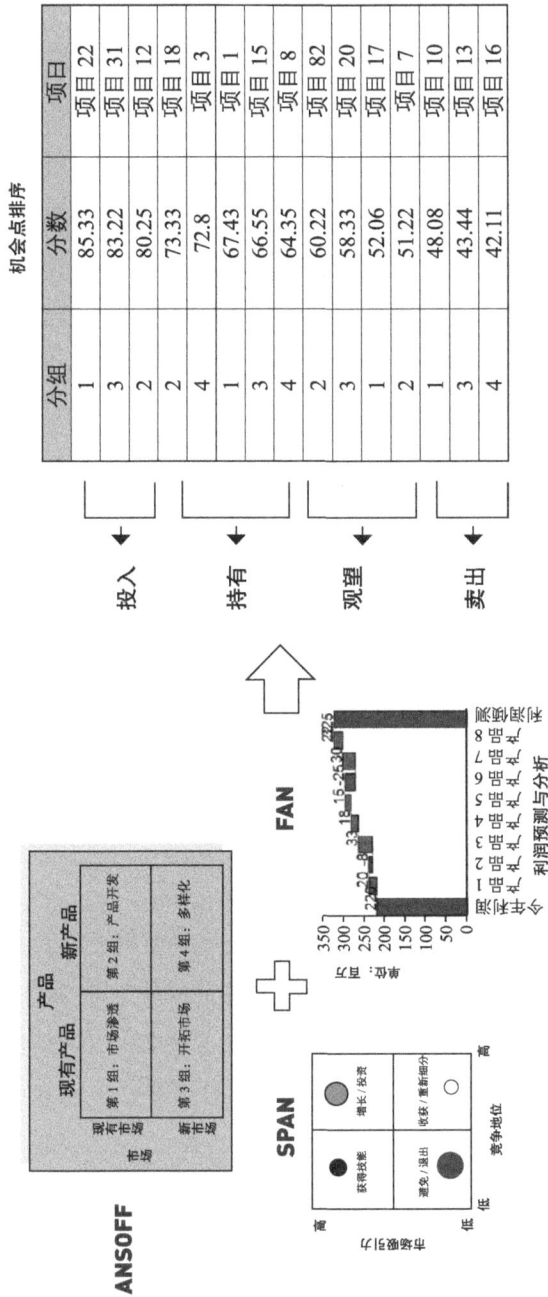

图 6-16 机会点优先级排序方法

和培养的能力。

- 信息资本规划：支持战略所要求的信息系统（ERP、CRM、IFS、MTL/LTC 等）、知识共享与运用（知识库、案例等）以及基础设施能力（IT 网络、应用系统、数据库等）。

- 战略资本规划：支持战略所要求的核心无形和有形资产的规划和布局。包括核心知识产权与专利布局、通过投资或兼并快速获取关键资源的战略资金准备、关键专用设备或精密机械的研发以及核心产能的布局等。

任正非认为，人均效益才是组织的核心竞争力。在排兵布阵时，无论是人力需求还是资源规划，都需要有一定的约束条件，特别是要强调单位资本和人均效益的概念，保证业绩的增长率大于成本的增长率。战略的核心目的就是实现企业的有效增长。

至此，企业战略的制定过程就全部结束了。这套基于 BLM 模型又不完全照搬 BLM 模型的战略制定方法和战略思维模式，同样可以用于企业的子公司、业务线、产品线和子产品线，只不过关注点的细致程度不同。

整个公司级的战略和业务线级的战略在方法论上类似，但侧重点不同。在公司层面，要确定公司在整个行业的市场地位；要进行整体政策影响分析，大客户和主要竞争对手的整体分析，行业投资分布与企业收入来源的吻合性分析，大客户收入和合同结构分析（"产粮区"的确定），不同产品线的绩效对比和取舍决策，公司级战略机会点的管理；要研究不同业务线在市场上的协同策略，公司平台规划（研发、市场、供应链规划），新业务领域规划，整体财务预测和资源（人力、关键装备、用于 M&A 的战略资金准备等）规划；以及完成经营计划的衔接和一级部门 KPI 战略指标的确定。总之，关注的重点应是公司级和跨业务领域的策略制定。

而业务线则聚焦于本业务领域的战略规划，内容包括将以上公司级的相关内容分解到业务线级的对应部分，如产品线间的竞争力对比要变为本领域内子产品线间的对比，以确定对子产品的取舍。业务线必须包含产品竞争力和关键战略控制点的构建。与第二章的产品创新战略的制定方法相比较可以发现，产品战略更关注技术趋势、技术创新关键差异点等，而产品竞争力则要基于 $APPEALS 工具来进行更详细的分析，并输出策略，而不是用公司战略中的蓝海策略工具进行概括性分析。此外，还应包含本领域内需要特别关注的事项，如不同于其他业务线的人才需求、特种装备的引进和研制等。

CHAPTER

第七章

华为的战略落地执行体系

第一节 清晰可行的年度业务计划是战略落地的关键

企业战略（SP）规划制定完成之后，一个核心的落地措施就是基于战略形成年度业务 / 经营计划（BP）。SP 和 BP 的逻辑关系如图 7-1 所示。

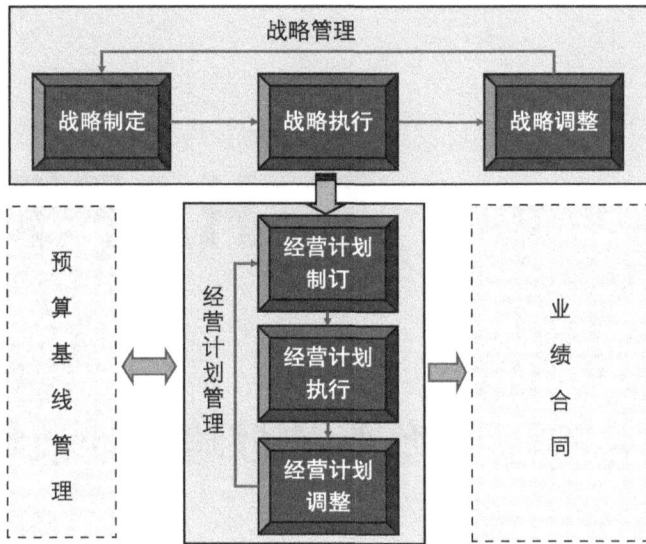

图 7-1 战略规划与经营计划的关系

SP 侧重于通过战略洞察，确定公司的战略方向和战略机会点，实现创新的业务设计，明确和把握战略控制点，并形成公司战略发展的关键里程碑。

而 BP 则强调清晰的机会点、年度销售目标，以及预定的市场目标（山头项目、大客户等）。为实现这些目标而制订的年度行动计划和策略，必须做到 SMART 化，把工作落实到具体责任人，明确所需的资源和预算，以及关键的年度指标、组织 KPI 和个人绩效承诺（PBC）。最后，通过 KPI 和 PBC 的绩效结果进行考核，最终落实到激励政策上，实现闭环管理。

一、年度经营计划与战略规划的强逻辑关系

很多企业的战略规划和经营计划相互割裂，管理层实际上更重视年度经营计划和年度预算，因为这直接关系到企业近期的运作和考核。曾经有企业很快评审通过了公司的三年战略规划，而在评审年度经营计划时却争得面红耳赤，迟迟定不下来。因为大家习惯性地认为战略是"虚"的，与经营计划没有直接关系。因此，在实际工作中，三年战略规划最好按"1+2"年战略规划来操作，即第一年确定清晰的目标和关键任务，第二、第三年主要看清方向并滚动刷新。企业可以将战略规划中第一年的目标直接输入到年度经营计划，经营计划汇同其他年度重点工作以及相应的财务预算，作为公司最高领导和各业务单位领导之间的"业绩合同"。这个合同同时被用作业务单位领导责任及权力的依据。公司领导通过对各业务单位经营/预算计划的严格质询和考核，指导各业务单位的经营运作，实现战略规划与经营计划的强逻辑关系。

年度经营计划制订的原则如下。

- 年度经营计划的目标来自战略规划的第一年的目标，财务预算起始于经营计划的目标；
- 公司总部制定业绩的期望指标，并由总裁和高层领导通过对各公司、业务单位经营计划的严格质询和考核，来保证业绩期望指标的实现；
- 年度经营计划提供明确的经营及财务业绩目标，以此来作为业务单位负责人业绩考核的依据；
- 季度业绩考核包括对业务单位负责人的质询，并以解决问题为根本出发点，而不是解释问题。

二、年度经营计划的六个组成部分

1. 公司战略规划及第一年目标概述

- 企业愿景和战略意图；
- 战略规划的第一年目标。

2. 主要经营业绩指标及计划

如年度及季度销售计划等，需要体现出公司在收入、利润、回款、现金流、成本、费用、效率、质量等方面对年度业绩的详细要求和目标。

3. 具体措施

为达到第一年战略目标以及主要经营业绩指标的主要经营举措、时间表和关键里程碑、责任人及资源需求，年度经营计划要做到 SMART 化，即目标清晰具体、可衡量、可达到、有责任人、有时间计划。

未来 3～5 年企业战略中的关键举措，往往是高度概括和笼统的，经营计划最重要的就是细化战略规划中的行动计划。图 7-2 举例说明了战略规划中的关键举措，即如何细化年度经营计划中的年度关键措施。

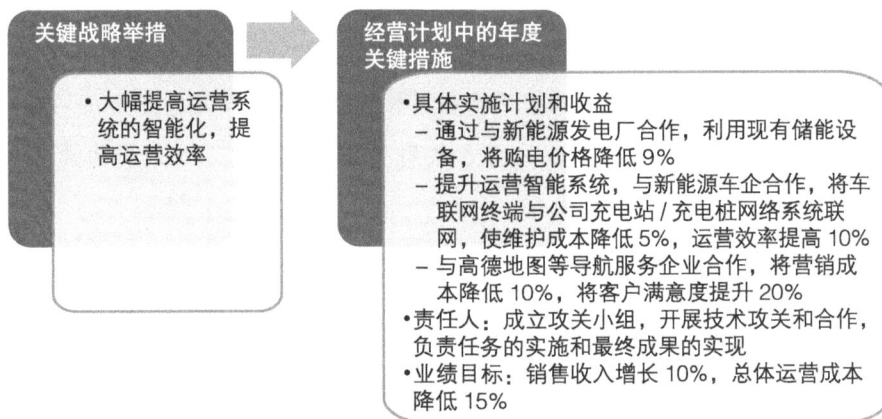

关键战略举措

- 大幅提高运营系统的智能化，提高运营效率

经营计划中的年度关键措施

- 具体实施计划和收益
  - 通过与新能源发电厂合作，利用现有储能设备，将购电价格降低 9%
  - 提升运营智能系统，与新能源车企合作，将车联网终端与公司充电站/充电桩网络系统联网，使维护成本降低 5%，运营效率提高 10%
  - 与高德地图等导航服务企业合作，将营销成本降低 10%，将客户满意度提升 20%
- 责任人：成立攻关小组，开展技术攻关和合作，负责任务的实施和最终成果的实现
- 业绩目标：销售收入增长 10%，总体运营成本降低 15%

图 7-2　关键战略举措与年度关键举措的区别举例

4. 审视计划进展和公司目标要求之间的差异及对应举措

企业一般会季度性和月度性地对年度 BP 进行审视，当计划进展与公司原定目标有较大差异时，要进行根因分析并形成对应措施。例如，当产品销售大幅超过原定目标时，需要对目标、奖金分放、产能计划、销售任务等方面进行调整。

5. 重大机会和风险管理

预测重大机会或影响经营计划目标完成的主要风险发生的可能性、影响程度，并制定对应举措。例如，国家发布重大利好政策，或公司出现重大危机公关事件或质量事故等，都需要提前预警，并在 BP 中及时提出应对措施。

6. 详细的财务和资源预算计划

- 主要财务预算（损益表、资产负债表、费用预算等）；
- 人力资源年度预算；
- 战略资金年度需求；
- 产能、固定资产年度预算等。

三、加强年度经营计划管理

一般企业都比较重视年度经营计划的管理。但多数企业的关注重点是财务指标和销售任务的完成情况，有些企业甚至由财务部负责经营计划的日常管理，往往忽略对与业务高度相关的关键措施和重点任务的过程管理。因此，需要在经营计划管理过程中，明确各主要部门的相关职责和管理流程。

1. 公司本部的主要活动和职责

- 审议业务单位战略，按需要进行修改；
- 对资源分配事项进行优先排序；

- 确保为计划留出足够的灵活空间；
- 授权业务单位经理执行计划，明确执行效果的责任。

2. 业务单位的主要活动和职责

- 按需要修改业务单位战略；
- 确定当年的主要行动和举措；
- 确定当年的业绩合同；
- 确保足够的财务和人力资源，以实现目标；
- 向个别经理授权，明确执行效果的责任。

3. 经营计划的主要管理部门

一般包括经营计划管理部门、战略管理部门、财务部、人力资源部及其他相关职能部门，其主要活动和职责如下。

- 制定相关战略，制订和开展经营计划；
- 提供相关模板、指导相关业务单位完成相关内容；
- 对经营计划的执行效果进行日常管理并提供相关数据；
- 保证相关资源的到位，支撑经营计划的落实；
- 对重大问题和风险进行预警和跟踪。

企业要根据自身的实际情况，制订清晰、高效的年度经营计划管理流程和管理日历，使各部门做到角色清晰、分工明确。

一些企业曾出现过为了争取公司资源和实现公司的增长期望，在战略规划时乐观估计市场和目标的情况，造成人力、物力等后端资源的不合理规划或浪费。待到制订经营计划和确认年度目标时，才反过来认真分析和质疑前期的战略规划的可行性，使战略规划的严肃性和严谨性大打折扣。因此，经营计划应直接承接第一年的战略目标，首先要在年度目标上做到"强相关"。其次，要通过战略解码，对战略措施和行动计划逐次分解，做到具体清晰、可衡量、可追溯，保证战略规划与年度经营计划之间的强逻辑关系和可落地执行。

第二节　战略解码是战略的落脚点

战略解码就是按企业组织结构自上而下地对任务进行垂直分解，以及按业务流程结构从左到右地对任务进行水平分解，将公司的战略意图和战略目标落实到各组织单元甚至个人的过程。战略解码是保证全体员工对公司战略的理解的一致性，特别是行为一致性的关键环节。

管理大师罗伯特·卡普兰（Robert Kaplan）曾说，如果战略不能被清晰描述，就不能被具体衡量，不能被衡量就不能被有效管理，不能被有效管理，那么战略就会落空。如何进行有效的战略解码？目前有两种主要的方法：一种是经典的基于平衡计分法的战略解码方法（BSC），另一种是基于业务战略执行模型（Business Strategy Execution Model，BEM）的解码方式。下面将对这两种方法的主要特点进行比较和分析。

一、BEM 战略解码模型简述

BEM 解码方式采用了与 BLM 战略制定模式对应的结构化模型，整体架构如图 7-3 所示。

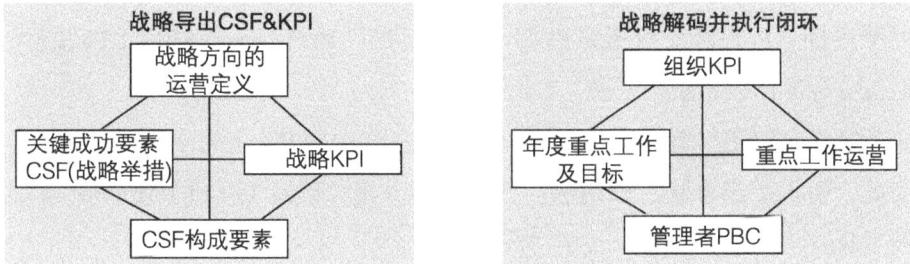

图 7-3　BEM 架构

关键成功因素（Critical Success Factors，CSF）就是为达成企业愿景和战略目标而需要组织重点管理的，以确保竞争优势的差别化的核心要素。而这些 CSF 则全部是按照平衡计分法的方法，从财务、客户、内部运营和学习与成长四个维度进行的提炼。而提炼出来的 CSF，则又按年度分解成年度重点工作 Y，并且有明确的考核度量指标。这里又引入了品质关键点（Critical-To-Quality，CTQ）的概念，其实就是要求目标 SMART 化。其解码过程包括以下六个步骤。

第一步，明确战略方向及其运营定义。

第二步，导出 CSF，制定战略地图。

第三步，导出战略 KPI。

第四步，CTQ-Y 导出（导出年度关键品质控制点）。

第五步，CTQ-Y 分解（分解年度关键品质控制点）。

第六步，重点工作导出。

第一步重复了 SP 和 BP 制定的过程，意在进一步理解和澄清战略方向和战略目标；第二、第三步的 CSF、战略地图和战略 KPI 则全部根据平衡计分法导出。这里比较有新意的是提出了 KPI 指标的筛选方法 IPOOC。IPOOC 方法从 Input（一般包含资源）、Process（从战略的视角看，影响 CSF 达成的关键活动、过程和流程）、Output（基于流程视角的直接输出，如产品、制度、客户、目标市场等非财务输出）和 Outcome（从内外部客户视角看收益）四个维度对 CSF 进行了详细分解，并根据战略的相关性、可测量性、可控性、可激发性四个评价标准，通过打分筛选出 KPI 指标，但打分标准比较主观。

第四、第五、第六步的主要目的是输出 SMART 化的年度重点工作。为此，引入了亲合法、归纳法、任务树等方法，以及 TPM/BPM/CPM 等辅助工具。

- TPM（Total Productivity Management）通过全量分析，对综合目标进行全面解构，确保分解目标能支撑全量目标。上下分解指标的量纲要保持一致，通常针对的是财经类事项，如收入、成本等。
- BPM（Business Process Management）以客户为中心，遵循业务流程，对目标和措施进行分解和导出，通常针对效率、周期类事项。
- CPM（Critical Parameter Management）意在寻找系统内部的关键影响参数，通过对关键参数的改善，来支撑系统特征的改善，通常针对研发产品类事项或原因、结果性事项。

由此可以看出，BEM 的优点是结构化比较好，而其关键解码逻辑还是基于平衡计分法，只是增加了一些新的辅助工具，用以适当提升解码结果（即重点工作和考核指标）的质量。因此，本书重点介绍基于平衡计分法的战略解码方法（BSC）。

二、基于平衡计分法的战略解码方法

在战略制定最前端的复盘部分，本书已经初步介绍了采用平衡计分法进行复盘的根因分析。而实际上，平衡计分法是进行战略解码、优化年度业务计划（BP）和导出关键 KPI 指标的重要方法。其解码架构如图 7-4 所示。

（一）战略澄清

战略澄清是基于公司战略（SP）和年度业务计划（BP）进行的。很多企业常常只有少数高层参与战略的制定，而其他高管特别是执行的中坚层，对整体战略没有全局观或理解不一致，造成了执行效果不好的情况。究其原因，常常是因为公司战略其实只是企业家的战略意图，好一点的只是战略纲要，并不是完整的业务战略。因此，需要对战略方向、战略目标、机会点识别、实现路径和资源需求进行全面澄清并达成一致。在此基础上，可基于 BSC 方法进一步优化 BP 中的关键措施，并导出关键 KPI 指标。

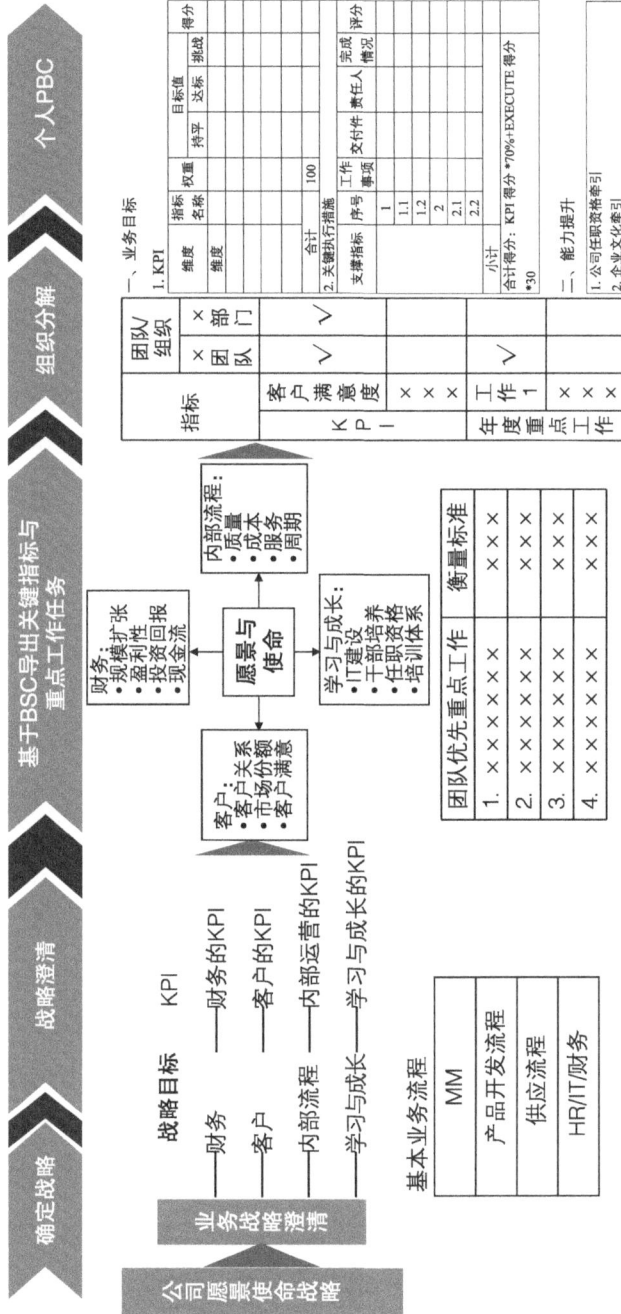

图 7-4　基于平衡计分法的战略解码方法

（二）基于平衡计分法的战略解码方法详解

BSC 战略解码方法，就是在战略目标的牵引下，从财务、客户、内部流程以及学习与成长四个层面对战略进行基于组织结构的自上而下的垂直分解。从公司到部门，再到岗位，保证责任层层落实，落实部门对上级目标的承接和责任，为个人绩效承诺的确定提供依据，从而保证纵向承接的一致性；同时，以公司"端到端"流程为基础，建立起部门间的连带责任和协作关系，对流程上下游的水平方向进行分解，保证横向的一致性。对于指标的选取，应均衡考虑，并体现部门的责任特色。指标选取应结合平衡计分卡的四个维度和公司当前发展阶段的战略导向，实现部门责任的均衡考虑。

BSC 四层详细解码架构如图 7-5 所示。

第一层为财务层面。该层面描述了企业战略要实现的财务目标，其结果指标是实现股东价值、提高投资回报率。对应的驱动战略和指标包含两个方向：其一是通过改善成本结构和提高资产利用率，实现提升生产率的战略；其二是通过实现客户价值和增加收入，实现企业的增长战略。财务的业绩提升是所有战略追逐的目标，企业应选择一个最主要的财务目标，一般可选择的指标为投资回报率（ROI）、资本运用回报率（ROCE）。针对成熟、成长和新业务等不同类型的业务，财务指标的设计和权重也要有所区别。例如，成熟业务更强调市场地位的提升，市场份额的扩大，利润率的提高；而成长业务则需要重点关注收入、利润、增长率，以及合同质量等；而对于新业务，则需要在财务指标上适当放宽松，重点强调增长率和市场目标的实现，不要过分强调财务的绝对值指标。

增长战略更关注长期财务的获利能力，以从新的市场、产品和客户那里获得新的营收来源，以及提升客户价值（提高现有客户的获利率、项目续签）为目标。效率战略则关注短期财务成果的实现，以降低运作成本（"端到端"降低成本、提高人均产出），提高资产的利用效率（降低库存、

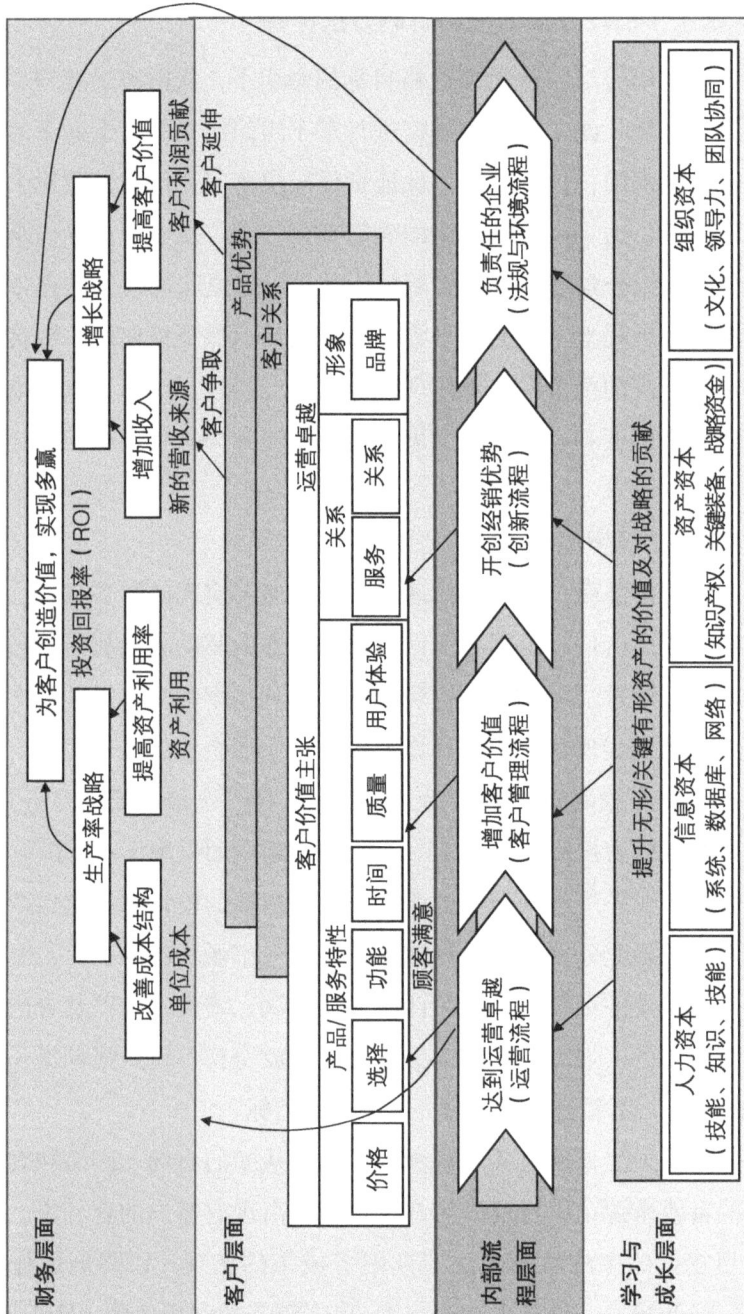

图 7-5　BSC 四层详细解码架构

提高周转率等）为目标。

第二层为客户层面。为实现财务目标，必须"以客户为中心"，通过树立公司品牌，建立客户关系，提供有竞争力的产品、服务或解决方案来实现。企业提供的产品和服务要么为客户创造价值，要么为客户降低成本。而不同的客户对价格、质量、功能、营销模式、交付时间等都有着不同的要求，因此，需要针对不同客户的价值主张，重点满足客户关注的需求，如图 7-6 中标注为差异因素的部分。

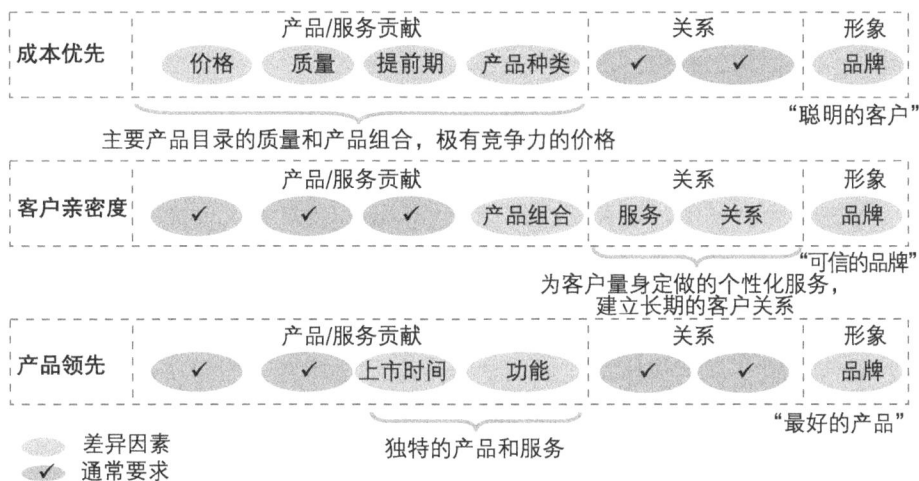

图 7-6 不同客户类型的价值主张和关注重点

- **对于关注成本的客户（成本优先型）**：需要在保证质量的基础上，提出最有竞争力的价格。对于领先企业，常常需要考察这类客户的长期发展潜力，并通过产品组合和解决方案，配合生命周期成本的概念，使客户摆脱仅关注交易成本的误区，使客户成为真正"聪明"的客户。

- **对于偏爱创新和冒险的客户（产品领先型）**：需要提供最先进、具有独特功能、市场上尚未面世或只有个别同类产品面世的产品，以

便客户能够占领市场先机或显示自己的独特性，如华为的 5G 折叠屏
手机。

- **对于成熟稳健的客户（客户亲密型）**：需要紧紧围绕客户需求，通过
  建立长期的组织型客户关系，以及让客户参与设计或联合创新等方
  式，为客户提供个性化的产品和解决方案。因此，在这个层面，可
  以结合 SP 和 BP 中的细分市场、细分客户分析，进一步优化关键行
  动计划，并确定针对不同客户的财务指标和非财务指标。

而对于不直接面向外部客户的支撑部门，则要根据流程的上下游关系
或组织设置原则，将内部客户作为自己的服务客户。这就要梳理清楚流程
内部的上下游关系，特别是流程和流程之间的交接关系，定义清楚以上各
环节之间的交付件，并将之作为关键措施制定和相互考核的重要依据。

第三层为内部流程层面。内部运作主要由流程支撑，而流程是通过总
结最佳业务实践而形成的工作步骤，是企业内部运营的灵魂。内部运作描
述企业如何链接客户价值主张，如何支撑企业长期财务能力和短期财务成
果、如何构建专业运作体系，如何整合专业服务资源，如何快速孕育、培
养、发展企业的核心竞争力。内部运作是整个组织战略实施的内驱核心动
力，并承上启下，使组织和人才真正创造价值，是企业最具个性的关键层
面。不同的企业有不同的流程，企业在选择这些流程的时候，一定要考虑
自身发展到了什么阶段，需要建立和优化什么流程；要思考哪些流程是短
期内能为股东和客户创造价值的，哪些流程是长期为股东和客户创造价值
的。这就是内部流程的战略选择，也是这个层面最核心的思想。

从理解客户需求到满足客户需求的价值创造过程中，对战略产生最重
要影响的关键流程如下。

- 营销管理流程：包括品牌管理、渠道管理、商机管理、合同管理
  等，目的是通过产品 / 服务的销售，实现财务目标。在华为，主要由

MTL/LTC 流程支撑。

- 客户管理流程：包含了客户选择、获得、保持、增长和挽留等环节，目的是建立并利用客户关系，实现产品 / 服务销售。在华为，主要由 CRM/PRM（Prospect Relationship Management）系统组成，与 MTL/LTC 流程配合完成。

- 创新管理流程：根据市场和技术发展趋势开发新产品、服务、商业模式、流程和关系，目的是抢占市场先机或改善竞争地位。其与开发管理流程的区别在于考核机制，并且创新管理流程更强调敏捷开发，以及快速市场验证和迭代。

- 开发管理流程：涉及需求管理、集成开发管理、发布上市、工程设计、支持及改进等多个环节，目的是"以客户为中心"，满足客户的需求。在华为，最具代表性的就是 IPD 集成产品开发流程。华为还针对不同产品的特点，在开发管理流程中融合了 CMM（软件成熟度模型）、UCD（以用户为中心的设计）等。

- 运营管理流程：保证了持续、高效地向客户提供服务，包括交付管理（采购、生产制造、物流）、财务管理、成本管理、数据管理、风险管理、问题管理等。在华为，其包含集成采购供应链系统 ISC、集成财务系统 IFS、问题解决流程 ITR 等多个流程。

第四层为学习与成长层面。描述了企业应如何围绕内部运营构建竞争者无法复制的核心竞争能力。其与企业内部流程层面进行密切配合，使无形资产与关键有形资产为企业和客户提供最大的价值，这也是衡量战略准备度的最关键要素。其包含以下四个方面的内容。

- 人力资本：是执行战略活动所要求的技能、才干、技术诀窍等能力，组织服务模式，使优质专业资源在整个组织内快速传递（如华为重装旅的使用调配），属于企业的战略能力。

- 信息资本：是支持战略所要求的信息系统、知识运用和基础设施能力。其内容除了 IT 基础网络、通用应用系统（如 ERP、MRP II、CRM 等各种数据库，以及 OA 等）外，更重要的是承载着关键业务的流程，以及对应的知识、数据、案例等战略信息，体现了企业内部运营的信息转换程度、信息解决效率和战略所需的资讯科技完备率。华为始终坚持"IT 规划和建设超前于业务变革规划"的方针，把互联网作为提升企业运作效率的核心工具。华为联结全球的内部网络（含数据中心）规模，在全国乃至全球的企业内网中，都是首屈一指的。支撑着华为全球 8000 多亿业务的高效运转，涵盖市场、研发、采购、生产制造、交付和服务，以及人力资源管理和行政办公等各个环节。信息资产成为华为的核心资产之一，华为也成为企业数字化和信息化建设的践行者和引领者。

- 组织资本：是执行战略所要求的动员和维持变革流程的组织能力。包含了先进企业文化的树立和对其的认同，对组织战略理解的一致性，组织的高效管控和授权体系，组织的高效协同体系，以及使组织成员保持高度主动性、产生付出意愿和敬业精神的激励体系。属于保证战略有效执行的内部战略环境。

- 战略资本：是支持战略所要求的核心无形和关键有形资产，包括核心知识产权、战略资金和特种装备。特别是对于制造业来讲，专用装备或精密机械等属于战略资本，甚至是核心竞争力的体现，如造岛神器"天鲸号"。战略资金可以用于战略产品或战略市场的前期开发，还可以用于投资或兼并，以快速获取关键资源。而核心知识产权则在全球化竞争中显得越来越重要，华为就是靠着过硬的核心知识产权和雄厚的战略资金在全球得以发展壮大的。

BSC 战略解码最核心的思想是要建立各战略层面解码的逻辑关系。以大客户战略为例，图 7-7 对战略解码的过程进行了详细说明。大客户战略属于企业增长战略的重要组成部分。企业拥有的高价值大客户越多，企业的业务收入和增长就越具有可持续性和稳定性。为达到该财务目标，必须关注大客户需求，并通过提供创新的产品和解决方案来落实。为全面理解客户需求和客户中长期发展战略，从而更好地服务好大客户，必须建立大客户关系管理流程和IT系统，与大客户建立稳固的组织型客户关系。为此，必须有合格的大客户经理，以及适于大客户拓展的"一线铁三角"营销组织和快速响应一线需求的平台支撑组织体系。这四个层面一环扣一环，具有很强的逻辑关系。

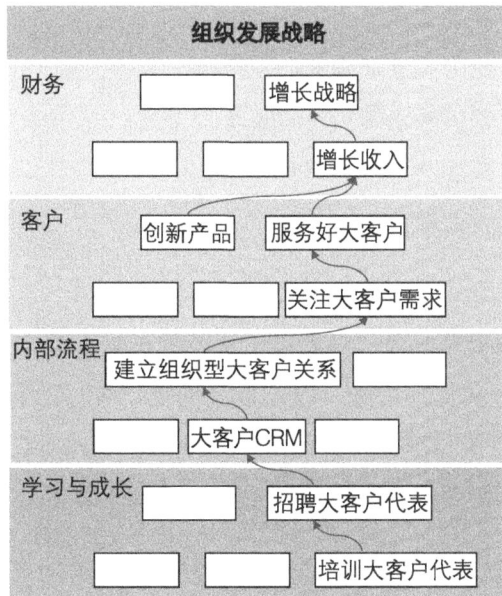

图 7-7 大客户战略解码的过程

由此可见，任何战略都由一套有严格因果假设、逻辑性强的发展路径组成，管理系统必须把各个层面指标（或目标）之间的关系（假设）阐述得一清二楚，这样才能被管理和验证。平衡计分卡不但要求各层面之间的战略目标和战略举措有着良好的内在逻辑关系，以便于优化 BP 中的关键任务，而且，在指标（结果指标和内驱指标）之间也要有良好的内在逻辑关系，以便于导出 KPI 指标。

（三）战略解码的关键输出

为做好战略解码，从而使公司目标能够层层分解并形成对应的关键措施，需要有必要的输入和合理的引导流程。

1. 战略解码的重要输入

- 公司整体战略；
- 上级部门的战略和年度业务规划；
- 上级部门的年度重点工作；
- 本部门的组织架构及职责；
- 公司及上级部门对本部门（领域）的要求；
- 客户（含内部客户）对部门的要求；
- 本部门的建设短板；
- 其他。

战略解码的前提是企业已经制定了清晰的整体战略，其包含战略目标、公司级的关键业务和管理措施，以及资源的规划等。下属部门需要根据组织设计的部门长期核心职责、公司的整体战略、上级部门的业务规划、流程上下游的要求，按照解码流程，形成清晰的解码结果。

2. 引导流程

战略解码的主要步骤如图 7-8 所示，业务部门和支持部门略微有些差异，特别是在财务层面和客户层面，分为以下六个步骤。

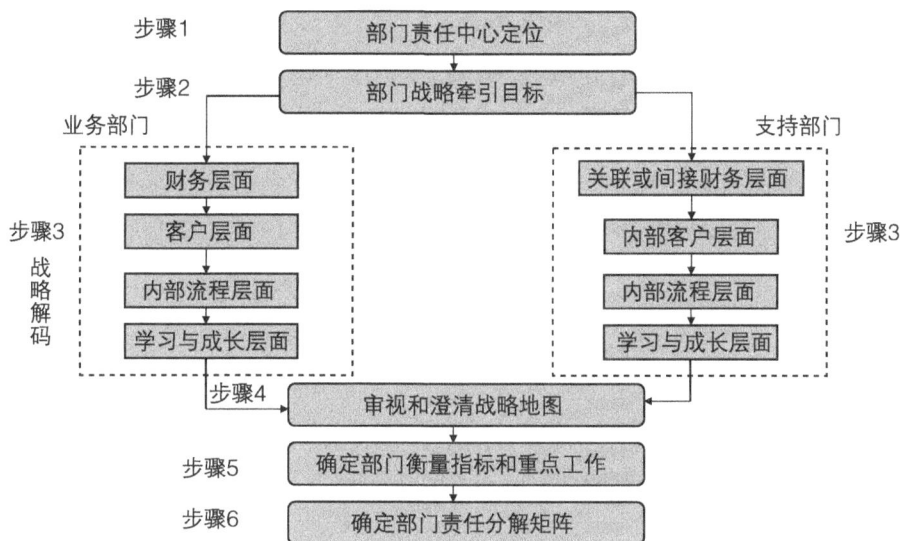

图 7-8　战略解码的主要步骤

第一步，确定部门责任中心定位。根据部门职责、部门对组织的贡献及投入资源的控制或影响程度来确定相对责任归属。不同的部门责任中心定位直接影响到组织对上级和流程目标的承接方式与范围，进而影响考核要素的设计模式。明晰的责任中心定位是组织进行战略解码的前提。

- 业务部门：是通过创造收入和控制相应的成本，来对公司利润做出直接贡献的部门，一般被称为利润中心，如区域销售、产品线等。
- 支持部门：是以最佳成本提供最佳服务或产品，来对主业务部门提供支持和服务的部门，一般被称为成本中心或费用中心，如人力资源部、财务部等。

各类责任中心的定位并无等级差别，只是责任和分工不同。明确部门的主要职责类型，可以更准确地设计财务考核指标，从而更好地进行评估和激励。基于部门业务管理模式的变化，其责任中心定位也有可能发生变化。例如，华为早期的技术支持部是成本中心，后来转变成了利润中心。

每一责任中心内部的具体子部门责任中心的定位可能与上级部门并不相同，具体与其应负职责相关。例如，华为财务系统中既有费用中心，又有利润中心。市场财经部是典型的利润中心，因此融资销售额成为该部门的重要考核指标之一，融资销售解决方案设计也就成了该部门的重点工作。

第二步，确定部门的战略牵引目标。根据本部门责任中心的定位，重点支撑的公司年度目标、上级/流程目标和重点工作，确定本部门业务实施的核心目标。其重点应体现本部门的独特价值，以支持公司战略、上级/流程目标的有效达成，并为下一步战略澄清图的制定指明方向。

第三步，战略解码。对财务、客户、内部流程、学习与成长四个层面进行具有高度逻辑性的战略解码。

- **财务层面解码**：是组织成功的最终体现，可以验证战略实施和执行是否对盈余改进有所贡献。财务目标应体现部门责任和责任中心定位，应支撑战略牵引目标的达成，且财务策略必须有利于组织的可持续发展。指标可以是效率提高、成本降低、收入增加、规模增长、利润率要求、风险控制等。对于支持部门，更多的是考核费用的利用率（最好不简单地采用"绝对费用节省"一类的指标）和人均绩效等。

- **客户层面解码**：界定组织的目标客户，识别目标客户的价值主张/诉求，为下一步确定实现客户价值主张的核心流程确定目标对象。客户价值主张的实现需要对财务层面有支撑作用，应能够对目标客户创造差异化、可持续的价值。对部门而言，客户不仅包含外部客户，还应包含内部客户。对内部客户而言，对价值增长的描述应体现服务的结果，过程性要求应放在内部层面。对支持部门来说，如果以业务流程的上下游界定，内部客户也是客户，如图7-9所示。研发不直接面对外部客户，但销售就是研发的内部客户，而研发又是供应链的内部客户。同样，公司业务部门就是人力资源等服务部门的内部客户。通过分析企业内部主要流程之间的关系，可以形成服务内部客户的考核指标和重点协同措施。

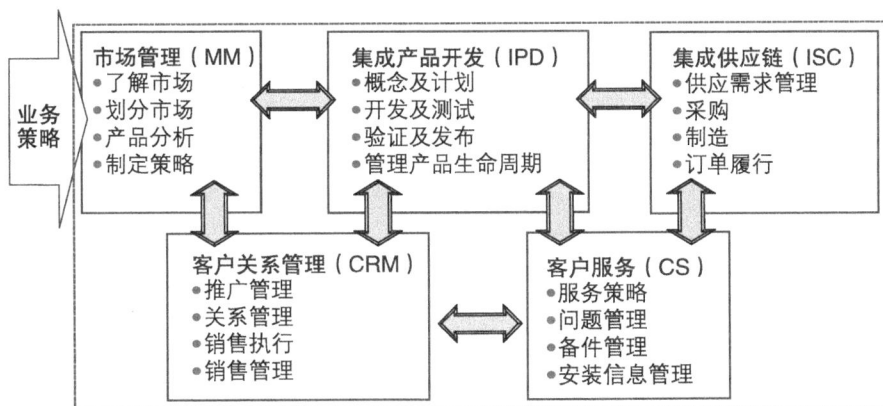

图 7-9　流程和流程之间的接口关系

很多企业难以根治的顽疾之一就是部门壁垒的问题，甚至有人感叹"搞得定客户，搞不定内部"。因此，可以通过清楚定义流程之间的交付件，在主要上下游业务单元之间形成内部客户满意度指标，从而确定相互之间的考核内容，实现考核指标的互锁，以实现高效协同、共同为客户创造价值。如果从流程的上下游来界定，营销就是研发的内部客户，那么通过设计合理的指标来实现双方考核的互锁，可以促进新产品的销售和双方的协作。例如，可由市场体系考核研发体系的客户需求响应速度、营销材料完备度、新产品开发质量等，反过来也可由研发体系考核市场体系的新产品销售额与增长率、目标市场准入等。

- **内部流程层面解码**。实现企业战略的两个关键要素，一是为客户创造价值，二是实现财务目标并降低成本。内部流程层面是下一步识别战略人力资源／信息／资产／组织资本的前提。这里的重点是确定为实现战略目标最需要建立和优化的核心管理流程，而非简单的流程汇总。其决定了流程变革的重点工作任务，以及内部运营效率和流程成熟度提升等考核目标。

- **学习与成长层面解码**。通过无形和有形资产驱动内部业务运作绩效的提高，在向客户、股东和社区传递价值时发挥最大的杠杆作用。企业应关注为支撑内部层面而确定的关键流程运作所需的特殊人才、能力和特征（人力\组织\信息资本\智力资本\关键装备），可以用关键资源的到位率、人均效能等指标来衡量。确定为有效支撑核心流程运作，在团队、员工能力提升方面所采取的关键策略；确定为有效支撑核心流程运作，在 IT 基础设施及信息系统建设方面所采取的关键策略；确定为保证战略有效实施，在知识产权、关键装备、战略资金等方面所采取的关键策略；确定为保证战略有效实施，在文化、领导力、协调一致、团队工作等方面所采取的关键策略。

第四步，审视和澄清战略地图。审视财务、客户、内部流程、学习与成长这四个层面的逻辑性，以及与战略牵引目标、业务规划、组织的短板建设、上级 / 流程要求是否具有一致性。战略地图的四个维度既要层层支撑，又要支撑战略牵引目标的实现；战略地图各项要素应包含业务规划最核心的内容，并体现对上级和流程目标的承接。

图 7-10 为一个 OEM 制造商转型的战略地图。从图中可以看出，为实现企业从 OEM 制造商向品牌制造商的战略转型，在财务层面的关键指标是品牌产品的销售收入以及在总收入中的占比，进而还需要考核品牌产品的盈利能力和盈亏平衡点。为实现该财务目标，必须在客户层面落实三大关键措施：一是明确品牌策略，制订清晰的可提高品牌认知度和美誉度的品牌营销计划和活动，同时，制定可衡量品牌认知度是否有所提升的考核指标；二是明确品牌产品的策略，包括品牌产品与 OEM 产品的区隔，特别是品牌产品的设计要基于客户的需求、与竞争对手的产品要形成差异化的

竞争优势；三是制定针对直接客户的服务策略，OEM 制造商原来是不直接接触客户的，因此，需要制订客户拓展计划和针对不同客户的服务等级策略，并制定客户满意度等考核指标。为了支撑客户层面的三大策略，必须在内部流程层面建立和优化高效支撑策略执行的四大核心流程体系。该体系包括制定高效的客户需求管理流程（OR）、基于客户需求的产品开发流程（IPD），建立针对大客户的直营模式和针对中小客户的渠道模式，以及制定为加快客户响应速度的问题解决流程（ITR）。而这四大核心流程要能准确和高效地执行，必须要有合格的关键人才，特别是能适应该阶段战略的产品创新和品牌产品的营销人才；组织能力也要匹配战略转型和核心流程的需要。因此，需要制定清晰的知识产权申请与保护策略，建立高效的知识和信息共享机制，实现针对研发组织和区域营销平台体系的组织优化，特别是针对品牌产品这一新业务要建立考核和激励机制。同时，需要对这些关键资源的到位率和组织能力进行提升，制定清晰可量化的考核指标，如资源到位率、组织和流程的成熟度等。

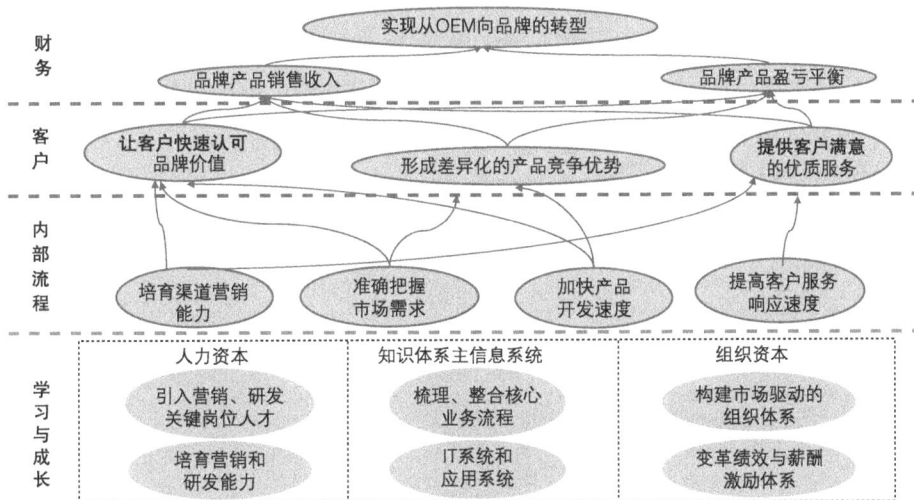

图 7-10 OEM 厂商转型的战略地图样例

从这个案例可以看出，战略解码的过程和形成的战略地图之间具有很强的逻辑性，能够把目标、实现目标的关键成功要素与重点工作任务，以及结果与考核指标紧紧地联系起来，以便更好地进行闭环管理和监督落实。

第五步，确定部门衡量指标和重点工作。将战略地图的要素转化为可衡量的考核指标，并确定各项要素的优先级。指标应体现部门职责，指标的颗粒度可根据部门职责来确定。将财务层面、客户层面、内部流程层面和学习与成长层面这些要素进行优先级排序，识别其中最重要的要素，并将其纳入重点工作。优先顺序决定了各指标的考核权重。

为达成部门目标，需要确认团队最关键、需要优先考虑的重点工作，以优化 BP 中的关键措施和重点工作。可以将财务和客户层面的重点工作和措施归类为重点业务措施，将内部流程及学习与成长层面的重点工作和措施归类为重点管理措施，这些重要措施要保证实现 SMART 化。

第六步，确定部门责任分解矩阵。要确保上级的目标和重点工作能够在下级部门得到层层落实，而有些指标可能由多个部门承接，因此还需要考虑横向部门的责任分配。个别指标有时甚至是跨部门的，因此需要根据流程关系确定责任分工和矩阵。不同的责任承接情况，相关考核的权重也不同。表 7-1 所示的责任矩阵分解，在各部门的 KPI 指标中体现出了相关责任权重，用考核的方式促进了相关工作的进一步落地。

表 7-1　责任矩阵分解

KPI	部门 1	部门 2	部门 N
KPI1	○	×	*
KPI2	*	×	○
KPIn	×	×	○

注：○表示完全承接，×表示直接部分承接，*表示间接部分承接。

华为"砍掉中层干部屁股"[①]的目的之一是要打破部门本位主义，要求每个中层干部都要有全局观，不能只从本部门的利益角度出发来开展工作。要做到这点，不仅靠个人的文化程度和思维模式，还要靠企业的流程制度，以及"考核"这个指挥棒来落实。

至此，战略解码工作全部完成，其核心输出包括以下内容。

- 输出战略地图；
- 使年度经营计划的重点工作及任务的分解得到进一步优化，形成 BP+；
- 建立组织的关键考核指标（KPI）库，形成了各部门的考核指标，并按责任分配了考核权重。

其中，战略地图根据不同方向和部门情况，可能输出多个战略地图，以便于战略的宣传贯彻。以上内容不必教条地作为正式交付件输出，但这是一种结构性强、逻辑性强的思维方式，对于优化工作重点、提炼关键考核指标非常重要。

考核指标的最终选取一般不超过 7 个，具体科目需要根据年度业务计划和重点进行选择，选择过程强调独特价值的呈现，各指标的权重根据工作优先顺序和承担的责任进行设计。原则上，越是高层领导，越关注长期目标的达成和组织能力的提升；越是基层员工，越注重现实而具体的目标达成情况和自身技能的提升。目标值可设为"基准""达标"和"挑战"三档，也可以只有"达标"和"挑战"两档。表 7-2 给出了绩效目标制定的通用模板，可以在此基础上设计出适合不同企业的年度考核指标。

---

① 在华为内部有个说法叫"高层砍掉手脚，中层砍掉屁股，基层砍掉脑袋"，意思是高层要多考虑战略，中层不要有本位主义，基层重在执行。

表 7-2　绩效目标制定的通用模板

公司绩效目标（年度）							
部门：							
KPI 类别	指标库	KPI 项	权重	底线 80	达标 100	挑战 120	得分
财务	收入						
	利润						
	现金流						
	…						
客户	客户满意度						
	市场目标						
	客户需求						
	…						
内部流程	时间						
	质量						
	成本						
学习与成长	人力资本						
	组织资本						
	信息资本						

　　将战略解码形成的战略地图和年度考核指标作为最后一部分增加到 BP 中，并对 BP 中的重点工作进行优化之后，整个年度经营计划的制订和战略的解码工作就完成了。由此可见，从企业战略和年度经营计划的制订，到通过战略解码进一步优化 BP，并形成逻辑关系强的考核指标，在企业战略和经营管理组织体系的例行闭环管理下，战略才能真正落地。

　　在度过生存期并逐渐发展壮大的过程中，多数企业的经营策略会在较长时间内采取市场导向的"机会主义"。这就导致企业由于追逐市场热点、政府扶持的产业方向等，被动或主动地开始了多元化。像华为那样，在早期就通过基本法确定了企业战略边界的公司实属不多。

采用多元化战略的企业，其成功的案例有很多，但在中国，大家却对采用多元化战略的企业多了一分担忧。特别是反复对比联想和华为的成长之路后会发现，多元化似乎是原罪之一。而其实，企业采用多元化战略，只要设立合理的管控模式，对不同的业务单元制定清晰的发展战略和目标（就像 GE，所有业务单元必须做到行业前三名），解决好平台共享与事业部独立运作效率的矛盾，那么，企业仍然可以实现健康发展。各业务单元的战略制定方法类似，本书不再赘述。

总之，为客户创造价值是战略制定的出发点，因此要基于客户需求确定产品投资计划和开发计划，以确保客户需求能够驱动公司战略的实施。只有这样，才能保证企业战略方向的大致正确。战略的制定和执行强调的是"谋定而后动"，一旦战略机会来临，就要坚定地执行，并构筑持续领先的优势，争夺战略高地。华为坚持压强原则，即在成功的关键因素和选定的战略点上，以超过主要竞争对手的强度配置资源，要么不做，要做就极大地集中人力、物力和财力，实现重点突破。但战略又不是一成不变的，需要建立一套战略纠偏和管理机制，伺机而动，量力而行，逐步发展。同时，组织必须充满活力，并通过考核战略落脚点，实现战略的闭环管理。考核不是精确导向，而是客户价值和战略导向。

结束语

在华为工作的 17 年中，笔者虽然没有经历华为"从 0 到 1"的创业时期，却亲历了华为"羽化成蝶"的三个关键时刻。从第一次变革的阻碍者，到第二次变革的顺应者，再到第三次变革的推动者，笔者经历了刻骨铭心的喜悦与沮丧，同时也收获了最宝贵的人生阅历与知识。

华为第一次产品研发变革的核心是以客户为中心，打通市场、研发、交付等各个环节，形成集成产品开发 IPD 的模式。笔者时任预研技术总经理兼研发总体办副主任，变革前预研部和总体办是技术和产品立项评审和决策的关键执行部门。而 IPD 变革引起的后果之一，就是裁撤不在新流程中的总体办。因此，笔者当时内心充满了对变革的迷茫、怀疑和抵触，经常以工作忙为借口，拒绝 IBM 顾问的访谈，即使接受了访谈，也消极应付。"华为 100% 的增长率，说明我们有区别于 IBM 的独特优势""IBM 不懂通信行业，凭什么来教华为怎么做"。类似的话笔者在从事咨询工作以后，经常能够听到。变革从某种意义上讲，就是利益的重新分配。华为有一套完整的变革管理体系和方法，但当变革动了管理者自己的"蛋糕"时，你该怎么面对？拥抱还是阻碍？

华为的第二次变革是从国内走向海外。2001 年，华为出现重大危机，其严重程度甚至超过了当前华为所面临的第四个关键时刻。当前主要是外部环境问题，而当时是"内外交困"，甚至掌舵人都出现了短暂的迷失。公司业绩出现负增长，320名核心管理者集体降薪。作为降薪者中的一员，这段经历现在可视为云淡风轻，但当时是很考验人性的。华为意识到了战略的重要性，建立了战略与营销体系。笔者有幸成为了华为公司第一任战略部部长，开始积极摸索和系统学习战略制定和管理的方法。在完成公司级的"80X"战略规划后，为顺应公司全球化的变革要求——"没有去过一线、没有去过海外的，不能被提拔"，2005年年初，笔者奔赴海外，作为区域战略与营销部部长，深刻体验和理解了一线"铁三角"运作模式、前后方协同机制、大客户战略和解决方案营销。在这期间，笔者全程主导完成了公司战略对一线区域的战略解码，实现了"战略"与"战役"的协同与良性博弈，对战略制定和战略解码有了更深刻的认识。但此时，虽然华为营销队伍已经存在多年，其核心职责和考核方式却作为"世界难题"，一直面临诸多挑战。

华为的第三次变革是商业模式的变革。在面向少数大型商业用户的运营商市场时，营销的作用往往被质疑。而在面对大量大、中、小型商业用户，甚至是一般消费者客户时，营销的作用该是什么？为解决心中的"世界难题"，在第三次变革中，笔者主动申请加入华为2011年新成立的企业网BG，并担任了营销变革项目MTL（Marketing To Leads）的项目负责人。这次变革，改变了华为没有营销流程的历史，并通过MTL和LTC的对接，实现了从营销到销售再到现金流的闭环管理。营销的独特价值、核心运作要点和考核方式有了清晰的呈现，通过试点，在对流程进行优化和固化后，华为的营销能力有了质的飞跃。

华为当前面临的第四个关键时刻，是又一次关系到华为生死存亡的时刻。在任总的带领下，相信华为可以找到应对的方法。作者虽然已经离开了华为，但仍心系华为，希望公司能够再一次凤凰涅槃。希望等到胜利的那一天，华为能够向中国的企业分享更多的经验。

离开华为之后，笔者一直从事企业管理培训和咨询工作，在服务了大大小小几十家企业之后，对华为的众多管理方法和工具有了更深刻的认识，并根据中国企业普遍存在的组织体系不健全、管理数据缺乏等问题，在华为经验的基础上，结合大量其他企业的案例，对相关流程、方法和工具进行了适应性的二次开发。希望其能够更符合中国企业的需要，而不是生搬硬套国外的"先进"工具和方法。同时，也希望国内的同行能够互相学习、共同提高。

市面上有很多关于华为的书，多数是从解析任正非管理哲学的角度，诠释华为发展的成功因素和管理体系。本书则从一个中层管理者的视角，总结了华为三次关键时刻的变革内涵，真实反映了华为发展过程中的关键问题，提炼了对中国企业具有普遍借鉴意义的重要管理工具和方法。而且，笔者自身在变革中的起起伏伏，也说明了管理变革的重要性，以及管理者自身在变革中的角色和作用。希望本书能够给读者一个新的感觉和认识。

最后，感谢我的家人对我的工作和写书的默默奉献。也要感谢朋友戴辉、范厚华对本书的帮助，以及人民邮电出版社普华公司总经理贾福新、责任编辑王飞龙的鼎力支持和协助。

参考文献

［1］ 杰弗里·摩尔. 公司进化论——伟大的企业如何持续创新［M］. 北京：机械工业出版社，2007.

［2］ 彼得·蒂尔等. 从 0 到 1——开启商业与未来的秘密［M］. 北京：中信出版社，2015.

［3］ 菲利普·科特勒等. 营销革命 3.0——从产品到客户，再到人文精神［M］. 北京：机械工业出版社，2012.

［4］ 彼得·德鲁克. 卓有成效的管理者［M］. 北京：机械工业出版社，2005.

［5］ W. 钱·金，勒尼·莫博涅. 蓝海战略——超越产业竞争 开创全新市场. 北京：商务印书馆，2005.

［6］ 刘劲松，胡必刚. 华为能，你也能——IPD 重构产品研发［M］. 北京：北京大学出版社，2015.

［7］ Alexander Osterwalder & Yves Pigneur. *Business Model Generation*［M］. New York: John Wiley & Sons, Inc.，2010.

［8］ 秦奇. 非财务经理的财务管理［M］. 北京：企业管理出版社，2005.

［9］ 松田久一. 策略图解［M］. 城邦文化事业股份有限公司 - 商业周刊，2013.

［10］珍妮特·洛. 价值投资胜经［M］. 北京：华夏出版社，2001.

[11] 拉姆·查兰,史蒂芬·德罗特尔,詹姆斯·诺埃尔.卓越领导之路——如何建立领导动力机制 [M].上海:上海交通大学出版社,2002.

[12] 拉里·博西迪,拉姆·查兰.执行——如何完成任务的学问 [M].北京:机械工业出版社,2004.

[13] 西奥多·莱维特.营销想象力 [M].北京:机械工业出版社,2008.

[14] 麦肯锡.麦肯锡中国区组织管理业务白皮书·组织力突围 [M].上海:麦肯锡(中国)咨询有限公司,2019.

[15] IBM 全球企业咨询服务部.中国制造业浴火重生之道 [M].北京:东方出版社,2008.

[16] IBM 中国商业价值研究院.IBM 中国商业价值报告:战略与管理 [M].北京:东方出版社,2007.

[17] 马丁·里维斯,纳特·汉拿斯,詹美贾亚·辛哈.战略的本质:复杂商业环境中的最优竞争战略 [M].北京:中信出版社,2016.

[18] 中田敦.变革:数字化巨头 GE 的数字化转型之路 [M].北京:机械工业出版社,2018.